DICTIONNAIRE DES RACINES SÉMITIQUES

De David Cohen:

Chez Mouton-De Gruyter:
Le parler arabe des Juifs de Tunis. Textes et documents linguistiques et ethnographiques, 1964.
Le parler arabe des Juifs de Tunis. Description linguistique, 1974.
Études de linguistique sémitique et arabe, 1970.
Mélanges Marcel Cohen, 1970.
Avec André Caquot: *Actes du 1er Congrès de linguistique sémitique et chamito-sémitique,* 1974.

Chez Peeters: *La phrase nominale et l'évolution du système verbal en sémitique: Études de syntaxe historique*. Paris, 1984.

Aux Presses Universitaires de France: *L'aspect verbal*, 1989.
Avec H. Zafrani, *Grammaire de l'hébreu vivant*, 1968.

Aux Editions du C.N.R.S: Avec collaborateurs, *Langues Chamito-sémitiques*, (vol. III des *Langues dans le monde ancien et moderne*, sous la direction de Jean Perrot), 1988.

Chez Klincksieck: *Le dialecte arabe de Mauritanie*, 1963.

ISBN 90-429-0741-x (Peeters Leuven)
ISBN 2-87723-433-9 (Peeters France)
D. 1999/0602/31

Printed in Belgium by Orientaliste, Klein Dalenstraat 42, B-3020 Herent

David COHEN

avec la collaboration de

François BRON et Antoine LONNET

DICTIONNAIRE DES RACINES SÉMITIQUES

ou attestées dans les langues sémitiques

COMPRENANT UN FICHIER COMPARATIF DE

JEAN CANTINEAU

II

FASCICULE 8:
Z

PEETERS

Avis au lecteur.

Les 5 premiers fascicules: ' à H compris, constituent le premier tome du DRS et peuvent donc éventuellement être reliés. Avec fascicule 6 commence le t. II du DRS qui contient une nouvelle liste d'abréviations: elle annule et remplace toutes les précédentes. La présentation en colonnes, qui avait dû être abandonnée pour des raisons techniques, a été rendue à nouveau possible par l'utilisation de nouveaux logiciels. Elle est définitive.

Z

/Z/, dans le système consonantique du sémitique, représente le terme sonore de la série des sibilantes; il semble avoir été, au cours de l'histoire, particulièrement stable. **-a.** De ce point de vue, les correspondances entre les divers dialectes montrent clairement qu'à /*z/ protosémitique, correspond généralement /z/ dans les différents dialectes, sauf accidents sporadiques. Un de ces accidents, fréquemment relevé, caractérise les langues éthiopiennes modernes; celles-ci connaissent un phénomène de pré-palatalisation qui touche les consonnes vélaires et palatales aussi bien que les dentales occlusives et fricatives (sibilantes), *z* pour sa part aboutissant à *ž* ou *ğ;* ces palatalisations sont provoquées en général par le contexte, en particulier le contact d'une voyelle ou semi-voyelle antérieure; mais certaines d'entre elles restent difficiles à expliquer, COHEN EEM 11, NEEM 27, ULLENDORFF 129. - Un autre phénomène sporadique, attesté dans certains dialectes arabes, consiste en l'emphatisation de /*z/ qui peut donc apparaître sous la forme *ẓ;* le plus souvent il ne s'agit que d'une variante contextuelle de *z;* mais il arrive que par suite de modifications du système, *ẓ* prenne son autonomie et apparaisse comme un phonème de plein statut, quoique d'occurrence très faible; le sémitique /*z/ se trouve alors théoriquement représenté par deux phonèmes distincts /z/ et /ẓ/, V. par exemple CAUBET L'AR. MAROC. 10; dans quelques cas exceptionnels, tout le groupe des chuintantes et des sifflantes a connu une réfection qui a modifié fondamentalement la distribution de ses éléments : /*z/ peut alors, selon les formes, apparaître comme un membre de /z/, de /ž/, ou d'un nouveau phonème /ẓ/; il en est ainsi dans des parlers de Juifs maghrébins, COHEN INT. J. SOC. LANG. 30/91. **-b.** Si donc, aux exceptions près dont il a été fait état, /*z/ sémitique est représenté en général par /z/ dans les langues historiques, on ne peut dire symétriquement que tout *z*, dans une langue historique est l'aboutissement de /*z/. Il peut être l'aboutissement d'un phonème sémitique qu'on note conventionnellement comme /*đ/; celui-ci s'est confondu avec *d* en aram. et au moins partiellement en ougaritique, et avec *z* en ak., en can., en éth. En araméen, dans les inscriptions anciennes, **đ* est représenté par *z*; peut-être s'agit-il d'une notation archaïsante tentant de rendre une réalisation interdentale de la consonne; V. BLAU PSEUDO-CORRECTIONS 46. Pour ce qui est de l'arabe, si, d'une manière générale, dans les dialectes qui ne connaissent pas l'articulation interdentale, le traitement a été analogue à celui de l'araméen, on relève cependant régulièrement /z/ pour le clas. /đ/, dans certains parlers d'Asie centrale, FISCHER DER ISLAM 1961/232. Il s'agit là manifestement de l'influence, selon le cas, soit de l'iranien, soit du turc. Une telle influence peut expliquer, au moins en partie, la réalisation *z* qu'on relève, pour un nombre de formes limité, dans des dialectes orientaux. Il s'agit essentiellement de formes d'origine littéraire, religieuse et savante, le classique /đ/ étant pour le reste représenté par le dialectal /d/. Les faits sont d'ailleurs analogues pour les deux autres interdentales classiques, ŧ et ḏ, représentées respectivement, dans des formes d'origine littéraire, par *s* et par *ẓ*. Ainsi est-il clair que ni le sémitique, ni l'arabe, ne présentent un phonème /*ẓ/ originel. Signalons cependant une utilisation fréquente de ce signe graphique *ẓ* pour noter, non pas une sifflante, mais le phonème /ḏ/ de l'arabe classique, ou sa réalisation, dans nombre de dialectes, comme un [ḏ] (réalisation également du phonème /ḍ/), ou même parfois le phonème sémitique /*ṭ/ dont dérive l'arabe /ḏ/. **-c.** Dans diverses racines sémitiques, les formes relevées, même dans les langues qui ont conservés distincts /đ/ et /z/, attestent des variations entre les deux phonèmes, v. par exemple s. Đ/ZKW/Y/K, Đ/ZLL. En fait, il est parfois difficile, sinon impossible de déterminer s'il s'agit d'une même racine dont la première consonne a connu par des causes accidentelles, des traitements divers ou s'il s'agit de deux racines ayant des valeurs partiellement analogues et qui, de ce fait, se sont influencées l'une l'autre. **-d.** Quelques autres variations, dans les langues historiques, paraissent être le fruit de phénomènes de contact : v. Z/ṢD, et s. ṢDM, ṢDG, ṢDQ, etc.; V. BROCKELMANN GVG I/166. **-e.** *z* < **đ* est à la base de pronoms démonstratifs et relatifs, dans des langues sémitiques, dont les idiomes éthiopiens, v. s. Đ; en tna. très souvent, mais sporadiquement dans d'autres langues, ces pronoms peuvent, par agglutination avec une forme lexicale avec laquelle, étymologiquement, ils forment des propositions complètes, constituer une sorte de préfixe d'adjectivation; il s'ensuit que certaines formes éthiopiennes à *z-* initial, n'apparaissent pas ici, mais sous la première radicale de leur radical étymologique; le fait n'est signalé que lorsque la constitution étymologique n'est pas apparente immédiatement. **-f.** En arabe, quelques racines quadriconsonantiques à 1ère radicale *z-* alternent avec des triconsonantiques sans *z*, v. s. ZNḪR, ZNPḪ, ZNPL, etc. **-¶¶.** Les langues chamito-sémitiques présentent des situations diverses pour ce qui concerne les sibilantes et en particulier pour la sonore éventuelle. **-1.** L'égyptien semble bien avoir connu une sibilante sonore distincte de la sourde dans les périodes les plus archaïques de son histoire, V. HOMMEL ZDMG 1899/347; dès la fin de l'ancien empire les deux consonnes étaient confondues en *s*, LEFEBVRE GRAMMAIRE DE L'ÉGYPTIEN CLASSIQUE

29. Le système phonologique copte comporte bien un phonème /z/, mais il caractérise essentiellement le vocabulaire d'origine grecque, DELC 51. **-2.** En berbère, il est possible de poser, pour le stade commun, un phonème /*z/ représenté régulièrement dans les dialectes septentrionaux (parfois sous forme affriquée, lorsque la consonne est tendue); mais en touareg, le phonème correspondant est /h/ dans le Nord, se confondant avec les représentants de laryngales anciennes, alors qu'il est /ẖ/, /š/ ou /ž/ dans d'autres dialectes, BASSET LANGUE BERBÈRE 6, PRASSE H 5. **-3.** En couchitique, une consonne fricative sonore n'apparaît comme telle que dans certaines langues de l'Omo (kullo, dizi, djandjero, basketo, etc.), mais elle y correspond fréquemment à *d* ou à des prépalatales dans d'autres dialectes. D'autre part, ce phonème est rare là où il existe, et dans le cas où il n'est pas en correspondance avec l'occlusive dentale, il provient souvent d'emprunts évidents. Il semble douteux en tout état de cause que *z* ait appartenu à un stock commun éventuel sous forme de fricative. Une réalisation affriquée, attestée d'ailleurs en agaw, serait plus vraisemblable, COHEN LANGUES DANS LE MONDE, 251; sur les correspondances inter-couchitiques, DOLGOPOL'SKIJ 326. **-4.** Une sibilante sonore, de réalisation généralement affriquée, est présente dans les langues tchadiques. Elle est postulée sans commentaires par D'JAKONOV SEMITO-XAMITSKIE JAZYKI 21, NEWMAN AAL 5/9; il semble cependant que, de manière dominante, elle soit d'une réalisation semi-occlusive, HSED XIX. **-5.** Le nombre d'exemples de correspondances chamito-sémitiques dans lesquels intervient le phonème en question est peu élevé. Mais dans ceux qui semblent vraisemblables, d'une manière générale, à *z* sémitique correspondent, en berbère, *z* ou ses variétés dialectales, et en égyptien *z* ou *s;* en couchitique les correspondances sont variées : *z, s, ᵈz, d.* L'existence d'une sibilante sonore commune à l'ensemble des branches du chamito-sémitique ne semble pas à mettre en doute. Le problème est celui de sa nature phonique : peut-être faut-il poser comme prototype une affriquée, comme y inviteraient le couchitique, le berbère et éventuellement le tchadique. V. aussi COHEN ESSAI 143.

Zʾ/ɛ, groupe biconsonantique présent dans diverses racines arabes dont l'une des valeurs se réfère à la notion de "trembler, secouer, etc, effrayer"; v. s. ZʾZ, ZʾZʾ, ZWɛ, ZɛZɛ, ZYZɛ, PZɛ; comp. aussi ZʾD, ZʾM.

ZʾB, 1. AR. *zaʾaba* "prendre et emporter (charge, fardeau), s'éloigner rapidement, pousser devant soi"; **- ? 2.** "boire à longs traits en se hâtant". **-3.** "changer". **-4.** *zaʾb-* "savon". **-¶.** v. aussi s. ĐʾB. **-1.** LA III/3, Q. 87, FARHAT 32, KAZIMIRSKI I/965. - Comp. ZBB, ZBY, ZBL, ZML. **-2.** BELOT 283, LANDBERG

GLOS. 1815. Comp. SʾB. **-4.** < lat. *sapo*, V. LANE I/576.

Zʾ/ƐBB, 1. AR. *zaʾābib-* (plur.) "flacons". **-2.** yém. *zaʾbūba*, *zābūba*, *zaɛbūba* "tourbillon de vent avec poussière". **-3.** SAR. soq. *zʾbb* "se faner". **-¶. 1.** KAZIMIRSKI. I/966. **-2.** Comp. s. ZBƐ. - LANDBERG GLOS. 1815. **-3.** LESLAU LS 149.

ZʾBL, v. s. ZBL.

ZʾB/MG, AR. *zaʾbağ-*, *zaʾmağ-* "totalité, le tout". **-¶.** Certains philologues classiques considèrent que la hamza est secondaire, la racine étant ZBG ou ZMG, V. LA III/5, KAZIMIRSKI I/966.

ZʾBQ, AR. or. *zeʾbqe* : amulettes contre le mauvais œil. **-¶.** DENIZEAU 214.

≈≈ **[ZʾBQ],** AR. *ziʾbaq-*, hisp. *zaybaq*, *zanbaq*, or. *zebaq* "vif-argent, mercure", iraq. *zubag*, *zabug* "glisser, s'esquiver". **-¶.** Q. 800, FARHAT 397, LANE 1207; KAZIMIRSKI I/960, VOC 134 (et 140 pour la variante *zanbaq*), BARTHÉLEMY 307; DIA 201. Emprunt du persan *žiwah* et repassé au pers. s. la forme *zibaq*, V. STEINGASS 632. V. aussi *zawaq-*, *zāwuq-*, *zāwūq-* s. ZWQ et s. ZBQ.

ZʾBR, v. s. Z(ʾ/W)BR.

Z'G, 1. AR. *zaʾağa* "semer la discorde entre". **-2.** *zāg-* "crave à bec rouge". **-¶. 1.** Comp. s. ZMG, V. LA III/3; aussi Q. 174, FARHAT 83, BELOT 283, KAZIMIRSKI I/960. **-2.** VIRÉ ARABICA (1965) 278.

ZʾGL, AR. *ziʾğīl-*, *zuʾāğil-* "faible de corps". **-¶.** Comp. *zinğīl-* s. ZNGL; selon des lexicographes arabes, c'est la forme ci-dessus qui serait la forme reçue, V. LA III/3; pour *zaʾğal-* "sperme", v. s. ZGL.

ZʾD, 1. AR. *zaʾada* "effrayer". **-2.** SAR. sab. *štzʾd* "cautionner (?)", *zʾd* "loyer, rentes". **-¶. 1.** v. les renvois s. Zʾ/Ɛ. - LA III/3, Q. 658, BELOT 283, KAZIMIRSKI I/966. Comp. s. ZYD ? **-2.** DIC. SAB. 169, v. ZYD.

ZʾZ, AR. *zaʾaza* "avoir peur, s'estimer petit". **-¶.** v. les renvois s. Zʾ/Ɛ. - V. LA III/4. BOCHTOR 353 cite d'après BARBIER, ITINÉRAIRE DE L'ALGÉRIE : *b-ʾl-zʾz* "de force", V. aussi DOZY I/577.

ZʾZʾ, 1. ARAM. targ. *zāʾzāʾ* "barbe (des épis), feuillage, ramure". **-2.** AR. *zaʾzaʾa* "s'avancer avec rapidité la tête dressée et la queue relevée (autruche), remuer, déplacer quelque chose; effrayer"; *tazaʾzaʾa* "avoir peur, s'estimer petit". **-3.** *zuʾāziʾat-* : espèce de grande chaudière. **-¶. 1.** Targ. Job 14/9, V. DALMAN WB 126, JASTROW 377. **-2.** v. les renvois s. Zʾ/Ɛ. - V. LA III/4, Q. 41, FARHAT 9, KAZIMIRSKI I/966, BELOT 283; v. aussi ZƐZƐ. **-3.** KAZIMIRSKI IBID.

ZʾṬ, AR. *zaʾaṭa* "parler beaucoup et très

haut, brailler"; *ziʾāṭ-* : clochettes qu'on attache au cou des chevaux et des chameaux. **-¶.** Q. 601, KAZIMIRSKI I/967, BELOT 283. Comp. s. ZYṬ.

ZʾṬY, ARAM. syr. *zaʾṭī, zaṭī, zīṭiʾ* "gale, maladie contagieuse". **-¶.** BROCKELMANN LEX. 186.

ZʾY, 1. AK. *zāʾ-, zaʾū(m)* "résine (odorante)". **-2.** AR. *zaʾā* "se montrer fier, se donner des airs; conduire la nouvelle mariée chez son mari", *ʾazʾā* "alourdir quelqu'un (ventre plein)". **-¶. 1.** AHW 1517; CAD 21/7 donne la forme *zaʾu*; rapport avec la racine WḎƐ "transpirer" ? v. déjà p. 507. **-2.** Comp. ZʾK. V. LA III/4, Q. 1162, FARHAT 616, BELOT 284, KAZIMIRSKI I/967.

ZʾK, AR. *zaʾaka* "marcher avec fierté", *tazāʾaka* "rougir, être honteux de quelque chose". **-¶.** v. ZW/YK, ZʾY, ZʾL - Q. 847, BELOT 283, KAZIMIRSKI I/967. - Un verbe sar. *zʾk* indiqué par DIC. SAB. 169, est une mauvaise lecture pour *tʾk*, V. BRON RAYDÂN 5 (1988), 41.

ZʾL, AR. *zaʾala* "se cacher, disparaître sous terre", *tazāʾul-* "honte". **-¶.** La racine n'est fournie que par LA III/4 avec, pour attestation, un vers anonyme. Comp. s. ZʾK, ZW/YL.

ZʾM, AR. *zaʾima* "avoir peur, être frappé de terreur; crier", *zaʾama* "effrayer, dévorer avidement; mourir subitement ou de mort violente", *zawʾām-* "mort (subst.)", *ʾazʾama* "contraindre à, presser une plaie de manière à faire former une croûte"; *zaʾmat-* "voix puissante". **-¶.** La racine semble dans une grande mesure doubler ZWM, v.s., comp. aussi *saʾam-* "mort", s. SʾM, et avec soq. *ṣāmə* "mourir", ar. *ṣamā(y),* "mourir sur place", s. ṢMY. - LA III/4, Q. 1007, FARHAT 507, BELOT 289; pour LANDBERG GLOS. 1816, il s'agit, pour "crier, effrayer", moins vraisemblablement pour "mourir", de valeurs "onomatopéiques", v. les renvois s. Zʾ/Ɛ.

ZʾMG, v. ZʾBG.

ZʾN, 1. AR. *zuʾān-, zuwān, ziʾān-, ziwān-, zawʾān-, zawan-* "ivraie". **-2.** AR. *zān-* "hêtre". **-3.** palest. *zāne* : axe de la roue verticale de la roue à eau, ég. *zāna* : longue perche. **-¶. 1.** Une forme *zīwān* existe en persan dans le même sens, V. STEINGASS 635 qui ne la donne pas pour arabe. En nsyr. *zīwānā* est un emprunt, MAC LEAN 85; pour le nom de la mauvaise herbe en syr. et en ṭur., v. s. ZYZ - Etymologie obscure; le mot semble bien relié au grec *zizánion* (> bas latin *zizania*) dont l'origine serait sumérienne : *zizān* "blé", DICT. HIST. DE LA LANGUE FRANÇ. 2302. - v. aussi s. Zʾ/WN, ZWN, ZYN. - V. LA III/4, Q. 1083, FARHAT 548, LANE 1207, KAZIMIRSKI I/967, BELOT 284. **-2.** BOCHTOR 394, DOZY I/577, WEHR 372, BARTHÉLEMY 306, BADAWI-HINDS 363; dans VOCABULISTA, glosé par "terebintus"; au Maghrib, désigne une sorte de chêne, BEAUSSIER 424. Le mot semble inconnu des lexicographes classiques. **-3.** DALMAN ASP IV/130. **-¶¶. 1.** En kab. *zzan* "chêne zéen", DALLET 949 qui, du fait de sa forme, semble un emprunt.

Zʾ/WN, AR. *ziʾniyy-* "basset, courtaud (chien)", *zawn-*, *zūn-*, *ziwann-* "homme très petit, nabot". **-¶.** v. aussi ZWN. - V. Q. 1084, BELOT IBID., KAZIMIRSKI I/967, LANE 1207.

ZʾNB, AR. *zaʾānib-* (pl.) "paroles blessantes". **-¶.** Le sing. n'est pas attesté. - LA III/4, Q. 87, KAZIMIRSKI I/967.

ZʾS, ETH. g. *zaʾasa* "tendre". **-¶.** MAKONNEN ARGAW 109.

ZʾP, 1. AR. *zaʾafa* "presser, exciter à marcher plus vite", *zuʾāf-* "hâte"; *ʾazʾafa* "achever un blessé; alourdir quelqu'un au point de l'empêcher de se mouvoir (ventre)". **-2.** dial. magh. *bəzzāf*, *bəzzēf*, *bezzayāf* "beaucoup, abondamment", ? ég. *biz-zōf*, *biz-zōfa* "en grande quantité". **-¶. 1.** Comp. s. ZYP et ZWP. - LA III/4, Q. 733, BELOT 283, KAZIMIRSKI I/967, CHERBONNEAU I/399. **-2.** Etymologie obscure : MARÇAIS TLEMCEN 186 l'explique comme *bi-l-ǧazaf* "en tas" (V. aussi BRUNOT RABAT 43, LOUBIGNAC ZAËR 442), *ǧazaf* étant lui-même un emprunt au persan *guzāf* "quantité indéterminée pour le poids, la mesure ou le nombre"; aussi *gizāfa* "innombrable, beaucoup", V. STEINGASS 1088; une telle explication rend difficilement compte de la forme égyptienne qui s'écarte du magh. par la vocalisation et se trouve rattachée dans les dictionnaires à la racine ZWP, v. s.

ZʾQ, AK. *zīq-* "violence". **-¶.** ARMT 2/23, 9'; V. ARM 15/280 qui pose la racine ZʾQ; mais *zīq-*, qui désigne la violence du vent, peut être plutôt en rapport avec la racine ZW/YQ, v. s. et V. AHW 1532.

ZʾR, 1. AR. *zaʾara* "rugir (lion), mugir (chameau mâle), crier (épervier)"; *zāʾir* "irrité, en colère; ennemi". **-2.** *zaʾrat-* "roseaux, lieu planté de roseaux". **-3.** ETH. te. *təzäʾarä* "être épais, plein", *zäʾar* "force de la pluie, tempête", ? gour. *zūrī* "être épais, gras". **-¶. 1.-2.** LA III/3, Q. 359, LANE 1207, KAZIMIRSKI I/966 BELOT 283, FARHAT 188; la racine est représentée dans divers dialectes par ZHR et ZƐR, V. BROCKELMANN GVG I/52, LANDBERG GLOS. 1816. **-3.** WTS 502; gour. probablement emprunt couchitique (comp. had. *diʾir* "être gras"), V. EDG III/714.

ZʾT, 1. AK. *zaʾt-* : sorte d'églantier. **-2.** AR. *zaʾata* "remplir (de colère)". **-¶. 1.** V. CAD 21/74; AHW 1202 donne la forme *šaʾt-*. **-2.** Le mot, fourni par Q. 140, KAZIMIRSKI I/966, BELOT 283, est absent de LA et de LANE. Il semble être utilisé exclusivement avec "colère" pour complément. Le rapport avec le sar. est très douteux. - Sar. sab. *zʾt* "contrainte, oppression" traité ici par DIC.

SAB. 169, v. s. WZ'/Ɛ.

ZB', **1.** AK. *zibū* : espèce d'oiseau ou de sauterelle. **-2.** variété de poireau. **-3.** AR. *zab'at-* "accès de colère". **-¶.** v. aussi s. ZB'/Ɛ. **-1.** CAD 21/105. **-2.** IBID. - v. aussi s. ZBB, ZYB('/B). **-3.** Q. 41, KAZIMIRSKI I/968.

ZB'/Ɛ, 1. ETH. g. *zab'a* "pencher, décliner", te. *zäbɛa* "être fatigué, languissant", amh. *zäbba* "se plier, fléchir sous le poids; pencher de côté, s'affaiblir; se gondoler (bois)", *(tä)zäbba* "être courbé, faible"; ? tna. *zäbaɛ bälä* "commettre un lapsus, bégayer". - **? 2.** gour. *zäba* "côté, direction, chemin, voyage". **-¶.** Comp. s. ZBY, ZBL. - MAGGIORA 471, CDG 630, GUIDI 618; BAETEMAN 837, 857 qui note *täzabä* "se ramollir (au sens moral)", < ZƐB ? V. CDG 630 et WTS 499 pour le rapprochement avec le tna. - v. aussi s. ḪZB. **-2.** V. EDG III/701. **-¶¶. 1.** Aussi en couchitique. ag. *zav* "se plier", V. CONTI-ROSSINI KEMANT 272. Emprunt ?

ZB'R, v. s. Z('/W)BR.

ZBB, 1. ARAM. syr. *zab* "être velu", AR. *zabba* "être duveté, avoir une chevelure abondante et longue, être barbu, velu; se couvrir d'écume; remplir une outre", *zabba, zabbaba* "être près du coucher (se dit du soleil)", *tazabbaba* "être plein de colère", *'azabb-* "chevelu, hirsute; fertile (année)", *muzabb-, muzabzab-* "riche", *zabīb-* "écume, bave; venin de serpent", *zabāb-* "sourd, stupide", *zabābat-* "souris". - **? 2.** *zubb-* "pénis". **-3.** *zabīb-*, ETH. g. *zabib*, te. tna. amh. gour. *zäbib*, har. *zäbīb*; amh. *zäyb* "raisins secs". **-4.** AR. *zabba, 'izdabba* "emporter (charge, fardeau)". **-5.** ETH g. *zababa*, amh. *anžabbäbä* "planer, se balancer". **-6.** amh. *zäbaba, zämbaba* : sorte de palmier. **-7.** te. *zäbäba* "cause", *zäbbo* "intention". **-8.** gour. *zabba, zaba, zapa, zappä* "cadre circulaire de l'intérieur du toit". **-9.** gour. *žäbb*, gaf. *zibbä* "lion". **-¶.** v. aussi s. ĐBB, ĐBĐB. **-1.** V. en particulier HOMMEL SÄUGETIERE 171; v. aussi ZBZB. **-1.-2.** Comp. s. ZPP. - LA III/4, Q. 87, FARHAT 32, LANE 1208, BELOT 284, KAZIMIRSKI I/968. Sur le rapport 1 et 2, comp. s. Z('/W)BR. Pour FISCHER FARBE 131 n. 1, *zubb-* "pénis" est la "base de dérivation", dont dépendrait le nom de "la toison pubienne". - Plusieurs lexicographes arabes signalent comme "yéménismes" les valeurs "barbe, bout de la barbe, nez" pour *zubb-*. Avec le sens de "pénis", le mot est présent dans la plupart des dialectes modernes, V. en particulier DOZY I/577, BARTHÉLEMY 306, BEAUSSIER 424, STUMME GTA 40, MARÇAIS TAKROUNA 1650, AQUILINA 1626, ROSSI 211, CANTINEAU NOMADES D'ORIENT 221; v. aussi s. Z('/W)BR. **-3.** Dans divers dial. maghrébins *zbībī* signifie "de couleur violet-brun", V. par exemple MARÇAIS TAKROUNA 1651, COLIN 693. - Emprunt ar. en éth., présent aussi dans des langues couchitiques, V. DILLMANN

LEX. 1050, CDG 630, PRAETORIUS AMS 150 § 113b, WTS 498, EDG III/701, CDG 630. **-4.** LA III/3, LANE 1208; comp. s. Z$^{\supset}$B, ZBY, ZBL, ZML. **-5.** Comp. s. ĐBĐB. - V. CDG 630. **-6.** PRAETORIUS AMS § 68 d, p. 100. **-7.** WTS 498 renvoie à *säbbät* "être ferme" qu'il fait dépendre de l'ar. *tabuta* même sens; mais un emprunt de l'ar. *sabab* "cause" expliquerait mieux la valeur du te. *zäbäba* avec passage de *s* à *z* par assimilation de sonorité. **-8.** EDG III/701. Le mot semble isolé en éth. **-9.** Emprunt au couchitique : kam. *zobbe-čču*, qab. *zōbbo*, sid. *dōbbi-ččo*, V. EDG III/720. **-¶¶. 1.** A. BASSET GEOG. LING. 56 fournit, pour la désignation des cheveux, une liste de formes berbères constituées sur une base Z + labiale : Ghadamès *azaw*, Ouargla *zaw* (nom d'unité *zaff)*, zenaga *azbi*, etc.; V. aussi dans HSED 541 des rapprochements avec égyptien *zb.t* "mèche de cheveux" et couchitique oromo *dabee*, *deeb-esa* "cheveux". **-2.** TAÏFI 790 signale tamaz. *azbub* "clitoris", isolé, semble-t-il, en berb. Emprunt ? Le mot en ar. magh. ne désigne jamais que l'organe mâle; mais v. s. Z($^{\supset}$/W)BR. - Faut-il signaler aussi *dombō* "vulve" en couchitique (kafa, anfillo), CERULLI KAFA 430 ?

ZBG, 1. AR. magh. *azbaǧ*, *zəbži* "noir foncé", *zabǧā* "noire d'ébène (chevelure)". **-2.** hisp. magh. *zabbūǧ*, "olivier sauvage"; *zabbūǧī* "élancé". **-¶.** v. aussi s. Z$^{\supset}$B/MG que divers auteurs considèrent comme une variante erronée de ZBG, LA III/5. **-1.** Peut-être en rapport avec *sabaǧ-* "jais" et d'autres formes de la même racine qui désignent des objets noirs, V. DOZY I/578, 624. BEAUSSIER 425, COLIN 693 et s. SBG. **-2.** GLOSSAIRE DE LEYDE, BEAUSSIER IBID., DOZY I/578. Autres formes : hisp. *zanbūǧa* (VOCABULISTA 140), *zanbuja*, *zanbuch* (ALCALA s. "azebuche", 108b), *žəbbūž*, *žənbūǧ*, *žəmbūǧ*, *zəbbūs*, *zabbūz*, SIMONET 621, COLIN HESPERIS 1927/89, LENTIN 108. Étym. obscure : roman ? = **acebojo* < lat. **acifolium*, MEYER-LÜBKE ROMAN ETYMOL. WBCH, 8, SIMONET 622, v. aussi s. ZƐBG; berbère ? Comp. kab. *aẓəbbuž* "olivier greffé" (DALLET 927), V. COROMINAS BREVE DIC. ETIM. 23.

ZBD, 1. CAN. h. **zābad*, ARAM. jp. syr. *zəbad*, AR. *zabada* "faire don"; CAN. h. *zęḇęd*, ARAM. jp. *zəbūdā*, syr. *zəbdā*, mand. *zabda*, AR. *zabd-*, *zabad-*, SAR. sab. *zbd* "présent, don". **-2.** AR. *zabada* "battre le beurre", *zabbada* "avoir de l'écume aux commissures des lèvres; écrémer; séparer le coton, la laine", *zubd-*, *zubdat-* "crème, beurre frais", *zabad-* "écume", hisp. "écume, sueur", ARAM. syr. *zubdā* "crème, beurre frais", mand. *zabad* "écume, beurre", ETH. g. *zəbd*, te. *zəbdät* "beurre frais", ? SAR. jib. *ezbéd* "grogner en bavant", *ezōd* "grogner"; AR. *zabdiyy-*, *zubdiyy-* "de couleur crème (porcelaine)"; *zubdiyyat-* "bol, tasse sans anse"; or. *zābed* "émail". ETH. g. *zəbdəw* "assiette en porcelaine", amh.

zəbdəy, *zəbəğ* "petit bol". ARAM. naram. *zuptōyta* "écuelle". **-3.** AR. *zabād-*, SAR. mh. ḥars. *zəbōd*, jib. *zióđ*, soq. *zbādiyyah*, ETH. g. *zəbād*, tna te *zäbad*, te. *zäbat*, amh. *zəbad* : parfum tiré de la civette. **-4.** AR. *zbydyh* "litière, palanquin". **-5.** SAR. sab. *zbd* "faire une razzia, marauder". **-6.** ETH. g. *zabd*, *zabdā*, *zabdəw* "vêtement de peau, de crin, fourrure"; *zabd* "turban". **-¶. 1.** Emprunt aram. en héb., V. M. WAGNER 46. Sar., DIC. SAB. 170. - Sur un rapport sémantique possible entre 1 et 2, PALACHE 25; V. aussi LANE 1209, d'après de nombreux lexicographes arabes : donner à manger de la *zubdat-* > faire un don. **-2.** Ar., LANE IBID., LA III/5, Q. 258, FARHAT 134, DOZY I/578, BELOT 284, LANDBERG GLOS. 1818, VOCABULISTA 134; sur le nom du "bol" en ar., V. HUART JA 1883, 19, BARTHÉLEMY 306; éth, GUIDI 619; les formes aram. et éth. sont des emprunts à l'ar., V. BERGSTRÄSSER NARAM. GLOS. 104, WTS 499, CDG 630, 631. **-3.** Rapport avec 2, le musc étant considéré comme une sorte de "crème" secrétée par l'animal, V. LANE 1209. - Ar., v. références s. 2. - Sar, JOHNSTONE HL 148, JL 314; éth., CDG 630, WTS 498, ABBA YOHANNES 659, DTE 502. - L'animal est en ar. *qiṭṭuzzabād* "le chat de la civette : le chat musqué". - Ar. > italien *zibetto* dont dépend vraisemblablement le fr. *civette*. **-4.** FAGNAN 70. **-5.** Pour le sar., V. BEESTON RAYDÂN 4 (1981) 19 qui compare ar. *zabada* "secouer, agiter" (v. 2), DIC. SAB. 170. **-6.** Emprunt à l'ar. *sabad-* "vêtement de crin, cilice", DILLMANN LEX. 1050, GRAM. 62, suivi par BROCKELMANN GVG I/169, CDG 630; pour le sens "turban", GRÉBAUT 437.

ZBDW/Y, v. s. ZBD.

ZBHM, AR. *zabhamat-* "hâte, précipitation". **-¶.** Q. 1007, FARHAT 507, KAZIMIRSKI I/973.

ZBW, 1. ETH. amh. *zäbo* "capture faite par représailles", gour. "objet pris en gage pour les impôts". **-2.** amh. *zäbo warq* : toile tissée par endroits avec des fils d'or (*warq*). **-¶. 1.** V. GUIDI 618. EDG III/701. Comp. s. ZBƐ ? **-2.** GUIDI IBID. **-¶¶. 1.** Le mot est présent en couchitique (qem. *zäbō*), V. CONTI ROSSINI KEMANT 272.

ZBZ, 1. AR. *zabāzat-*, *zabāzāʾ-* "(de petite taille". **-2.** *zabāziyat-* "hostilité entre les gens", magh. *zābəz* "quereller; se débattre". **-¶.** v. aussi s. ZBG. **-1.** Q. 461, FARHAT 240. **-2.** IBID., BEAUSSIER 425.

ZBZB, 1. AR. *zabzaba* "être en colère; être mis en fuite (au combat)"; soud. *zabzab* "alarmer, effrayer, menacer"; tchad. *zabzāb* "vaurien, intrigant", *zebzebi* "menteur, imposteur". **-2.** AR. *zabzab-* : sorte de chat; blaireau; sorte de petit bateau. **-3.** magh. *zabzāba* "trompette de bois, canule de seringue". **-4.** ETH. tna. *zäbzäb bälä* "trotter, courir", *zäbäzäbä* "petit trot". **-5.** gour.

zəbäsäbä "être mouillé, humide". **-¶. 1.** LA III/5, Q. 87, FARHAT 32, LANE 1208, KAZIMIRSKI I/971; LPAT 202; v. aussi ĐBĐB, Z(ᵓ/W)BR, ZBZ. **-2.** Réf. s. 1; VIRÉ E. I.² II 758, s. v. *fahd*. **-3.** BEAUSSIER 425. **-4.** ABBA YOHANNES 659, DTE 477, DETA 333. **-5.** Dans d'autres dialectes gour., le radical est ZMZM, v. s. EDG III/709 qui évoque tna. *zänbäbä* "être mouillé" et amh. *zäfäz zäfä* "rendre humide". Rapport avec éth. *zänäb/mä* "pleuvoir", v. s. ĐN/RB/M/N ?

≈≈ **[Z/SB/PZ/SG],** AK. *zabzagū* : sorte de vernis, OUG. *spsg* : substance blanche. **-¶.** Le terme apparaît en ak. dans des listes lexicales, CAD 21/10; pour l'oug. CTCA 17 VI 36, V. GINSBERG BASOR 98/21 n. 55, ALBRIGHT IBID. 24; rapproché de hit. *zapzagai* qui désigne une substance brillante, FRIEDRICH HE 260. Sur le mot hit., qui désignerait une roche dont on fait des objets précieux, V. NEU UF 27 (1995), 395. Le sens en oug. demeure obscur : lié à un usage funéraire d'enduire les crânes des morts, GOOD JBL 77 (1958), 73-74 ? Contre : RAINEY LEŠÔNENÛ 30 (1965-6) 254. V. UT 451 n° 1792, TO 432 note b. Il a été aussi proposé de retrouver le mot en héb. dans Proverbes 26/23 où *ksp sygym* serait lu *k-spsygym*, V. discussion et bibliog. dans COHEN BIBLICAL HAPAX LEGOMENA IN THE LIGHT OF AK. AND OUG. 122 n. 40.

ZBZN, AR. magh. *zabazīn*, hisp. *zebezĭn* : sorte de mets. **-¶.** DOZY I/579, MARÇAIS TANGER 215 rapprochent des formes fréquentes au Maghrib : *abāzīn*, *bāzīn(a)* qui désignent différentes préparations de couscous ou de bouillies de farines, etc. Pour l'hisp., ALCALA 276/3 s. "hormigos". Forme, sens et étymologie posent des problèmes. L'esp. *hormigos* est un pluriel, du moins pour la forme. ALCALA en donne deux autres équivalents arabes : *cuzcuçŭ* ("couscous") et *muḳámeça* (sans doute *muḥamṣa* : sorte de couscous à gros grains); *zebezĭn* semble donc avoir ici le sens ancien donné par OUDIN 569 pour *hormigo* "pain esmié & broyé avec du saffran". V. sur d'autres sens voisins, COROMINAS BREVE DICCIONARIO 325.

ZBḪ, AR. or. *zabaḫ* "réprimander". **-¶.** DENIZEAU 214.

ZBṬ, 1. AR. dat. *zabaṭ* "donner un coup de pied", *zabīṭ* "violemment", magh. *zbəṭ* "(se) contraindre, (se) forcer, lancer violemment (sur un mur, sur le sol), face contre le sol", *ttẓəbbəṭ* "se laisser tomber, se jeter lourdement", tchad. *zbaṭ* "interrompre", ḥass. "terrasser violemment, abandonner brutalement sa femme", ETH. g. *zabaṭ* "frapper, forger, battre, secouer, châtier", te. *zäbṭä* "frapper, jouer d'un instrument", tna. *zäbäṭä* "battre", *zəbṭa* "coup, secousse", amh. *zäbbäṭä* "être déprimé, enfoncé", *ᵓazäbbäṭä* "fouler, presser; opprimer", gour. *täzrabbäṭä* "tomber face contre terre", ? amh.

zäbbäṭä "pendre, pencher, s'incliner". **-2.** AR. *zabbaṭa* "mettre au monde, procréer", *zabṭ-* "enfant vif, pétulant", soud. *ʾazbaṭ* "mince, svelte (cheval)". **-3.** *zabaṭa* "crier (canard)". **-4.** *zābūṭ-* "vêtement grossier de laine". **-5.** ég. *zubāṭa*, "grappe de dattes, régime (de bananes)". **-6.** *zabaṭ* "boue, fange". **-7.** maroc. *ẓbəṭ* "tout nu, à peau sans poils ni duvet". **-8.** soud. *zabbūṭ* "aisselle". **-9.** ETH. tna. *zäbäṭbäṭ bälä* "remuer, s'agiter". **-10.** *zäbṭi* "gros tas". **-11.** ETH. tna. *zəbṭa* "anneau". **-12.** amh. *zəbuṭbuṭ alä* "se gâter (lait caillé)", *zəbəṭbač̣* "gâté (lait caillé). **-¶. 1.** On rapproche la racine ŠBṬ, V. DILLMANN LEX. 1050, BARTH ES 50, BROCKELMANN GVG I/163. - Pour les diverses formes : LANDBERG GLOS. 1818, BEAUSSIER 425, qui identifie à ḎBṬ, COLIN 694, TAINE-CHEIKH 865, LPAT 202, CDG 632, WTS 500, DTE 502, BAETEMAN 838, GUIDI 619, EDG III/714, GUIDI SUPP. 176. **-2.** BOCHTOR 242, DOZY I/579, QLS 488. **-3.** Q. 601, FARHAT 307, KAZIMIRSKI I/971, BELOT 284, LA III/8 indique d'après Ibn Ḫalawayh : *zabāṭat-* = *baṭṭat-* "canard" (v. aussi s. /Z/, f.). **-4.** KAZIMIRSKI I/971. **-5.** BOCHTOR 379, BADAWI-HINDS 364 qui émettent l'hypothèse d'une origine copte, sans autre indication. **-6.** SPIRO 245, BADAWI-HINDS 364. **-7.** COLIN 695. **-8.** Rapport avec ʾBṬ ? - QLS 489. **-9.** **-10.** ABBA YOHANNES 659. **-11.** DTE 502. **-12.** BAETEMAN 860.

ZBY, 1. AR. *zabā* "porter un fardeau, pousser une monture, emporter", *ʾuzbiyy-* "affaire grave et difficile, calamité, rapidité, vivacité", ḥass. *zbe* "être affaibli par manque de nourriture (animaux de transport)", *ẓabbe* "attirer le malheur, la vengeance ou le châtiment divin sur quelqu'un". **-2.** AR. *tazābā(y)* "marcher avec fierté, se comporter avec hauteur", soud. *zābā* "se vanter; rivaliser", mérid. *z(i)bē* "résister, persévérer". **-3.** AR. *zubyat-* "terrain élevé que l'eau n'inonde pas; fosse creusée pour prendre des bêtes", maraz. zaër *zōbiya* "fosse, trappe", magh. *zubya* "fosse à fumier, tas d'ordures"; ? or. *zaba* "fourmiller, grouiller", maraz. *zbē* dans l'expression *mlēεeb zbē* "(lieu) très fréquenté, où l'on se presse". **-4.** ETH. g. *zabaya*, *zabbaya*, te. *zäba*, *zaba* "acheter". **-5.** g. *zabəya*, amh. *zabiya* "manche (de hache, de lance)", tna. gour. *zabiya*, har. *zābi* "manche en bois". **-¶. 1.** Comp. s. ZʾB, ZBB, ZBL, ZML. - LA III/10, Q. 1162, FARHAT 616, LANE 1214, BELOT 285, TAINE-CHEIKH 866. **-2.** Comp. aussi s. ZBL ? - LANE 1215, QLS 489, RHODOKANAKIS II/23. **-3.** Réf. s. 1; ajouter BARTHÉLEMY 307, BORIS 238, LOUBIGNAC 449, BEAUSSIER 436. **-4.** DILLMANN LEX. 1050, CDG 632; la forme te. *zaba*, d'ap. WTS 499; comp. ZBN, v. s. ? **-5.** GUIDI 619, BAETEMAN 857, EDG III/702. - Emprunt couch., V. CDG 632. **-¶¶. 1.** Comp. m-ég. *sby* (*zby*) "aller, envoyer, conduire", FAULKNER 219, V. aussi AHW 144, s. *sb*. **-4.** En couchitique : agaw *ǧib* "acheter", REINISCH BILIN 176 qui compare aussi ég. *swn* "acheter, vendre", copte *sowen* "prix"; mais V. DELC 200 : probablement causatif de *wn* "ouvrir".

ZBL, 1. a. AK. *zabālu* "porter, transporter, supporter", *zubbulu* "porter; faire attendre, languir (de maladie)", CAN. h. **zābal* "élever, exalter", AR. *zabala* "porter, emporter", mér. *zabal* "jeter, lancer; déranger; se fatiguer", ETH. te. *zäblä, zänbälä* "se courber", *ʾazbälä*, tna. *zäbälä, zänbälä* "glisser de côté (charge sur le dos d'un animal)", amh. *zänäbbälä, zämbäll alä*, gour. *aznäbbälä* "être incliné"; AK. *zubullū* "cadeau de noce"; **-b.** OUG. *zbl* "prince; souveraineté"; *zbl* "grabataire", *zbln* "maladie", CAN. ph. *zbl* "prince". - ? h. *zəbul* "résidence". **-2.** AK. *zabbīl-*, ARAM. syr. *zabīlā*, nsyr. *zabīrā*, AR. *zabīl-, zibbīl-, zābal-, zanbīl-* "sac, besace", magh. : panier de sparte en forme de sac, panier double, maraz. *zembīl* : panier en vannerie, tchad. *zimbāl* : corde pour attacher les charges, ḥass. "boîte à thé"; ? maroc. *zənbəl* "bourrer avec excès"; SAR. mh., jib. or. *zənbīl*, ETH. te. *ǧänbil, zänbil*, tna. amh. *zänbil, zämbil*, har. *zämbīl* "panier, corbeille". **-3.** AK. *zibl-* "déchets, débris", CAN. nh. *zẹbẹl*, ARAM. jp. *ziblā*, syr. *zeblā*, ṭur. *zaulo* "fumure, ordures", *zābōlo* "balayeur", AR. *zibl-*, ETH. g. *zəbl-* "engrais, fumier"; CAN. nh. *zibbēl*, ARAM. jp. syr. *zabbel*, AR. *zabala* "engraisser, fumer", magh. *zəbbəl, zabbal* "fienter (bovins)", *zabbāla* "tas de fumier, d'ordures"; AR *zibāl-* "fétu, ce que porte la fourmi", *zubālat-* "petite quantité, un rien; balayures"; ? *ziʾbil-* "calamité, malheur", ? *zaʾbil-, zābil-zanbal-* "courtaud"; ETH. g. *zabbala* "déféquer, avoir la diarrhée; répandre de l'engrais", amh. *zäbbälä* "s'écailler (métal rouillé)", *zäbbäbälä* "déféquer copieusement". - AR. *abū ziblat-* : sorte de sauterelle. **-4.** SAR. mh. *zəbūl* "boire froid; se détendre, rafraîchir les passions", jib. *zōl, ezbel* "causer de la peine, irriter". **-5.** AK. *zanbil-* : bois à usage médical. **-¶.** Comp. aussi s. ZʾB, ZBB, ZBY, ZML. **-1. a.** Le sens fondamental est "porter". La racine est apparentée à SBL, V. NÖLDEKE ZDMG 40/729, HAUPT SBOT Esd. 6/3, M. HELD JAOS 88 (1968) 30; ak., CAD 21/1, AHW 1500; pour l'éblaïte, CONTI QUAD. SEM. 17/109. L'héb., hapax dans Gen. 30/20, est de sens discuté, V. ALBRIGHT JPOS 16/18; V. aussi HAL 252. - Sur ak. *zubullū*, V. CAD 21/152, AHW 1536. - Ar., LA III/9, Q. 908, LANE 1272, LANDBERG GLOS. 1819, ROSSI 239; éth., WTS 498, 501, DTE 476, 477, BAETEMAN 840, EDG III/710. Le mot amh. est passé en couch. qem. : *zänäbäl-* "se plier, s'incliner", CONTI ROSSINI KEMANT 273. **-b.** Le nom du "prince" est fondé sur cette racine, comme h. *nāśīʾ* sur NŚʾ dont l'une des valeurs est "porter", V. TO I/74 n. 2; en ak., *zubult-* "princesse" est un emprunt à l'oug., AHW 1536; phén. : V. MOSCA, EPIGR. ANAT. 9 (1987), 13; en amor., une forme *zubal* relève peut-être de ce dernier sens, GELB GL. 305, aussi HUFFMON

147; pour l'héb. *zəbul*, V. GAMBERONI TWAT II/531. **-2.** Pour le nom de la "corbeille", il s'agit d'emprunts de l'akk. et de l'ar. à l'aram., et de l'éth. à l'ar., AHW 1501; V. aussi ZIMMERN 43, BROCKELMANN LEX. 187, LIDZBARSKI HANDSCHRIFTEN 461. - Plusieurs formes témoignent d'une dissimilation de la labiale médiale qui se présente comme une géminée dans les formes les plus anciennes. - Pour LA III/9 : *zanbīl-* est une forme seulement dialectale. V. aussi FÉGHALI KFAR 66, BARTHÉLEMY 320, LPAT 207, BEAUSSIER 442, BORIS 252, TAINE-CHEIKH 917, AQUILINA 1609. - L'étymologie n'est pas assurée. Rapport avec 1 ? Emprunt au persan qui connaît *zanbīr/l* (*zambīr/l*) nommant un panier fait de feuilles de palmier (STEINGASS 624) ? Rencontre de formes d'origines différentes ? V. aussi références et discussion dans RŮŽIČKA KD 110, SIDDIQI PERS. FREMDW. IM KLAS. ARABISCH 68, LANDBERG GLOS. 1867 et EDH 166. **-3.** L'ak. d'après AHW 1524; CAD 21/103 indique "sens incertain" et dérive de 1. - Aram., RITTER 561, Ar, LA III/9, LANE 1212 (qui place ici *ziʾbil-* et *zaʾbil-*, d'après quelques lexicographes), BELOT 285, BEAUSSIER 426, MARÇAIS TAKROUNA 1652. Eth., MAGGIORA 471, CDG 631. - Sur le nom de la sauterelle, JAUSSEN MOAB, 249, FAGNAN 70. **-4.** JOHNSTONE ML 463, JL 315. **-5.** CAD 21/45.

ZBLḤ, AR. *zablaḥa* "tromper", *zablaḥat-* "sottise", hisp. *zaballaḥ* "sot", malt. *zeblaḥ* "calomnier, humilier". **-¶.** BOCHTOR 830, DOZY I/580, VOCABULISTA 135, BEAUSSIER 426, AQUILINA 1604.

ZBLṬ, 1. AR. dat. *zablaṭ* "glisser". **-2.** palest. *mzabilṭa* "(vieille femme) rusée". **-¶. 1.** LANDBERG GLOS. 1819; v. ZLṬ et les renvois s. -ZL-. **-2.** Peut-être dérivé de ZBṬ. - DENIZEAU 215.

ZBN, 1. ARAM. Emp. palm. nab. *zbn*, targ. syr., mand. *zəban*, nsyr. *zaḇen*, *zāwin*, "acheter", Emp. palm. nab. *zbn*, targ. syr. *zabben*, naram. *izban* "vendre", palm. jp. *zbn* "acte de vente ou d'achat", AR. *zabana* "vendre en bloc, vendre sur l'arbre", dat. *tazabban* "demander un prix élevé", *zabūn*, *zubūn* "de bonne qualité, cher", *zabbūnat* "orgueil", magh. *zabban* "soudoyer des mercenaires", ETH. te. *zäbbänä* "être cher, précieux; être désœuvré", *ʾäzobänä* "être désœuvré, sans travail". - ? AK. *zibānīt-* : sorte de balance, ARAM. mand. *zabanita* "plateaux, balances". **-2.** AR. *zabūn-* "amant d'une femme mariée", *zabūnat-* "femme mariée qui a un amant", *zawbana* "être l'amant d'une femme mariée". **-3.** *zabana* "pousser, repousser, ruer", *zabūn-* "rétif", *zabūn-* "insoumission", *zabīn-* "fort, bien fortifié", ? soud. *zūbən* "courir vite", *zaban-* "place à l'écart, rideau séparant deux parties d'une pièce", magh. *zabūn* "taciturne et solitaire", dat. *zabban* "défendre, donner asile", *zibn* "secours, aide, protecteur", yém. *tazabban* "se fortifier", magh.

zabban "soudoyer des mercenaires"; SAR. mh. *həzbūn*, ḥars. *zebōn* "protéger", jib. *ezbin* "accompagner quelqu'un pour le protéger; être prospère", *zotmən* "être prospère", mh. *zēbən*, jib. *zēn* "pouvoir, protection". ? AR. ég. *zabbin* "germer, commencer à croître", *zabāna* "pousse", *zaban* "dard". - ? cl. *zūbīn-* "javelot". **-4.** AK. *zibn-* : clôture, natte de roseaux. **-5.** AR. yém. *zabān-* "abdomen"; ? Palmyre *zbūn* "grande robe ouverte par devant", ETH. g. *zəbān* "dos; queue", te. tna. *zəban* "dos". **-6.** SAR. mh. *mənzawbən* "trop petit de taille". **-¶.** v. aussi ZMN. **-1.** Pour une forme *zbnwt* "achat" en h. épig., V. RABINOWITZ BASOR 131 (1953) 22, DISO 72. Sur l'ak. qui désigne aussi le signe du zodiaque, V. JENSEN ZA 6/151, CASSIN RSO 32/3; AHW 1523 : origine inconnue. - On dérive généralement la racine aram. de l'ak. *zibānīt-* "bascule" (> mand., MD 156), V. HOMMEL ZDMG 45/591, ZIMMERN 16, BROCKELMANN LEX. 187, mais CAD 21/100 reste sceptique. De même l'ar. serait un emprunt à l'aram., V. FRAENKEL 189, NÖLDEKE NBSS 76. V. aussi pour l'aram, DISO 71, 72, BERGSRSTRÄSSER. GLOS. 104, MAC LEAN 83, MACUCH-PANOUSSI 50, TSERETELI 67; ar., LA III/9, Q. 1084, FARHAT 548, BELOT 285, LANDBERG GLOS. 1821, DOZY I/580, 610, FAGNAN 70, BEAUSSIER 426, WTS, 499, 503. Par ailleurs, l'ar. présente pour *zabūn-*, surtout dans les usages égyptiens et orientaux, le sens "client, chaland, acheteur", qui peut être un emprunt au persan *zubūn* "acheteur ardent" selon la glose de STEINGASS 610. - V. aussi s. ZBY. **-2.** V. DOZY I/580. **-3.** Réf. s. 1, LANE 1213, DOZY IBID., LANDBERG GLOS. 1820, HAB. GLOS. 87, LENTIN 109, JOHNSTONE ML 463, JL 315, HL 148; BADAWI-HINDS 365; KAZIMIRSKI I/1024; v. aussi s. ZBƐ. Sam. jib. *zotmən* manifeste l'assimilation usuelle en jib. : *b* > *m* devant *n*. **-4.** CAD 21/104, AHW 524. **-5.** LANDBERG GLOS. 1821, CANTINEAU PALMYRE II/26, DILLMANN LEX. 1050, LITTMAN ZA 21/70, WTS 499, DTE 502. **-6.** JOHNSTONE ML 463. **-¶¶. 5.** Couchitique saho *dabān* "dos" semble un emprunt au sémitique.

ZBNTR, AR. *zabantar-* "très rusé (homme); petit de taille (homme)", *tazabantara* "se comporter de façon méprisante". **-¶.** Comp. s. ZN/MBR, ZBTL, ZBTR, ZBN. - LA III/10, Q. 359.

ZBS, v. s. ZBG.

ZBƐ, 1. AR. *zabīɛ-* "qui s'emporte facilement, très violent", *tazabbaɛa* "se mettre dans une colère violente; être méchant, agir avec méchanceté"; malt. *zebbieḥ* "imposteur, trompeur, personne à double face"; AR. *zawbaɛ-* "vil"; *zawbaɛat-* "tempête, ouragan"; ? ETH. tna. *zäbɛi* "grêle, pluie fine". **-2.** or. *zōbaɛ* "thym"; *zawbaɛ* "donner à manger du serpolet". **3.** ETH. tna. *zäbɛi*, amh. gour. *zäb* "garde, poste de garde", tna. *zäbɛäña*, amh. har. gour. *zäbäñña* "gardien". **-¶.** v. aussi s.

ZBʾ/Ɛ, ZWBƐ. **-1.** Selon les lexicographes, le nom de l'ouragan serait d'abord celui d'un démon, V. LA III/8, Q. 652, LANE 1212; V. aussi KAZIMIRSKI I/971, BELOT 284, AQUILINA 1604; v. aussi des formes augmentées de la racine s. ZBƐBQ, ZBƐR. Pour le tna., ABBA YOHANNES 659; < ar. ? **-2.** DENIZEAU 214. **-3.** BAETEMAN 838, GUIDI 618, DTE 477; EDG III/701-702 qui signale la présence de la racine en couchitique : awiya *zibin* "garde". - Rapport avec ZBW, ZBN, v. s. ?

ZBƐQ, AR. *zabɛaq-*, *zabaɛbaq-*, *zabaɛbaqī*, *zibiɛbāqī* "qui a mauvais caractère". **-¶.** Formations expressives liées à ZBƐ (dont dépend aussi ZBƐR), ZBQ, v. s. - V. LA III/8, Q. 800.

ZBƐBQ, v. s. ZBƐQ.

ZBƐR, 1. AR. *zibaɛray* "dur, inhumain, méchant". **-2.** "qui a beaucoup de poils". **-¶. 1.-2.** Comp s. ZBƐ. - LA III/8, Q. 359, KAZIMIRSKI I/971. **-2.** v. ZBB.

ZBQ, 1. AR. *zabaqa* "arracher la barbe, plumer; mêler, mélanger; lier, garrotter; mettre à l'étroit", *ʾinzabaqa* "entrer, pénétrer dans; se cacher", ? *tazabbaqa* "s'orner", *zābūqat-*, ARAM. palm. *zbwqtʾ* "coin, recoin retiré"; ṭur. *zābūqo* "ruelle". **-2.** AR. or. *zabaq* "s'échapper, filer sans bruit". **-3.** AR. *zibaqqānat-* "homme mauvais, corrompu". **-4.** ? ARAM. nsyr. *zābiq* "combattre, lutter"; ? Ourmia "entasser du combustible dans un four". **-5.** ETH. amh. *zəbuqbuq alä* "être souple (cuir); être gras, replet; être tendre, frais (pain)". **-¶. 1.** v. aussi s. ZMQ. - Aram., DISO 71; en ṭur. (RITTER 561) influence (pour le sens) de l'ar. ZNQ ? - Pour LA III/8, *ʾinzabaqa* "entrer" est une expression idiomatique pour *ʾinzaqaba*, v. s. ZQB; V. aussi Q. 800, FARHAT 397, LANE 1212, KAZIMIRSKI I/971, BELOT 285, DISO 71. **-2.** Sans doute dénominatifs de *zebaq* "vif-argent", v. s. [ZʾBQ], V. BARTHÉLEMY 307. **-3.** LANE 1212. **-4.** MAC LEAN 83. - Étymologie ? **-5.** BAETEMAN 860.

Z(ʾ/W)BR, 1. OUG. *zbr*, AR. dial. or. *zabar*, *zabbar*, hisp. **zabár*, malt. *zábar*, magh. *zbər*, *ẓbəṛ* "tailler (un arbre, la vigne), élaguer, émonder". - **? 2.** AR. *zabr-* "pierres dures; fort, robuste; retenue, intelligence, jugement", *zubrat-* "morceau, fragment; pièce de fer, enclume", *zabara* "bâtir, élever un mur; entourer un puits d'une rangée de pierres; jeter des pierres sur quelqu'un; réprimander, éconduire, repousser quelqu'un avec dureté; trembler de colère", *zabura* "être corpulent", *ʾazbara* "être grand, brave", yém. *zābūr* "mur d'argile, de boue", *zawbar* "construire un mur de boue", *zabīr* "boue noire, malheur", ? soud. *zabbār* "vicieux, impie", ? SAR. mh. *həzbūr*, jib. *ezber* "prendre plaisir aux malheurs de quelqu'un", ? soq. *ʾizbiroh* "peur"; - sab. *zbr* "ériger une construction"; ETH. g. *za-*

bara "briser", *zabərt* "morceau, fragment", *mazbar* "ruine, désert", *tazābara* "lutter contre, combattre". **-3.** AR. *zabara* "copier un manuscrit; inscrire, graver sur la pierre", *zabr-, zibr-, zabūr-* "écriture"; yém. *zabar* "écrire", SAR. sab. *zbr* "écrire". **-4.** ARAM. jp. *zibbōrā*, *zibbartā* "abeille", mand. *zimbura* "frelon, abeille", ṭur. *zanbirto* "dard (frelon, scorpion)", AR. *zunbūr-* "frelon", mér. *zanbūr* "guêpe", ETH. g. *zanbir* "frelon, guêpe". **- ? 5.** AR. *zaʾbir-, zaʾbar-, zuʾbar-, zawbar-, ziʾbar-, ziʾbir-* : le velu d'une étoffe neuve, *ʾizbārra, ʾizbaʾarra* "se hérisser, se dresser (poils, cheveux)", *zubrat-* "touffe de poils entre les omoplates", *zawbara* "être velu", hisp. *zaybar* "perdre le duvet", *zaybar*, *zaybara* "duvet, bourre", *zaybara* "jabot, ventre d'un oiseau, endroit usé d'un vêtement"; malt. *zaybara* "chevelure douce, soyeuse, duvet"; ? *zabbara* "aloès"; tchad. *zabīr* "orge". **-6.** AR. *zanbūr-,* Syr. *zabᵊr*, liban. *zabr*, *zambūṛa*, daṫ. *zubr*, soud. *zabr*, *zubur* "pénis". - daṫ. *zabbūr*, Syrie *ẓambūr* "clitoris", magh. *zabbūṛ*, *ẓəbbōṛ* "clitoris, vagin"; - palest. *zabr* "nombril". **-7** palest. *zābūra* "bec de jarre". **-8.** ḥass. *ẓbāṛa* "dune blanche au bord de la mer". **-9.** CAN. pun. *zbr* : sorte de coupe, nh. *zibbūrit* : sorte de récipient, ARAM. syr. *zābūrā*, *zābūrtā* : sorte de coupe, nsyr. *zāwūrā* : sorte de bol. **-10.** ETH. g. *zabara* "tituber, être embarrassé", amh. *zabbärä* "délirer", *tänğəbäräbbärä* "tituber par ivresse". **-11.** *zabbärä* "s'envoler doucement"; gour. *azapärä* "planer, s'envoler sans battre des ailes". **-12.** amh. *anžäbärrärä* "être généreux". **-13.** gour. *zibbärä*, *žäbbärä* "retourner (tr.), rapporter, répondre, inverser". **-14.** amh. *ğibär* : os à la naissance de la queue chez les bêtes. **-¶.** Sur le nom arabe du Psautier, *zabūr-*, V. JEFFERY 148 : v. ZMR; - v. aussi s. SBR. **-1.** L'ar. ancien ne semble pas connaître ce sens, mais celui-ci est largement attesté dans divers dialectes (quelquefois n'y concernant, semble-t-il, que la taille de la vigne), V. BELOT 284, BOCHTOR 294, DALMAN ASP IV/312, DOZY I/579, BARTHÉLEMY 307, FRAYHA 69, ALCALA 336/39, COLIN 693, AQUILINA 1590, BARTHÉLEMY 307. L'oug. (CTCA 23/9) est interprété d'après l'ar. dial., V. TO 370. - Une forme naram. *zobrā* "tailler (la vigne)" est, selon BERGSTRÄSSER NARAM. GLOS. 104, un emprunt à l'arabe. - On compare généralement h. *zāmar* "tailler", avec alternance de labiales, V. par exemple DOZY IBID.; FRAY. 77, (s. ZWMR) fait l'hypothèse d'une base bilitère ZB/M. - Pour un rapprochement avec SBR, ṪBR, V. DILLMANN 1049, NYBERG MO 14, 221. **-2.** Une forme aram. ṭur. *zivrá* "dur (pierre, riz)", RITTER 586, est un emprunt à l'ar. - Ar. : Références s. 1 et LA III/6, Q. 359, FARHAT 188, LANE 1210, KAZIMIRSKI I/969, BELOT 284, ROSSI 158, LANDBERG GLOS. 1818, QLS 488; sar. JOHNSTONE JL 315, LESLAU LS 150, DIC. SAB. 170, RICKS 59; éth. CDG 631. Comp. aussi ZBZB. **-3.** Comp.

ĐBR. - V. LANE 1210. - V. FAGNAN 70, W.W. MÜLLER TYA 35, SELWI 103. **-4.** v. DBR, ĐBR, ZN/MBR. - Sur *zan/mbūr* < racine Z(ʾ/W)BR, RŮŽIČKA KD 112, LANDBERG IBID. - Attesté en ébl., V. CONTI QUAD. SEM. 17/123. - Le g. serait un emprunt à l'arabe, CDG 640. - V. BROCKELMANN GVG I/134, NÖLDEKE MG 44 n. 1, MD 166, BLAU PSEUDO-CORRECTIONS 46, n. 3. **-5.** Les mots relèvent, quelques uns du radical de base ZBR, mais la plupart des formes radicales élargies (à des fins expressives) par une laryngale ou une semi-voyelle. - Comp. s., ZB, ZǦBR. - V. LA III/3, KAZIMIRSKI I/966, BELOT 283, DOZY I/616, AQUILINA 1592, LPAT 202. Pour l'hisp., VOC. 134 s. ZʾBR, ALCALA 119/37; la valeur "endroit usé d'un vêtement" est dans Ibn Ǧanāḥ LIVRE DES RACINES (éd. Neubauer) 121, n. 25. **-6.** KAZIMIRSKI I/1015, BOCHTOR 157, DOZY I/579, FRAY. 69, BARTHÉLEMY 306, 504, LÖHR 143, LANDBERG GLOS. 1818 qui signale *zubr* pour "clitoris" dans une partie du domaine, BARTHÉLEMY 504, STUMME GTA 56, 166, COLIN 694. Comp. s. ZBB. - On constatera le parallélisme sémantique entre les racines qui unissent toutes deux la notion "être velu" et la désignation de l'organe sexuel. RŮŽIČKA KD 112 rattache à la notion "grand, fort", v. cidessus s. 2. **-7.** DALMAN ASP IV/252; aussi respectivement dans III/87 et III/24, des noms d'instruments : *zabūr* : cheville de bois fixée dans le chariot à dépiquer, et *zābūra* : faucille sans dents. Comp. s. ZML. **-8.** LERICHE TERMIN. GÉOGR. MAURE 70. Comp. s. ZML. **-9.** KAI II/136, DISO 72, TOMBACK 93, MAC LEAN 83. Le nsyr. *zabīrā* : sorte de panier, semble un emprunt à l'ar. *zabīl* (v. s. ZBL) ou, selon MAC LEAN 83, au persan-kurde *zanbīl*, V. aussi LIDZBARSKI DIE NEU-ARAMÄISCHEN HANDSCHRIFTEN 461. **-10.** BAETEMAN 857; pour le g. V. CDG 631, d'ap. KIDANA WALD. **-11.** Comp s. ZBB. V. EDG III/713. **-12.** BAETEMAN 867, GUIDI 636, COHEN NEEM 263. **-13.** EDG IBID. **-14.** BAETEMAN 868. **-¶¶. 1.** Berb. kab. *ẓəbbəṛ* "émonder, débroussailler" est vraisemblablement un emprunt à l'ar. **-5.** Berb. tamaz. *azabur* "longue chevelure de femme", TAÏFI 791 (mais Izayan *azagur*, BASSET GÉOG. LING. 50), est-il relié ? Radicale labiovélaire ? Mais v. s. SGʷR. **-5.** Une séquence dentale (sifflante ou chuintante) + labiale + liquide pour nommer l'organe sexuel féminin est bien représentée en couchitique : som. *sibiil-ša*, *siil-ka* "vagin", bédja *šimbili* "clitoris", et avec un ordre différent des consonnes dullay *šarpa-kkó*; en bilin, la séquence se retrouve dans le nom de l'organe masculin *sámar*. - Une forme kab. *ačarmim* "clitoris", DALLET DICT. FRANÇ.-KAB. 46 semble isolée en berb.; v. aussi s. ZBB. **-13.** EDG III/702 signale l'existence de formes reliées en couchitique : had. *dabarā-kko*, sid. *dabari* "retourner, répondre".

ZBRBR, AR. maroc. *zbəṛbəṛ*: marc de raisin ou de figues servant à la nourriture des animaux. **-¶.** COLIN 694.

ZBRG, 1. AR. *zibriğ-* "ornement en broderie, décoration"; ? maroc. *zəbṛəž*, *žəbṛəž* "réaliser à la perfection". **-2.** magh. *zəbrəğ* "gazouiller (hirondelle)". **-¶. -1.** LA III/7, Q. 174, FARHAT 83, LANE 1212, BELOT 284; COLIN 694. **-2.** BEAUSSIER 425.

≈ ≈ **[ZBRGD], [ZBRDG],** v. s. [ZMRGD].

ZBRZ, AR. maraz. *zäbräz* "émettre des borborygmes (chameau en rut), gronder (tonnerre, etc.)". **-¶.** BORIS 237.

ZBRḪ, AR. *zabraḫ-* "taureau". **-¶.** BLACHÈRE, NOTES INÉDITES.

ZBRṬ, AR. magh. *zabrūṭ* "balle de fusil". **-¶.** BEAUSSIER 425.

ZBRṬƐ, AR. magh. *zbarṭɛi* "vaurien, chenapan, voyou". **-¶.** BEAUSSIER 425.

ZBR/NY, ETH. gour. *žəbärrä*, *žəbäñä*, *žəwänä* "réclamer de la viande". **-¶.** La forme originelle est vraisemblablement **zəbärrä* (racine ZBRY), V. EDG III/717, 720.

ZBRQ, 1. AR. *zabraqa* "teindre en jaune ou en rouge", *zibriqat-*, *zabārīq-* "éclat, clarté, éclair"; *zibriqān-* "lune". **-2.** ETH. tna. *zäbräq̣ä*, amh. *zäbarräqä* "mélanger, parler de façon incohérente", gour. *azzəbarräqä* "mélanger". **-¶. -1.** LA III/8, KAZIMIRSKI I/971, Q. 800, BELOT 284; FARHAT 397 indique aussi pour *zibriqān* : la quinzième nuit (du mois lunaire). Croisement de ZRQ et BRQ ?. **-2.** ABBA YOHANNES 659, DTE 477, BAETEMAN 838, EDG III/702 qui suggère de comparer amh. *qäbažžärä* "délirer". Peut-être faut-il voir aussi un rapport avec éth. *zaraqa*, v. s. ZRQ, "dire des paroles vaines; plaisanter" ?

ZBRR, 1. AR. *zubrīrat-* "enclume", ? SAR. soq. *zibrir* "baguette". **-2.** ETH. amh. *anžäbarrärä* "être généreux; tomber en enfance, oublier", *anžäbarrärä* "enivrer ses hôtes". **-¶. 1.** < *zubrat-*, v. s. Z(ʾ/W)BR. - BOCHTOR 298, DOZY I/579. Pour le soq., LESLAU LS 150 rapproche de ZBR "tailler", etc., v. s. Z(ʾ/W)BR **-2.** GUIDI 636, BAETEMAN 867.

ZBŚ, AR. magh. *zābəš* "austère, sévère". **-¶.** BEAUSSIER 425.

ZBT, 1. AR. soud. *zabattī* : sorte d'étoffe de peu de valeur. **-2.** tchad. *zabat* "phlegme, mucus". **-3.** ETH. amh. *zäbbätä* "se moquer, railler, ridiculiser". **-4.** gour. *zabbätä* "errer sans but, perdre sa route" ?, gaf. *zäbtä* "plaine". **-¶.** v. aussi s. ZBD. **-1.** QLS 487. **-2.** LPAT 202, d'ap. Lethem. **-3.** BAETEMAN 836. **-4.** Emprunts couch., V. EDG III/702, GAF. 249.

ZBTL, 1. AR. *zabtal-* "petit de taille". **-2.** ETH. amh. *zäbatälo* "habit très rapiécé". **-¶. 1.** Comp. s. ZBTR, ZN/MBR et ZBNTR. - Q. 908, FARHAT 453. **-2.** BAETEMAN 838.

ZBTR, 1. AR. *tazabtara* "se donner des airs en marchant", *zabtar-* "homoncule; malheur". **-2.** ETH. amh. (Gondar) *zäbättärä* "arracher avec les dents". **-¶. 1.** Comp. s. ZBTL, ZN/MBR et ZBNTR. - Q. 309, KAZIMIRSKI I/969. **-2.** BAETEMAN 836.

ZBTT, ARAM. naram. *zuptōyta* "écuelle". **-¶.** < Ar. *zubdiyyat-* ?, v. s. ZBD, 2.

ZG, ETH. te. *zəg belä / wäda* "s'éclaircir (eau trouble); se calmer, faire quelque chose lentement", tna. *zəg bälä* "établir, se calmer, faire quelque chose lentement", amh. *zəgg alä* "aller lentement, se calmer (vent)", gaf. *zəg/q balä* "être lent". **-¶.** v. aussi s. [ZÂG]. - Il est difficile de déterminer avec certitude si la base invariable de ces "composés descriptifs expressifs" (V. COHEN TRAITÉ 262) qui paraît être un doublet de *dəg*, v. s. DGG, est de nature onomatopéique ou dépend d'un radical verbal. La comparaison avec ZGʾ/G/Y et ZGW, (qui n'est pas représenté en éth., mais en ar. seulement), pourrait néanmoins autoriser l'hypothèse que *zəg* est un bilitère abrégé à partir d'une racine verbale à 3ème radicale semi-consonne. - V. WTS 505, DTE 509, BAETEMAN 862, LESLAU GAF. 249. **-¶¶.** Aussi en couchitique. ag. : *zäg y* "aller tout doucement, tarder", CONTI ROSSINI KEMANT 272.

-ZG/K-, groupe biconsonantique à la base, avec des consones diverses, de radicaux éthiopiens, ayant pour sème commun la notion de "fermer, enfermer" : voir sous ZGḤ, ZGƐ, ZGT, ZKT. Ce dernier radical, représenté par le verbe tna. *zäḵätä*, est donné pour synonyme d'un autre verbe *azäḵä* qui pourrait être un causatif à préfixe *(ʾ)a-* d'un verbe biconsonantique; voir aussi la discussion sous ZH.

≈ ≈ **[ZÂG], 1.** ARAM. syr. *zāgā* "poussin", nsyr. *zāgyē*, *zāyē*, mand. *zaga*, ṭur. *zōgo* "coq", *zigūno*, *zogūno* "poussin". **-2.** ARAM. syr. *zgwgw*, nsyr. *zāg*, AR. *zāǧ-*, hisp. *zig* "vitriol". **-3.** CAN. nh. *zag*, ARAM. jp. syr. *zaggā*, *zuggā*, mand. *zanga*, nsyr. *zīgā*, *zāgā*, ṭur. *zāgo* "clochette". **-¶. 1.** < Pers. (*zāq* "petit de tout animal", STEINGASS 606), selon LAG. GA 41 n. 104; V. BROCKELMANN LS 188, MD 157, MACUCH-PANOUSSI 50, RITTER 584, 587. **-2.** < persan (*zāg*, STEINGASS 606); V. LAG. IBID., BROCKELMANN LS 188, MAC LEAN 83; LA III/61, LANE 1266, KAZIMIRSKI I/1024; pour l'hisp., ALCALA signale *zig* (< *zāg*), 109/16 s. *azige para tinta* (que NEBRIJA 32 glose : *atramentum*), tandis que s. *caparosa* "vitriol", 139/16, il précise *zix azráq*; OUDIN 128 signale s. *azíge ou aziche para tinta* qu'il s'agit soit de "l'alun de roche", soit du "vitriol". **-3.** < persan (*zang*, STEINGASS 626); V. LAGARDE IBID., DALMAN WB 123, JASTROW 379, 380, BROCKELMANN, MAC LEAN IBID., MD 160; v. aussi s. ZGG. **-¶¶.** v. aussi s. ZGZG.

ZGʾ/G/Y, 1. ARAM. talm. *zəgāʾ* "s'établir, s'allonger", mand. *zga* "être étendu, se coucher". ETH. te. *zäggä* "abaisser la tête du bœuf pour lui passer le joug, atteler", tna. *zäg bälä*, amh. *zägg alä* "tomber lourdement; s'étendre de tout son long", tna. *zäg bälä* "être fatigué, s'effondrer de fatigue", *zäg abälä* "accabler, prostrer", har. *zäg bayä*, gour. *zugä barä* "être étendu", amh. *zägäyyä* "hésiter, tarder", *azaggägä* "retarder, être négligent"; ? amh. arg. *azzagga*, gaf. *azzagä* "bâiller". **-2.** te. *zäga* "campement de huttes, village". **-¶. 1.** V. aussi ZG, ZGG et [ZÂG]. - Le rapprochement proposé ici, à titre d'hypothèse, entre des racines à 3èmes radicales différentes n'implique pas un bilitère originel, mais simplement une dernière consonne "faible" subissant des traitement différents selon les langues. - Pour l'amh *zägäyyä*, de type "quadrilitère abrégé par la finale", V. COHEN TRAITÉ 257, NEEM 203 (et particulièrement sur *zägäyyä*, 187); aussi GUIDI 631, BAETEMAN 850; PRAETORIUS AMS 67 § 40c, 138 § 101c rapproche, de manière peu vraisemblable, de ZḤL, ZḤN, v. s. - Aram., DALMAN WB 162, JASTROW 380, MD 162. Éth., WTS 505, DTE 494, PRAETORIUS AMS 265 § 216, BAETEMAN 851, EDG III/703, 704, EDH 164; en amh. du Begamder, BAETEMAN 850 signale une forme à redoublement *tänzägäzzägä* "tomber à plat ventre, face contre terre". - Rapport avec ZG, v. s. ? - Pour mand. *zga* "partir", v. s. SGY. **-2.** Sporadiquement *dəgge*, WTS 505.

ZGB, 1. ETH. g. *zagaba*, tna. *zägäbä*, te. amh. *zäggäbä* "rassembler, amasser, accumuler", g. *mazgab*, amh. *mäzgäb* "trésor", gour. *mäzgäb* "registre", amh. *azäggäbä* "surveiller quelqu'un; armer son fusil, être prêt à faire feu". **-2.** g. *zagbā*, tna. amh. *zägba*, *zəgba*, gour. *zəgba* : sorte de conifère. **-3.** gour. *žäggäbä*, *žäkäbä* "barrer le passage (rivière qui déborde)"; endiguer une rivière". **-4.** AR. *zuǧbat-* "parole, mot". **-¶. 1.** Rapport avec ar. *kasaba* ? La suggestion de PRAETORIUS BA 1/41 (V. aussi GVG I/273) est rejetée par CDG 633; V. aussi WTS 505, GUIDI 630, BAETEMAN 848. **-2.** V. STRELCYN MÉDECINE II/242, n° 298 : Podocarpus gracilior Pilger; V. aussi la notice dans RO XVIII/381. **-3.** EDG III/721 envisage une métathèse de *gäddäbä* "barrage". **-4.** LA III/11, Q. 87, KAZIMIRSKI II/1974; v. ZGM.

ZGG, 1. CAN. h. *zāg*, ARAM. targ. *zaggā*, *zuggā* "peau de raisin". **-2.** syr. *zag* "tinter (oreille); crier", *zənāgā* "tintement, bruit; chœur", AR. *zaǧǧa* "produire un bruit sourd, murmurer, crier", *zinǧ-* "tambour". **-3.** AR. *zaǧǧa* "frapper avec le bout de la lance", *zuǧǧ-* "ferrure au bout de la lance, fer de flèche, pointe du coude", magh. *zəǧǧ* "pousser", *tzəǧǧəǧ* "se pousser mutuellement, se battre (chameaux)"; hisp. *zaǧǧ* "donner un coup de poing", *zuǧǧ* "poing"; ʿanâze *zaǧǧ* "jeter, vider", dat. *zaǧǧ* "boire d'un trait". **-4.**

AR. *zaǧǧa* "être fin, allongé (sourcil)", ég. *zaggig* "se faire les sourcils (au crayon)". **-5.** AR. *zaǧǧa* "courir", hisp. *zaǧǧaǧ* "sortir en courant", malt. *zegg* "glisser, patiner", SAR. jib. *zegg* "courir", soq. *n-zgzg* "marcher vite", mh. soq. *zəg* "changer de route". **-6.** ETH. te. *zəgaga* "scrofules", tna. *zəgag* : sorte de maladie. **-¶.** v. aussi ZG/KG/K, ZGY, ZNG. **-1.** Sens discuté : peau de raisin ou pépin, V. DALMAN ASP IV/304, LÖW FLORA I/80, RÜTHY 73, HAL 253, JASTROW 380. **-2.** Sans doute fondées sur une forme d'origine persane, v. s. [ZÂG]. **-3.** LA III/11, Q. 174, LANE 1215, BELOT 285, DOZY I/581, SOCIN DIWAN AUS CENTRAL ARABIEN 272, LANDBERG GLOS. 1823, BEAUSSIER 426. **-4.** Q., BELOT IBID. **-5.** LA IBID., LANE 1215, KAZIMIRSKI I/973, AQUILINA 1604, VOCABULISTA 135, LESLAU LS 150, JOHNSTONE JL 316, ML 464. **-6.** AHW 1503, WTS 505.

ZG/KG/K, AK. *zakakat-*, *zakukut-*, CAN. h. *zəkōkīt*, ARAM. targ. *zəgōgītā*, syr. *zəgūgītā*, mand. *zəgāgita* "verre", ṭur. *zāzīke* "bille de verre", AR. *zaǧāǧ-*, *zuǧāǧ-*, *ziǧāǧ-*, SAR. mh. *zəgōg*, jib. *zgog*, ETH. te. *zəǧaǧ* "verre". **-¶.** v. aussi ZGG, ZWG, ZGZG. - BARTH ES 33. L'ar. serait un emprunt à l'aram., V. FRAENKEL 64. V. aussi DALMAN ASP 4/391, 7/229, FOHRER BHH 573, WEIPPERT REALL. B., 2e éd., 98, KELSO 43 n° 105; AHW 1503, CAD 21/15, LANE 1216, WTS 504.

ZGD, 1. CAN. nh. *zāgad* "retenir (?)", ARAM. *zəgad* "se tenir droit". **-2.** AR. yém. *zaǧda* "tas, touffe", ? SAR. mh. *zēgəd*, *zəgūd*, ḥars. *zegōd* "soulever; piller, saisir", soq. *zegid* "lever, charger sur quelqu'un", ETH. g. *zagada*, amh. *žäggädä* "ajouter du bois sur le feu", *täžg*^{w}*ädägg*^{w}*ädä* "se multiplier, grandir; se presser, se bousculer (foule)". **-3.** gour. *zägädä* "se souvenir, désirer quelque chose". - **? 4.** har. *zēgäda* "distendre, étirer". **-¶.** v. aussi s. ZNG, SGD. - En aram. talm. on relève des formes, qui sont apparemment fondées sur une base ZGD (ou ZWG ?), mais dont la constitution est obscure : *zagdān*, *zagdōs*, *zugdās* (lire, pour ces trois mots, *zagdōm*, *zagdām* ?) "avec une paire aux deux éléments irréguliers, dissemblables (yeux, sourcils)", DALMAN WB 123, JASTROW 380. **-1.** Le nh. dans DALMAN WB 123, l'aram. dans LÉVY I/512, 561, qui rapproche ar. *saǧada*. - Une forme mand. mod. *zgidt* "tu as adoré" est sans doute liée à SGD (v. s.), MD 162. **-2.** Ar. yém., GOITEIN 87. V. LESLAU LS 150, qui rapproche de 1; CDG 633. Sar. LESLAU LS 150, JOHNSTONE HL 148, ML 464 (et comp. JL 224, s. SGD), BAETEMAN 868. - La forme *zēgäda* "étendre" apparaît aussi en har. anc. dans les textes de CERULLI HARAR 309; l'hypothèse d'une erreur de copiste pour *zagaḥa* "être large" (IBID. et 437) ne semble pas s'imposer, V. aussi EDH 165.

ZGDY, ETH. g. *zagdaya* "préparer", *tazagādaya*, tna. *täzägadäyä*, amh.

täzägağğä, gour. *täzgağğä* "être prêt". -¶. DILLMANN 1067, CDG 633, GUIDI 632, BAETEMAN 850, EDG III/704 et V. AMS 86 § 59a.

ZGH, ETH. te. *zägha* "être fendu; percer (jour)", *zägəh* "tôt le matin". -¶. WTS 505, d'après des notes manuscrites de Littmann. Rapport avec *goḥ* "aube" ? Il s'agit vraisemblablement d'une formation à *z-* relatif antéposé, v. s. /Z/, et s. GH; pour d'autres formations sur "aube" en te. et tna, V. RUNDGREN BILD. 222, CDG 207.

ZGW, AR. *zağā* "faire aller, pousser doucement, réussir facilement, se contenter de"; *muzağğiⁿ* "faible, débile, qui a besoin d'être poussé"; dat. "être vigoureux". -¶. Rapport avec l'éth. s. ZGM ? - La notion de base est celle de facilité, absence d'effort ou de contrainte. - V. LA III/13, Q. 1162, FARHAT 588, LANE 1217, BELOT 286, LANDBERG GLOS. 1825 - Une forme *zg* dans l'inscription d'an-Namāra (RES 483) a été rapprochée de cette racine et traduite par "succès" (DUSSAUD REV. ARCH. 1902, 409); mais on a aussi proposé "lance" d'après ar. *zağğ-* (KROPP QUAD. STUDI AR. 1991, 8).

ZGZG, 1. CAN. nh. *zīgzēg* "rendre clair". **-2.** ARAM. syr. *zagzūgā* "petit enfant", *ʾezdagzag* "retomber en enfance". **-3.** ETH. amh. *zägäzzägä* "durer longtemps". **-4.** *ažägäžžägä* "être très large (maison)". **-5.** *žägäžžägä* "être prêt à brûler", gour. *žəgžəg balä nädädä* "s'enflammer". **-6.** amh. *anzägäzzägä*, *amzägäzzägä*, gour. *azgäzzägä* "lancer avec un mouvement tournant". - **? 7.** amh. *zəgzəg alä* "trotter, trottiner", ? gour. *zägzäg barä*, *ğäğğäg balä* "errer à la recherche de nourriture". -¶. v. aussi s. ZQZQ. **-1.** JASTROW 380. - Rapport avec le nom du "verre" ? v. s. ZG/KG/K; aussi s. ZWG. **-2.** Semble formé par redoublement sur *zāgā* "poussin" (v. s. [ZÂG]), lui-même emprunt persan (*zāq* "petit d'animal", *zāg u zīq* "enfants"), V. BROCKELMANN LEX. 188, d'ap. LAGARDE GA 41/104. **-3.** BAETEMAN 849. **-4.** GUIDI 638. **-5.** EDG III/721. **-6.** GUIDI 631, BAETEMAN IBID., COHEN NEEM 263, EDG III/705. **-7.** A rapprocher de 2 ?; EDG III/704. V. aussi s. ZW.

ZGḤ, 1. ETH. g. *zagḥa* "fermer, enfermer", *zəguḥ* "fermé, enfermé", *zəguḥāwi* "moine, cénobite", tna. *zägḥe* "enfermer (les bêtes dans un enclos); ajouter, saupoudrer", amh. *zägga* "fermer, enfermer; mettre la trame en travers de la chaîne", *täzagga* "se croiser (foule)"; ? tna. *täzägḥe* "perdre sa voix pour avoir trop chanté". **-2.** har. *zägaḥa* "être large". -¶. v. aussi ZGƐ, ZGT. **-1.** Un rapprochement est fait par BROCKELMANN ZS 5 avec SGR, SKR, v.s., dont ZGḤ procéderait, par une rime-écho, de la forme de sens opposé PTḤ "ouvrir"; il faut noter que le tna. connaît avec des sens identiques *zäk̄ätä* et *azäk̄ä*, voir les renvois sous

-ZG/K-; g., DILLMANN 1065; tna., ABBA YOHANNES 663; amh., BAETEMAN 851; pour le rapprochement du tna. *täzäghe*, CDG 633. Sur l'amh., "mettre la trame", V. COHEN EEM 396 qui suggère une explication du rapport avec *zäha* "trame"; voir sous ZH. **-2.** CERULLI HARAR 280, LESLAU EDH 165 signalent le lien avec ZRGḤ, v. s.

ZGṬ, v. s. ZQṬ.

ZGYY, v. s. ZGʾ/G/Y.

ZGL, 1. AR. *zağala* "lancer, faire partir (un pigeon), pousser en dehors; injecter, éjaculer", *zaʾğal-, zāğal-* "sperme", *zāğal-* "lance courte, javelot". **- ? 2.** *zāğil-* "cheville avec laquelle on resserre la corde de fermeture d'un sac". **-3.** *zağila* "faire du bruit, chanter, murmurer, bourdonner", *zağal-* "clameur"; hisp. *zağál* "chanter; chanson". **- ? 4.** ARAM. nsyr. *zāgil* "tromper", ṭur. *zagál* "sournois, perfide". **-5.** nsyr. *zīgil* "bouton, protubérance (sur une coquille)". **-6.** ETH. g. *zāgʷal*, amh. *zagʷäl, zagol* "coquillage marin". **-7.** amh. *zaggʷälä* "devenir sale, changer de poil (bête)", *zägäle* "agneau un peu grandi". **-8.** tna. *zägälä* "abattre (bête de boucherie), lacérer; mutiler (animal à qui on coupe l'oreille par exemple)". **-¶. 1.-2.** Comp. s. ZGR. - LA III/12, Q. 908, FARHAT 453, LANE 1217, KAZIMIRSKI I/975, BELOT 286. **-3.** V. les références s. 1-2 et DOZY I/581, LANDBERG GLOS. 1824; hisp., ALCALA 137/1. Sur la poésie d'inspiration populaire dite *zağal-,* V. PÉRÈS POÉSIE ANDALOUSE *passim*, GABRIELI LETTERATURA ARABA 156. **-4.** MAC LEAN 83, RITTER 562. **-5.** MAC LEAN 83. **-6.** DILLMANN LEX. 1065, GUIDI 629, BAETEMAN 858, STRELCYN MÉDECINE I/46. **-7.** CDG 378 propose de rapprocher g. *tamazgʷala* "être multicolore, rayé; être troublé; se quereller", DILLMANN LEX. 1065 (qui serait ainsi un dénominatif à partir d'une forme nominale en *m-* de *zgʷ*) et amh. *azänäggʷälä* "embrouiller, confondre, troubler", v. s. ZNGL, (dont le radical serait augmenté par insertion de *-n-*); comp. aussi s. ZGNTL, ZNKL. Pour les formes amh., V. BAETEMAN 848, 851. **-8.** ABBA YOHANNES 663, DTE 494; < ar. *ğazara*, v. s. GZR ?, comp. aussi *zəgən, zəgəni*, s. ZGN ?

ZGM, 1. AR. *zağama* "parler tout bas", AR. *zağmat-* "mot prononcé tout bas; gémissement d'une femme qui accouche", dat. *zağma* "grondement, son sourd"; SAR. mh. *zəgūm*, jib. *zogum*, ḥars. *zegōm* "rester bouche close". **- ? 2.** ETH. tna. *zägäm bälä* "marcher lourdement, traîner", amh. *azäggämä* "marcher doucement (par suite de fatigue, de faiblesse)" *zägäm alä* "ralentir (le pas, le débit de la parole, etc.)". **-3.** har. *zugma* "premier-né". **-¶. 1.** Comparer s. ZGN. - LA III/13, Q. 1007, KAZIMIRSKI I/976, BELOT 286; en dat., le verbe *zağam* semble avoir dérivé ses valeurs : "gronder, tonner, faire du bruit", de celles du substantif; LAND-

BERG GLOS. 1824 suggère interrogativement une influence de *sağam* dont la valeur fondamentale lui paraît être "faire du bruit", IBID. 1903. - Sar., JOHNSTONE JL 316, HL 148; comp. ƐGM ?. **-2.** Lié à 1 ? v. aussi s. ZGW. - V. ABBA YOHANNES 663, GUIDI 629, DTE 494, BAETEMAN 848. **-3.** LESLAU EDH 165.

ZGN, 1. AR. *zağnat-* "mot, parole, prononcés tout bas" (?). **-2.** SAR. mh. *zəgīnūt*, jib. *zegenut* "papillon". **-3.** ETH. g. *zagana* "tenir dans la main, prendre une poignée", tna. *zägänä* "se déposer, filtrer (par exemple marc du café)", te. *zägnä*, tna. gour. *zägänä*, amh. *zäggänä*, har. *zēgäna* "prendre par poignées, accumuler", har. *zəgəñ* "poignée". **-4.** te. *zägnä* "être patient", *zäggänä* "être confiant", tna. *zägänä* "être courageux (chien à la chasse)", te. *ğagin* "raisonnable, sage", tna. *ğägna*, amh. *žəgna* "courageux". **-5.** *zägg*ʷ*änä* "changer de couleur par suite de la maladie (Choa), être couvert de plaies (Gondar)". **-6.** har. *zägän* "prix de la fiancée". **-7.** g. amh. *zəgən*, tna. *zəgəni* : sauce avec de la viande hachée. **-¶. 1.** Q. 87, 1007, 1084, KAZIMIRSKI I/976 donnent pour équivalentes les formes *zuğmat-*, *zuğbat-* et *zuğnat-*; il semble s'agir de paronomases à partir de *zuğmat-*; mais *zuğnat-*, à la différence de *zuğbat-*, n'est pas confirmé par LA. - v. aussi s. ZGM. **-2.** JOHNSTONE JL 316, ML 465; le *n* n'est peut-être pas radical, car mh. *-īnūt* et jib. *-énót* sont des suffixes de diminutif; v. s. ZGG les sens "courir, changer de route". **-3.** DILLMANN LEX. 1067, CDG 633, MHRT, WTS 505, BAETEMAN 849, EDG III/704, EDH 165. - Pour la mouillure dans l'amh. *zəgəñ*, V. PRAETORIUS AMS 78 § 52f et 164 § 128b **-4.** GUIDI 638, DTE 508; pour les formes en *ğ-ž*, V. WTS 558, DTE 537. **-5.** Emprunt ? Comp. ar. *zaḫ̮ina* même sens, v. s. ZḪ̮N. - V. GUIDI 631, BAETEMAN 852. **-6.** EDH 165. Rapport avec g. *ʾamazgana* "rétribuer" ? DILLMANN LEX 1067 sous la "racine inusitée" ZGN; mais V. COHEN NEEM XXV, 58, 336 et V. CDG 378. **-7.** Rapport avec ZGL, v. s. ? - g. < amh., CDG 633. V. aussi ULLENDORFF THE ETHIOPIANS 177.

ZGNTL, ETH. amh. *zəgəntəl* "bon à rien; en désordre, fouillis". **-¶.** BAETEMAN 862.

ZGƐ, ETH. g. *zagɛa* "cloîtrer", *zəguɛ* "cloîtré, reclus". **-¶.** Voir les renvois sous -ZG/K-; selon CDG 632, il s'agit d'une forme "secondaire" de ZGḤ (v. s.); V. aussi DILLMANN LEX. 1068.

ZGP, 1. ETH. g. *zāguf* : instrument à vent, tna. amh. *zaguf* "petite flûte". **-2.** tna *zägäfä* "être échevelé, hirsute". **-¶. 1.** CDG 633. **-2.** ABBA YOHANNES 662.

ZGR, 1. ARAM. syr. *zəgar*, mand. *azgar* "retenir, empêcher de", AR. *zağara* "éloigner, chasser, empêcher de, rejeter son petit (chamelle); faire avancer en stimulant par des cris; faire s'envoler les oiseaux pour augurer de leur vol", *ʾinzağara*, *ʾizdağara* "être contenu, tenu en respect", *zağūr-* : (chamelle) qui retient son lait, qui ne le donne abondamment que si elle est grondée ou battue, ? *zağr-* : sorte de magie, de divination, mér. *ğazar* "pousser, attaquer, stimuler", ? daṯ. *zāğir* "opulent, riche", maraz. *žžaṛ* "retenir, empêcher, contraindre par la violence", ? hisp. **zağar* "avorter", ? AR. *ʾazğar-* "qui a le dos blessé, les vertèbres endommagées". **-2.** ʿom. **zeger* "puiser de l'eau". **-3.** ARAM. syr. *zāgrā*, AR. *zağar-* (coll.) : une sorte de grand poisson. **-4.** ETH. g. *zagar*, te. amh. *zägär* : sorte de lance. **-5.** g. *zəgrā*, te. tna. *zagra*, amh. gour. *zəgra*, amh. arg. *žəgra*, har. *zikra* "pintade". **-6.** gour. *zagʷära* "léopard, tigre", *zəgrä*, te. *zəngərgər*, amh. *zəngurgur*, tna. amh. *zəgurgur*, amh. *žəgʷurgʷur* "tacheté"; *zägʷärägʷärä* "mélanger". **-7.** amh. *žagre* "écuyer, porteur du bouclier". **-8.** gour. *zäggärä*, *zäkkärä* "sauter". **-9.** *zägär*, *zägän* "remise à outils". **-10.** ARAM. nsyr. *zāgārā* "rocher escarpé, caverne". **-¶. 1.** v. aussi s. ZGL. - Aram., BROCKELMANN LEX. 188, MD 162 ar., LA III/12, Q. 359, LANE 1216, BELOT 285, KAZIMIRSKI I/974, FAGNAN 70, BORIS 238. - Ar., à propos de l'envol des oiseaux, noter : *zağr-* : une sorte de magie et de divination, Q. IBID.; *zağūr* (qualifiant une chamelle) est un des schèmes qui ne portent pas de marque de genre lorsqu'ils se rapportent à des noms de femelles d'animaux, V. NÖLDEKE Z. GRAM. 20, FLEISCH I/337 avec références aux grammairiens arabes. Pour l'ar. mér., SOCIN DIWAN AUS CENTRAL ARABIEN 272; LANDBERG GLOS. 1823, qui donne au verbe le sens "taper", y voit une forme métathétique de *rağaza* dont les valeurs ne semblent pourtant pas correspondre, v. s. RGZ; pour *zāğir* "riche", rapport avec *tāğir* (même sens) ?. **-2.** REINHARDT 147. **-3.** v. réf. s. 1. - BROCKELMANN rapproche de l'akk. *zingurr-* (aussi *singurr-*, *siggūr-* (origine inconnue) > mand. *singūrā*, AHW 1047), d'après HOLMA KB 54. - Pour l'ar., BELOT 285 précise : "esturgeon". **-4.** WTS 505, DTE 498, CDG 633. **-5.** WTS 558, DTE 498, EDG III/721, CGG 633; emprunt au couchitique, V. CERULLI GIANGERO 89. **-6.** GUIDI 680, BAETEMAN 852, 868. **-7.** BAETEMAN 869. **-8.** EDG III/704. **-9.** Emprunt au couchitique, EDG IBID. **-10.** MAC LANE 83. - Vraisemblablement < ar. *ṣaḫrat-*. **-¶¶. 5.-6.** EDG III/704 envisage la possibilité d'une origine couchitique : sid. had. *dagūn-čo*; sur ce type de formation par insertion d'une nasale, COHEN NEEM, 285; < ZGR. Cependant, la relation sémantique : pintade ~ tacheté ~ léopard, entre 5 et 6, est trop forte pour n'être pas prise en compte.

ZGRGR, v. s. ZGR.

ZGRḤ, AR. *tazağraḥa l-qiyām-* "s'éloigner du sol pour se remettre debout (dans la prière)". **-¶.** Expression dans FAGNAN 70 d'après la *Risāla* d'Ibn Abū Zayd.

ZGT, ETH. tna. *zägätä* "réunir en un lieu étroit, enfermer, parquer (les bêtes)". **-¶.** Voir les renvois sous -ZG/K-. La forme est signalée par ABBA YOHANNES 662 qui la donne pour synonyme d'un verbe *azäḱä*.

Z/ṢD, Groupe biconsonantique qui fonde plusieurs racines dont les valeurs fondamentales sont : "préparer de la nourriture, faire des provisions", par des élargissements en diverses positions : **a.** Élargissement par semi-voyelle médiale : v. ZWD (héb. *hezīd* "cuire, préparer de la nourriture", *ṣayid* "provisions de voyage", aram. *zawwed* "préparer des provisions", ar. *zāda* "se munir de provisions de voyage), etc. **b.** ? Élargissement par -ʾ- médial : aram. syr. *zaʾad* "chaud". **c.** Élargissement par semi-voyelle finale : ak. *ṣadū* "garder comme provision". Ces différentes racines se trouvent traitées à leurs places respectives.

ZDB, 1. AR. *zidb-* "part, portion, lot". **-2.** or. *zdabe, zadābiye* "rue (plante)", **-¶. 1.** Q. 87, KAZIMIRSKI II/982, BELOT 288. **-2.** DENIZEAU 216, BARTHÉLEMY 309; comp. ar. clas. *saḏāb-*.

ZDW, AR. *zadā* "jouer à jeter des noix dans un petit creux (enfants), (avec *ʾilā*) tendre la main vers"; *ʾazdā* "combler de bienfaits". **-¶.** Aussi *sadā*, dont *zadā*, selon certaines autorités, serait une forme dialectale, V. LA III/18; KAZIMIRSKI I/982, BELOT 288. - Une forme oug. *tzd[n* (KTU I.24/8) est parfois rapprochée de cette racine et traduite sur la base des valeurs arabes par "[ils] dirigent [vers lui]", V. TO 392 note k.

ZDḤ, 1. AR. maroc. *zdaḥ* "jeter brutalement sur le sol un objet lourd et mou (sac, etc.), s'asseoir ou marcher lourdement; damer le sol". **-2.** ḥass. *zzedaḥ* "se pavaner, se vanter". **-3.** zaër *zəd-daḥiyya* "petite outre à battre le beurre". **-¶. 1.** Onomatopée ? Aussi : *zdēḥ* "bruit de chute d'objets lourds ou de pas lourds", *məzdāḥ* "gros derrière, lourd, mou". - V. COLIN 698. **-2.** TAINE-CHEIKH 870. **-3.** LOUBIGNAC ZAËR 443.

ZDḪ, AR. magh. *zdəḫ* "avoir le dessous (au jeu, etc.)", *zəddəḫ* "avoir le dessus". **-¶.** *zəddəḫ* est factitif = "faire que quelqu'un ait le dessous". - V. LENTIN 109.

ZDY, AR. maroc. *zda* "joindre bout à bout", *zāda* "agir sans interruption". **-¶.** COLIN 699.

ZDK, AR. magh. *tzəddək* "se montrer courageux, faire le brave". **-¶.** BEAUSSIER 428.

ZDL, 1. AR. *ʾazdal-* "ambidextre"; palest. *zadlāwi* "gaucher". **-2.** *zdel* "forcer, claquer une monture". **-3.** magh. *zdəl* "bricole de mulet", *zdāla* "collier de trait". **-¶. 1.** DOZY I/583, BAUER 208. **-2.** TAINE-CHEIKH 870. **-3.** BEAUSSIER 428.

ZDM, SAR. soq. *zadihim* "souris". **-¶.** LESLAU LS 150; variante dialectale de *zaεdihim*. - Pour le magh. *zdəm*, *ẓḍəm* "assaillir", v. s. ṢDM.

ZDN, v. s. ZYD.

ZDƐ, 1. ARAM. nsyr. *zādi* "avoir peur, trembler", *zidyā* "timide, craintif", *zdūεtā* "crainte". **-2.** AR. *zadaεa* "cohabiter avec une femme", *mizdaε-* "agile et qui va vite en besogne"; magh. *zdəε* "tendre le dos pour faire la courte échelle". **-¶. 1.** Bien qu'elle soit représentée par de nombreuses formes verbales et nominales, MAC LEAN 84, MACUCH-PANOUSSI 50, TSERETELI 68, cette racine est selon toute vraisemblance secondaire, dérivée d'une ancienne forme à *-t-* (> *-d-*) infixé : **ʾzdawwaε*, de racine ZWƐ, v. s., aussi s. ZƐZƐ. - V. NÖLDEKE NSYR. GR. 195. **-2.** KAZIMIRSKI I/982, BEAUSSIER 427.

ZDG, 1. AR. *tazaddaga* "s'appuyer sur un coussin". **-2.** magh. *zdāyəg* "éruption de boutons chez les enfants". **-3.** Zaer *zdāg* (dans l'expression *bū zdāg* : brouillard qui détruit les récoltes). **-¶. 1.** Le verbe semble un dénominatif de *ṣudg-* "tempe", v. s. ṢDG. - KAZIMIRSKI I/982. **-2.** LENTIN 109. **-3.** LOUBIGNAC 443.

ZDP, 1. AR. *zadafa* "être sombre (nuit)". **-2.** ARAM. nsyr. *zādāpā* "nacre de perle". **-¶. 1.** < SDP, v. s. Comp. aussi s. ZḪP. - V. Q. 734. **-2.** Emprunt à l'ar. ou au pers., v. s. ṢDP.

ZDQ, ARAM. palm. *zdqt*, syr. *zādeq*, mand. *mzadaq*, nsyr. *zadīqā* "juste, intègre". **-¶.** Doublet aram. de ṢDQ, v. s., BROCKELMANN GVG I/166, LEX. 189; V. aussi DISO 72, MD 162, 165.

ZDR, 1. AK. *zadrū*, *zadur-* : sorte d'objet en argile. **-2.** AR. *ʾazdarāni* (du.) "les deux omoplates". **-3.** *zudrat-*, magh. *zədra* "rhume de cerveau". **-4.** *zdər* "assommer, briser la colonne vertébrale". **-5.** *zdər* "farine grossière de maïs". **-6.** SAR. soq. *mzeydhir* "qui circoncit". **-¶. 1.** CAD 21/10. **-2.** KAZIMIRSKI I/982. **-3.** DOZY I/583, BEAUSSIER 427. **-4.** BEAUSSIER IBID. **-5.** LENTIN 109. **-6.** LESLAU LS 150.

-ZH-, groupe biconsonantique qui apparaît : **a.** comme une base interjective exprimant des cris, sur laquelle sont construites diverses racines, v. ZHG, ZHZG, ZHZQ, ZHR; **b.** comme fondant aussi des racines, qui peuvent être identiques aux précédentes, et qui expriment la notion de "briller" : v. ZHW/Y, ZHZH, ZHR; **c.** Par ailleurs le groupe ZH alternant avec ZḤ, parfois avec ZḪ, est représenté dans plusieurs racines exprimant la notion de "glisser" : v. s. ZHP, ZHṬ, ZHQ, ZḪQ; un grand nombre de ces racines comportent une liquide L à la 2ème ou à la 3ème place. Il s'agit peut-être de croisements, selon des processus divers, avec des racines à base -ZL-, dont la valeur fondamentale pourrait aussi être "glisser", notion qui semble liée à celle de "lisse, poli"; ces racines expressives sont parfois augmentées d'une 4ème radicale vélaire ou post-palatale : v. s. ZHL, ZHLL, ZHLQ, ZḤL, ZḤLṬ, ZḤLK, ZHLL, ZḤLQ, ZLḤP, etc. et v. commentaires et renvois s. ZL.

-ZH/Ḥ/Ɛ-, la séquence consonantique *z* + laryngale ou pharyngale est présente dans quelques racines signifiant "éparpiller, disperser", v. s. ZHQ, ZW/YḤ/Ḫ, ZḤW, ZƐWṬ; v. aussi -ḐR-, -ZR-.

ZH, 1. AR. *zih* "fuyez !"; ? ETH. tna. *zäh bälä* "appeler un chien", te. *ze-ze* : cri pour appeler un chien. - **? 2.** AR. *zih* "bravo !", *zahzaha* "applaudir". **-3.** ARAM. ṭur. *zihe* "vulve". **-4.** ETH. te. tna. *zäha* : étoffe de coton, amh. "tissage, fil de la chaîne". **-5.** *zuha* "fer brut". **-¶.** v. aussi s. ZHZH. **-1.** V. des références dans DOZY I/609 et KAZIMIRSKI I/1018. Il n'est pas impossible que l'ar. soit un emprunt au persan, comp. *zahāz* : clameur, cri, appel au secours, V. STEINGASS 630; v. aussi ci-dessous, s. 2. - Pour l'éth., LESLAU N. ETH. 85. **-2.** Cette interjection semble bien un emprunt au persan : *zih-ā-zih* "bravo !, bien !", aussi *zihāzih giriftan* "applaudir", V. STEINGASS 630, 631. - V. DOZY I/609. **-3.** RITTER 584. - Emprunt au persan *zih* "matrice, pénis, sperme", STEINGASS 630. **-4.** WTS 493, GUIDI 602, BAETEMAN 820. - COHEN EEM 396 pose en hypothèse un rapport entre *zäha* "fil de la chaîne" et *zägga* "fermer, mettre la trame"; ce rapport pourrait être la conséquence des "échanges sporadiques", constatés entre occlusives et spirantes postpalatales, mettant *h* aussi "en position d'échange avec *g*". Voir sous -ZG/K- pour des formes éth. apparentées. **-5.** BAETEMAN 854.

ZHB, 1. AR. *ʾizdahaba* "enlever une partie (des biens)", *zihb-* "partie, portion (des biens)". **-2.** hadr. *zahib* "être prêt", *zahab* "préparer", Syr. *zəhbe*, palest. *zəhāb* "munitions de guerre"; mér. *zahāb* "charrue", ḥaḏr. *zahāb* "provisions de voyage", ḏof. *zhāb* "fourreau (de poignard, d'épée)", *zhēb* "nacre"; SAR. jib. *zeheb*, ḥars. *zehēb* "être prêt", mh. hars. *azhēb,* jib. *ezheb* "habiller, parer", mh. *zəhayb, zōhəb*, jib. *zeheb*, *zohub* "prêt"; mh. *zəhōb*, jib. *zohob*, hars. *zehēb* "harnachement du chameau". - ARAM. naram. *zahheb* "faire des emplettes". **-3.** AR. palest. *zahāb* "civette (parfum)". **-¶. 1.** BELOT **-2.** V. DOZY I/608, LANDBERG GLOS. 1869, RHODOKANAKIS II/24, ML 466, JOHNSTONE JL 316, HL 148, LESLAU LS 154. - Naram. < Ar., BERGSTRÄSSER NARAM. 104. **-3.** DALMAN ASP V/334. Rapport avec *zabād-*, v.s.ZBD ?, s. ZHM ?

ZHG, AR. *zahīǧ-* "hennissement", SAR. soq. *zhg* "crier, faire du bruit". **-¶.** En ar., attesté seulement, semble-t-il, dans le GLOSSAIRE DE LEYDE (éd. CORRIENTE 89), dans l'expression *zahīǧu-l-ḫayli* qui peut être littéralement "cri du cheval", V. les remarques de DOZY I/608. - S'il était nécessaire de chercher une étymologie de cet hapax, malgré l'existence d'un correspondant sar., on pourrait rapprocher du magh. *zhaq*, dont la forme "rurale" de *zhag* a pu aboutir, sporadiquement, à *z(a)hağ*, v. s. ZHQ. - LESLAU LS 150 compare ar. *sahağa*, que VOLLERS 97 rapproche de. l'h. *šāʾag* "rugir".

ZHD, 1. AR. *zahida*, *zahuda* "être exempt du désir de, s'abstenir de, se vouer à l'ascétisme", *ʾazhada* "être pauvre", *zuhd-* "tempérance", hisp. "réprimande, fait de morigéner", *zéhid* "constant, persévérant"; ? iraq. *zahdi* : variété de dattes bon marché"; SAR. jib. *zohud* "ascétique"; ETH. tna. *zahəd* "abstention". **-2.** AR. *zahada* "déterminer approximativement", *zahd-* "quantité", yém. *zahad* "estimer, apprécier", magh. *zahda* "délai, retard"; SAR. sab. *ʾzhd* (pl.) "taxes (?)", mh. jib. ḥars. *zehēd* "être connaisseur, avisé", jib. *ezohéd* "enseigner", *zhədun* "sage, intelligent". **- ? 3.** AR. magh. (zaër) *zuhhid* "chants profanes de louange ou de satire". **-¶.** LANE 1260, BELOT 300, DIA 207, DTE 495. **-2.** KAZIMIRSKI I/1018, LANDBERG GLOS 1870, ALCALA 153/26, DIC. SAB. 170, JOHNSTONE HL 148, ML 466, JL 317. Une dérivation sémantique est possible à partir de la notion d'évaluation, d'une part vers celle d'expertise, d'autre part vers celle de mesure, puis celle de tempérance. **-3.** LOUBIGNAC 448.

ZHDL, AR. maroc. *tzəhdəl* "tomber, baisser (lait en ébullition, etc.), se dégonfler". **-¶.** COLIN 743.

ZHDM, AR. *zahdam-* "lion; épervier, jeune faucon". **-¶.** LA III/55, Q. 1009, KAZIMIRSKI I/1009.

ZHDN, AR. *zahdān-* "vil, ignoble (homme)". **-¶.** Comp. s. ZHDQ. - LA III/55.

ZHDQ, AR. *zahdaq-* "homme de la lie du peuple". **-¶.** Comp. s. ZHZQ, ZHDN. - KAZIMIRSKI I/1019.

ZHDR, AR. magh. *zəhdər* "flamber, être très vif (feu)". **-¶.** Comp. s. ZHR. - BEAUSSIER 444.

ZHW/Y, 1. CAN. nh. *zāhah* "être fier", ARAM. targ. *zəhah* "être fier", *zahēh* "rendre fier", syr. *zahī* "rendre pur, splendide", *zəhe*, *zahyā* "splendide, beau", AR. *zahā* (*u*) "prospérer; être beau, grand, fier; s'enorgueillir, dédaigner; briller (lampe); souffler (vent); frapper, battre", *zahā* (*y*) "s'animer, prendre de l'éclat", mérid. *zhā* "être orné, enjolivé", magh. *zhā* "s'amuser, se réjouir", hisp. *zahā* "folâtrer, s'ébattre"; SAR. jib. *zehe* "être excité, euphorique", mh. *hezhū* "indiquer à quelqu'un comment faire quelque chose", soq. *zihi* "agréable, gracieux". ? *zehi* "perdre son temps". **-2.** ARAM. ṭur. *zihā* : sorte de grand serpent. **-3.** mand. *zhita* "émission (de semence ?)". **-4.** ETH. te. *zəho* "otage, garantie". **-¶. 1.**

Comp. s. ZW/YḤ/Ḫ. - DALMAN WB 124, JASTROW 381, LA III/59, 1163, Q. 1163, LANE 1264, DOZY I/610, BELOT 301, RHODOKANAKIS II/24, REINHARDT 220, BOCHTOR 39, BEAUSSIER 445; hisp. d'ap. VOCABULISTA 141 "lascivire", ALCALA 308/30 glose *zéhi* par "pardillo" : "gris (sous l'effet de la boisson)"; LESLAU LS 150, JOHNSTONE ML 466, JL 317 qui fournit le soq. *zehi*. **-2.** RITTER 584. - Rapport avec 1 ? v. aussi syr. *zahrā* "venin" ? **-3.** Peut-être avec le pers. *zih* "sperme", v. s. ZH. **-4.** WTS 493.

ZHWṬ, AR. *zahwaṭat-*, *zihyawṭ-* "gros morceaux pris dans un mets, grandes bouchées". **-¶.** Comp. s. ZWṬ et v. -ZṬ-. - Q. 602 (qui se demande si la 1ère radicale ne serait pas plus correctement Đ); V. aussi KAZIMIRSKI I/1024.

ZHZ, ETH. te. *ʾanzähazä* "presser". **-¶.** WTS 493.

ZHZG, AR. *zahzaǧ-* "bruit que font les génies". **-¶.** Q. 176, KAZIMIRSKI I/1020; v. aussi s. ZYZ 6.

ZHZH, AR. *zahzāh-* "présomptueux"; *muzahzih-* "couleur éclatante", mér. *zhzh* "avoir du lustre (étoffe)", or., ég. "briller". **-¶.** v. aussi s. ZH, ZHZH/Y. - Q. 1123, DOZY I/609, LANDBERG GLOS. 1870, DENIZEAU 229.

ZHZH/Y, AR. magh. *zahzah*, *tzəhza* "se moquer, tourner en dérision, plaisanter", ḥass. *zzehze* "sous-estimer, traiter à la légère quelque chose qui méritait plus d'intérêt". **-¶.** Sans doute liée à la racine HZʾ/W/Y, v. s; v. aussi ZHZH, ZHZY, peut-être ZHW/Y, ZHṬR. - BEAUSSIER 444, COLIN 745, TAINE-CHEIKH 924.

ZHZM, AR. *zahzama* "marcher d'un pas menu". **-¶.** LA III/56, KAZIMIRSKI I/1020.

ZHZP, AR. *zahzafa* "faire passer; falsifier, adultérer". **-¶.** KAZIMIRSKI I/1020.

ZHZQ, AR. *zahzaqa* "rire aux éclats; agiter l'enfant qu'on tient dans ses bras"; *zahzaq-* "vil, méprisable; léger, frivole". **-¶.** Comp. s. ZHDQ. - V. LA III/56, Q. 803. KAZIMIRSKI I/1020.

ZHṬ, AR. magh. *zhəṭ* "frapper". **-¶.** Aussi *zḥəṭ*, v. s. ZḤṬ. - BEAUSSIER 444, LOUBIGNAC ZAËR 449.

ZHṬM, maroc. *tẓahṭəm* (*εla*) "s'introduire de force (chez)". **-¶.** COLIN 745.

ZHṬR, AR. maroc. *tẓahṭər* "se moquer". **-¶.** v. renvois s. ZHZH/Y. - COLIN 745.

ZHY, v. s. ZHW/Y.

ZHK, AR. *zahaka* "broyer entre deux pierres; soulever la poussière (vent)". **-¶.** LA III/58, Q. 848 considèrent qu'il s'agit d'une variante de SHK, laquelle, pour LA, serait préférable - Q. 848, BELOT 301, KAZIMIRSKI I/1022. Comp. s. SḤQ.

ZHL, 1. AR. *zahila* "être blanc, lisse", *zahala* "reculer, s'abstenir de", *zāhil-* "éloigné de tout mal, tranquille d'esprit", mér. *zhal* "être prêt", SAR. mh. *zəhēl*, jib. *zehel* "avoir de l'assurance, être sûr, rassuré ". ? ETH. amh. *zala* "épi; beauté, agencement, ordre". **-2.** ARAM. mand. **zhal* "laver, asperger". **-¶.** v. aussi s. ZLḤ. **-1.** Comp. ZHLL, ZHLQ. - LA III/58, Q. 910, KAZIMIRSKI I/1022, BELOT 301, RHODOKANAKIS II/24, JOHNSTONE ML 466, JL 317; GUIDI 603, BAETEMAN 855. **-2.** < ZLḤ, BROCKELMANN LEX. 197, MD 163.

ZHLB, AR. *zahlab-* "qui a une barbe légère, peu abondante". **-¶.** LA III/58, Q. 89, KAZIMIRSKI I/1022.

ZHLG, 1. AR. *zahlağa* "flatter", **-2.** *tazahlağa* "être poussé en avant avec force (lance)". **-¶. 1.** Q. 176; V. aussi LA III/58 qui donne à ce verbe peu usité une valeur analogue à celle de *zahlaqa* et *zahmağa*, v. s. ZHLQ, ZHMG. **-2.** Q. IBID., KAZIMIRSKI I/1022.

ZHLL, AR. *zuhlūl-* "uni, égal, à la surface lisse". **-¶.** Comp. s. ZHL. - v. aussi ĐHL. - LA III/58, Q. 910, FARHAT 454.

ZHLP, AR. *zahlafa* "faire passer, faire arriver à un endroit". **-¶.** Q. 736, KAZIMIRSKI I/1022.

ZHLQ, 1. AR. *zahlaqa* "blanchir (une robe); polir, lisser", *tazahlaqa* "être blanc, bien nettoyé; être gras", *zihliq-* "rapide; lisse, poli", *zuhlūq-* "gras"; or. *zahlaq* "flatter quelqu'un jusqu'à ce qu'on l'ait en son pouvoir". **-2.** *zihliq-* "lampe dans un candélabre". **-¶. 1.** Comp. s. ZHL, ZHLG. - LA III/58, Q. 803, BELOT 301, FRAY. 76, DENIZEAU 230. **-2.** LA IBID.

ZHM, 1. CAN. h. **zihem* "dégoûter de", nh. *zāham*, ARAM. targ. *zᵊham* "être sale", syr. *zahmā*, *zahūmā* "qui sent mauvais", mand. *zuhma*, *zuhmita* "mauvaise odeur, saleté", AR. *zuhm-* "graisse (d'animaux sauvages, etc.); mauvaise odeur", *zahima* "être sali de graisse, être crasseux", *zahuma* "sentir mauvais", *zahama* "être rempli de moelle (os)", maraz. *zehem* "moelle d'autruche", ḥass. *zhem* "graisse d'autruche"; AR. *zahama* "repousser, éloigner, écarter; invectiver contre", *ʾazhama* "dégoûter", *tazahhama* "puer", hisp. *zahīm* "gras", magh. *zhəm* "répugner", *nzhəm* "s'effrayer". **-2.** lib. *zahme* "froid intense". **-¶. 1.** Comp. s. ZHMQ, ZHQ, ZḪM. - V. PAYNE-SMITH 1491, HAL 254, DALMAN LEX. 124, BROCKELMANN LEX. 190, MD 164, LANE 1263, Q. 1009, KAZIMIRSKI I/1022, DOZY I/610, FAGNAN 70, BELOT 301, VOCABULISTA 141, BEAUSSIER 445, TAINE-CHEIKH 924, BORIS 255. - Des lexicographes donnent *muzāhamat-* pour une forme énantiosémique (*ḏidd*) signifiant à la fois "inimitié" et "bienveillance", "séparation" et "rapprochement", et signalent comme vulgaire un usage de *zahm-* avec la valeur de "civette" (v. s.

ZBD, ZHB), V. par exemple Q. IBID. -2. FRAY. 76, DENIZEAU 230. -¶¶. Comp. berb. mzab. *zzuməṭ* "dégager une odeur acre du corps et des aisselles", *zumma* "odeur fétide du corps", DELHEURE 252; V. aussi LANFRY 425.

ZHMG, AR. *zahmağa* "flatter". -¶. LA III/58, v. s. ZHLG.

ZHML, 1. AR. *zahmala* "ranger en les empilant (meubles, ustensiles)". **-2.** soud. *zahamūl* "course de chevaux; chasse". -¶. v. s. ZML. **1.** Q. 910, KAZIMIRSKI I/1023. **-2.** QLS 508.

ZHMQ, AR. *zuhmuq-* "petit et fort, râblé", *zahmaqat-* "puanteur, odeur corporelle fétide". -¶. Comp. s. ZHM, ZHQ. - LA III/59, Q. 803.

ZHMR, AR. ḥass. *zehmer* "s'allumer, s'enflammer (feu)". -¶. < ZHR ? v.s. - TAINE-CHEIKH 924.

ZHN, 1. AR. soud. *zahāna* : fait de se prétendre riche quand on est pauvre. **-2.** ETH. amh. *zəhnan*, *zahnan* : teinture rouge utilisée pour les chasse-mouches. -¶. v. aussi [ZKʷN]. **-1.** Dans l'expression *ab zahāna* "celui qui se prétend riche", QLS 508. **-2.** GUIDI 603; sur cette forme dans le langage des Woyto, COHEN NEEM 366.

ZHNƐ, AR. *zahnaɛa* "se parer (femme)". -¶. LA III/59, Q. 653, KAZIMIRSKI I/1023.

ZHP, 1. AR. *zahifa* "être léger; être véloce; emporter (vent)", *zahafa* "s'approcher (mort), (avec *ʾilā*) s'approcher de (la mort), périr; être vil, bas, mentir; attaquer, assaillir"; *ʾazhafa* "emporter, anéantir, faire périr; causer du mal, abîmer; admirer"; iraq. *zihaf* "faire une erreur, une faute"; ETH. te. *zähafä* "souffler (vent)", *zähaf*, *zähafät* "tempête". **-2.** tchad. *zahaf* "avancer, se pousser un peu". -¶. **1.** La racine partage quelques-unes de ces valeurs avec ZḤP, v. s. - Q. 735, FARHAT 367, FAGNAN 70, DIA 207, WTS 493. **-2.** LPAT 209 d'après LETHEM.

ZHQ, 1. ARAM. syr. *zahqā* "défaut", AR. *zāhiq-* "vain", *zahaqa* "sortir (âme du corps), s'évanouir, disparaître; marcher en tête, devancer les autres"; SAR. soq. *zahaq* "disperser"; ? ETH. tna. *zähaq̄ä* "séparer en enlevant". - **? 2.** AR. *zahaq-* "terrain égal, uni", *zāhiqat-* "vaste désert; puits profond", *zawāhiq-* "pierres lisses (du genre silex)"; hisp. **zahaq* "glisser, se glisser, se couler", maroc. *zhaq* "être glissant, glisser", *zāhəg* "vif, léger, frivole", magh. *zhaq* "échapper (parole, secret)". **-3.** AR. *zahaqa* "être rempli de moelle (os); être épais et abondant"; *zāhiq-* "gras". - **? 4.** "étouffer, s'exaspérer", palest. soud. *zahaq*, ég. *zihiq*, iraq. *zihag* "être lassé, dégoûté", ég. lib. *zahqān* "ennuyé". - **? 5.** magh. *zhaq* "crier", maraz. *zhag* "pleurer un mort", ? *zahqa* "coup de tonnerre; rafale". -¶. Des valeurs distinguées ici peuvent être liées par des développements métaphoriques : ainsi 1, 2 et 3 par exemple : ar., Q. 803, LANE 1262, BELOT 300. - La racine partage avec ZLQ la notion de "lisse" et de "glisser"; v. aussi s. ZL **-1.** voir les renvois sous -ZR-. - BROCKELMANN LEX. 190, LESLAU LS 151, ABBA YOHANNES 652. **-2** DOZY I/609, ALCALA 182/25 s. "deslizarse, caer por lo liso", etc; VOCABULISTA 141, BEAUSSIER 445, COLIN 745. **-3.** Comp. s. ZHM, ZHMQ. **-4.** Q. IBID., BOCHTOR 237, DOZY IBID., DENIZEAU 229, BADAWI-HINDS 384, QLS 508, LPAT 209, DIA 207, BEAUSSIER IBID., BORIS 255. **-5.** Comp. s. ZƐQ, ZƐG, ZHG, ŚHQ, NHQ. - V. BORIS, BEAUSSIER IBID.

ZHQL, AR. maraz. *zahgal* "trottiner". **-¶.** BORIS 255.

ZHR, 1. CAN. h. **hizhīr* "faire briller", ARAM. targ. syr. *zəhar*, AR. *zahara* "resplendir", CAN. h. *zohar*, ARAM. targ. *zəhar*, syr. *zahrā*, *zahrīrā* "éclat, splendeur", targ. *zihᵃrā* "lune, clair de lune", AR. *zahrat-* "fleur, beauté, éclat; œil", *azhar-* "éclatant de blancheur, brillant", magh. ḥass. *zhaṛ*, *zher* "s'allumer, s'enflammer; rougir (sous l'effet de l'émotion)", *zhaṛ* "être brillant, florissant", magh. *zəhhāra* "grande flamme"; maroc. *zəhrər* "être en pleine combustion"; ? *mzəhrər* "être bondé"; SAR. ḥars. *zēhər* "apparaître, briller". - AR. lib. *zahrar* "briller, étinceler". - **? 2.** CAN. h. *nizhār* "être averti", ARAM. targ. *zəhar*, mand. *zahar* "avertir", Emp. *ʾzdhar*, targ. *ʾzdəhar*, "être averti, être sur ses gardes", bibl. *zəhīr*, cp. *zᵊhīr*, syr. *zəhīrā* "prudent, prévoyant", nsyr. *zūhārā* "avertissement"; ? AR. *ʾizdahara* "recommander à quelqu'un le soin, l'application". **-3.** SAR. mh. *zəhēr*, jib. *zeher*, soq. *zehor* "descendre dans la plaine". **-4.** AR. magh. *zhər*, *zhaṛ* "bourdonner (essaim), rugir, gronder (chien)", malt. *zeher* "hennir, hululer". **-5.** ARAM. syr. *zahrā* "poison". **-6.** AR. *zahr-* "dé (à jouer)". **-7.** *mizhar-* : sorte d'instrument de musique; luth. **-¶. 1.-2.** Vraisemblablement apparentés, "avertir = mettre au clair, en lumière", comp. s. ṬHR, V. PALACHE 25 qui souligne aussi le rapport "fleur" : "lumière" et les analogies que présentent de ce point de vue des racines comme NWR, ṢYṢ; V. aussi GÖRG TWAT II/544. **-1.** BDB 263, HAL 255, Q. 363, FARHAT 190, LANE 1261, BELOT 300, FAGNAN 72, MARÇAIS TAKROUNA 1697, TAINE-CHEIKH 923, 924, COLIN 745; v. aussi FISCHER FARBE 249, JOHNSTONE HL 149. - En éth., le te. présente une forme *ʾazharä* "devenir visible, apparaître" qui semble dépendre de la racine ṬHR, v. s., à travers un emprunt à l'ar. : *ḏahara* "apparaître" (avec passage de *ḏ* à *z*), V. WTS 492. - Pour *zahrar*, V. FRAY. 76. **-2.** BDB 264, HAL 254, DISO 73, SCHULTHESS GRAM. 133, MD 163. L'ar. *ʾizdahara* peut, comme le soutiennent des lexicographes arabes, dépendre de 1; mais l'hypothèse vraisemblable est faite par Abū Ɛubayd qu'il s'agit d'un emprunt à l'aram.; il dépendrait alors des valeurs de 2; V. LA III/56. **-3.** JOHNSTONE JL 317, ML 466. **-4.** < Zʾ̆R, v. s. - BEAUSSIER 444, LENTIN 119, AQUILINA 1605. **-5.** < persan (*zahr*), V. LAGARDE GA 41, N. 105, NÖLDEKE SBWA 126/423, HÜBSCHMANN PSS 71. **-6.** Le mot, que les dictionnaires classiques semblent ignorer, est présent dans de nombreux dialectes, V. par exemple BOCHTOR 225, BEAUSSIER 444; il s'agit vraisemblablement d'un emprunt au turc *zār*, REDHOUSE 1001, rattaché secondairement à cette racine, peut-être sous l'influence des valeurs de "bonheur", de "chance". **-7.** LA III/56, Q. 364, LANE 1262, KAZIMIRSKI I/1020.

ZHRR, v. s. ZHR.

-ZW-, Base de racines, probablement onomatopéiques et expressives, avec les valeurs : **a.** "se mouvoir, courir (écart, rapidité)" : ZW(Z)(W), ZWZ, ZWZW/Y, ZW/YY; certaines racines semblent conjoindre une autre base comportant un K, comme ZWZK, ZWRK, v. s. -ZK-; **-b.** "crier" : ZWZ, ZWZW/Y, ZWZY, ZW/YY.

ZW, 1. AK. *zu* "excrément, ordure". **-2.** ETH. amh. *žaw* "plaie ulcéreuse". **-3.** ARAM. ṭur. *zū*, *b-zū* "vite !". **-¶. -1.** La forme ak. est rapprochée d'héb. *ṣēʾā* par AHW 1535 et CAD 21/151, v. s. ṢW/Yʾ. **-2.** BAETEMAN 869. **-3.** RITTER 572. - Emprunt : comp. pers. *zū* < *zūd* : même sens, STEINGASS 627.

ZW(Z)(W), AR. *zawzā(y)* "faire des petits pas, trotter menu", soud. *zawzaw* "courir, se dépêcher", *zōzā* "se dépêcher; marcher en frappant du pied", *zāzā* "suivre, essayer d'atteindre", *zwāzā* "courir, voler dans tous les sens (comme ayant perdu son chemin)", ETH. tna. *zäw bälä* "pencher (céréales), tomber sur les épaules (chevelure)", *zäzäw bälä* "bouger, se balancer", amh. *zaw alä* "entrer en coup de vent", *zäwzäw alä* "entrer ici et là, errer à l'aventure", har. *zäw bayä* "pencher (arbre, maison); changer d'avis", *zäwzäw bayä* "être agité par le vent", gour. *zäwzäw balä* "être oisif, flâner, errer sans but". **-¶.** Voir les renvois s. -ZW-. - Ar., Q. 461, KAZIMIRSKI I/1026, QLS 510; pour l'éth., le tna. d'ap. WTS 504 est absent de DTE, DETA, DTF; pour les autres langues, BAETEMAN 847, EDH 168, EDG III/718; V. aussi IBID. 320, s. *ǧaw ǧaw barä* "errer à la recherche de nourriture" qui suggère une dérivation de *ǧäǧǧäg* < ZGZG, v. s. - Dans les langues éthiopiennes, les racines ZWZW et ZƐZƐ, v. s., présentent quelques valeurs analogues. **-¶¶.** Comp. berb. mzab. *zwa* "être ventilé, aéré" (DELHEURE 255), Ghadamès *əzwu* "être frais, bien ventilé" (LANFRY 434), to. *həwiwi* "être aéré (lieu)" (FOUCAULD II/626) ? L'ar. connaît un parallèle avec RWḤ, v. s., à quoi se rattachent la notion de "vent" et des verbes signifiant "se perdre, s'égarer", etc., V. par exemple BEAUSSIER 417. - Aussi en couch. : alaba *ǧawǧawweʾ* "errer sans but", qabenna *ǧawǧawwi-yo*ʾ, kambata *ǧawǧawiye*ʾ "être confus", EDG III/718.

ZWʾ/W, 1. AR. *zāʾa* "frapper, affliger d'un malheur (sort)", *zawʾ-*, *zaww-* "arrêts de Dieu, malheur"; **-2.** ETH. te. *zuʾ zuʾ* : cri au chien pour lui dire de rapporter. **-¶.** V. aussi s. ZWW. **-1.** V. pour une discussion de la forme fondamentale de la racine, LANE 1266 s. ZW, LA 60, Q. 1164, FARHAT 9. **-2.** WTS 502.

ZWB, 1. AR. *zāba* "couler (eau); s'évader, prendre la fuite"; *mīzāb* "canal, égout", tchad. *mizāb* "gouttière pour évacuer l'eau du toit". **-2.** *zawībat-* "ordures". **-3.** soud. *zāb* "imiter". **-4.** ETH. g. *zawaba* "se cogner contre". **-¶.** Comp. aussi s. ĐW/YB. **-1.** Q. 89, FARHAT 33, KAZIMIRSKI I/1024, LPAT 209 (d'ap. Lethem). **-2.** Comp. s. ZBY, ZBL. - DOZY I/610. **-3.** QLS 508. **-4.** MAKONNEN 150.

ZWBY, 1. AR. maraz. *zōba* "séduire par de bonnes paroles; rivaliser avec". **-2.** ETH. gour. *zobe*, *zōbe* : danse funéraire en l'honneur d'un homme important. **-¶. 1.** BORIS 238. **-2.** EDG III/701.

ZWBN, v. s. ZBN.

ZWBƐ, ETH. tna. *zoba* "quartier, district, région". **-¶.** DTE 509; dépend peut-être de ZBƐ, v. s. - V. aussi ZBƐ pour diverses formes ar. à base ZWBƐ.

ZWBQ, AR. zaër *zābūq*, *zawbāqa* "fondrière, endroit où l'on s'enlise", *tzawbaq* "s'enliser". **-¶.** LOUBIGNAC ZAËR 442.

ZWBR, AR. or. *zawbar* : sorte de faucille. **-¶.** V. HUART JA 1883. - v. s. Z(ʾ/W)BR.

ZWG, 1. CAN. nh. *zūg*, ARAM. targ. *zōgā*, syr. *zawgā*, AR. *zawǧ-*, ETH. g. *zawg*, tna. *zäwg* "couple, paire", amh. *zog* "côté, parti allié", ARAM. talm. *ziwwēg*, syr. *zawwēg* "joindre, accoupler", AR. *zāǧa* "exciter l'un contre l'autre, mettre aux prises", *zawwaǧa* "unir, joindre, accoupler, marier", *tazawwaǧa* "se marier", mérid., or. *ǧōz* "paire", *ǧawwaz* "se marier", ETH. g. *zoga*, *zawaga* "être égal", tna. *zäwägä*, amh. *zäwwägä* "former un groupe", te. *ǧoz* "quelques-uns". **-2.** CAN. nh., ARAM. jp. *zāg* "être clair, brillant, transparent". **-3.** AR. palest. *zawǧ* : pièce de bois inférieure du peigne de tisserand. **-¶. 1.** < gr. *zeûgos*, V. NÖLDEKE NBSS 44, JEFFERY 155. L'ar. serait un emprunt à l'aram., V. FRAENKEL 106. V. aussi JASTROW I/383, BROCKELMANN LEX. 191, LA III/60, Q. 176, LANE 1266, BELOT 301. Plusieurs dialectes arabes utilisent *zawǧ*, *zōǧ*, *zōz* comme expression normale du nombre "deux". La racine apparaît sous une forme métathétique GWZ dans divers dialectes d'Arabie méridionale et d'Orient, de même qu'en te. avec la forme empruntée à l'ar. *ǧoz*, V. LA III/60, Q. 176, KAZIMIRSKI I/1024, BELOT 301, LANDBERG PROVERBES 355, CANTINEAU PAL-

MYRE I/60, BARTHÉLEMY 129. Éth., DILLMANN LEX 1061, CDG 645, WTS 556, BAETEMAN 864 **-2.** Rapport avec le nom du "verre", v. s. ZG/KG/K ? v. aussi s. ZGZG. **-3.** DALMAN ASP V/138, DENIZEAU 230.

ZWD, 1. OUG. *zd*, ARAM. jp. *ʾizdawad*, syr. *ʾezdawed*, AR. *zāda* "se munir de provisions de voyage", ARAM. jp. *zawwed*, syr. *zawed*, AR. *zawwada*, SAR. mh. *azīd*, jib. *ezōd*, ḥars. *azwīd* "approvisionner"; ARAM. targ. syr. *zəwādā*, AR. *zād-*, SAR. mh. *zəwōd*, jib. *ziod*, ḥars. *zəwōd*, soq. *zuwād* "provisions de voyage", mh. ḥars. *zawd* "force". - ARAM. ṭur. *zād* "céréales", AR. mér. or., *zād* "nourriture, pâte, pain", yém. de l'Est "argent, monnaie". - AR. *mizwad-* "sac à provisions en peau, outre en peau", magh. *məzwād* "cornemuse". **-2.** ARAM. syr. *zwednē* : terme d'architecture. **-3.** ETH. g. *zawd*, te. tna. *zäwdi*, amh. *zäwd* "couronne royale". **-¶.** v. aussi s. ZYD. **-1.** La racine est considérée par de nombreux auteurs comme une forme à assimilation de ṢYD, attestée en ak. : *ṣidīt-*, h. *ṣēdā* "provisions de voyage" (mais pas en oug., ni en phén.); BROCKELMANN GVG I/166, PALACHE 43, AHW 1074, HAL 957, v. références et discussion s. ṢYD. Pour l'oug. CTCA 1 V/25, texte très fragmentaire, TO 314 note 1 donne pour conjecturale une traduction par "ravitailler"; une autre hypothèse possible lui donnerait le sens "venir"; aram., DALMAN WB 125, JASTROW 384, BROCKELMANN LEX. 191, l'hypothèse d'une attestation en palm. au moyen d'une correction en *zwd* de *nwr* en CIS II/3947[3], se heurte à la certitude de la lecture *nwr*, DISO 73; ṭur. (RITTER 561), nsyr. (MAC LEAN 83) *zād* < ar. ?; mais nsyr. *zōdā* (MACUCH-PANOUSSI 51), naram. *zwōdā* (BERGSTRÄSSER NARAM 104) "provisions, victuailles" sont aram. - Ar., LA III/61, Q. 259, LANE 1267, KAZIMIRSKI I/1025, BELOT 301, DOZY I/611, BARTHÉLEMY 322; yém. Est, HAB (GLOS.) 87; sur *mizwād*, RECKENDORFF ÜBER PARONOMASIE IN DEN SEMIT. SPRACHEN 28, STUMME GTA 58, LANDBERG GLOS. 1874; sar., LESLAU LS 151, JOHNSTONE HL 150, MH 470, JL 321. **-2.** Sens et origine obscurs, V. HOFFMANN ZA 11/215, BROCKELMANN LEX. 191 **-3.** CDG 645, WTS 503, BAETEMAN 847.

ZWD/Ṭ/T, AR. magh. *zawwəd*, *zawwəṭ*, *zawwət* "chasser, renvoyer". **-¶.** LENTIN 119, 120.

ZWH, 1. ARAM. mand. *ziwihta*, *zihta*, *zahwa* "tremblement, crainte, alarme". **-2.** ETH. amh. *žuh* : sorte d'étoffe rouge. **-¶. 1.** < ZWƐ, v. s., V. MD 156. **-2.** BAETEMAN 868.

ZWW, 1. ARAM. syr. *zəwā* "se gonfler", *məzdawyānūtā* "orgueil", nsyr. *zāwi* "gonfler". **-2.** targ. *zawwā* "paire; ciseaux; bateau", AR. *zaww-* "paire, couple; ciseaux à tondre les moutons". **-¶.** v. aussi s. ZWʾ. **-1.** v. aussi s. ZWZW/Y; SCHULTHESS HW 24 rapproche de l'ar. *zahā*, v. s. ZHW/Y; aussi ZWḤ ? - V. BROCKELMANN LEX. 190, MAC LEAN 84. **-2.** Ar., LA III/60, Q. 1163, LANE 1266, KAZIMIRSKI I/1024, DALMAN ASP VI/51, DENIZEAU 230.

ZWZ, 1. AK. *zāz-*, anc., ass. *zuāz* "diviser, partager, distribuer, avoir part à", *zitt-* "part (d'une propriété, d'un héritage, de butin)", *zūzā* dans *ana zūzā* "de temps en temps, arbitrairement". - AK. *zūz-*, CAN. nh. *zūz*, ARAM. Emp. palm. *zwz*, targ. syr. *zūzā* : unité de poids > espèce de monnaie. - AK. *zūz-* "or". **-2.** AK. *izuzz-*, *uzuzz-* "se tenir". **-3.** CAN. nh., ARAM. jp. *zūz* "s'écarter, reculer", *hēzīz* "mouvoir, déplacer, ébranler". **-4.** CAN. h. *m*ᵊ*zūzāh*, ARAM. jp, targ. *m*ᵊ*zūztā* "montant de porte, inscription apposée sur le montant de la porte". **-5.** AR. *zūz-* "cervelle". **-6.** magh. *zāza* "rixe, querelle, vacarme". **-¶. 1.** CAD 21/15, 76, 84, 109, 150; AHW 1517, 1540. - Sur les divers sens d'ak. *zitt-*, V. CAD 21/148, AHW 1533, ARM 15/280. - Pour le sens temporel SODEN ORIENTALIA NS 22/251, CAD 21/170. - L'unité pondérale désigne à l'origine une "moitié"; elle a été empruntée par l'aram. à l'ak., V. JENSEN ZA 6/60, ZIMMERN 21, MEISSNER OLZ 1918/171, BROCKELMANN LEX. 191, DISO 73. **-2.** Le classement de ces formes s. ZWZ obéit à des considérations pratiques; les formes attestées ne mettent en jeu qu'une seule radicale redoublée, à savoir ZZ, V. SODEN GAG 154 § 107 *a-h* qui considère qu'il s'agit d'une racine biconsonantiques *ziz* qui apparaît aussi dans des états récents sous la forme *šiz*; sur les emplois, V. ARM XV/281, FINET 151 § 58; AHW 408. **-3.** Peut-être lié à 1. Comp. s. ZWZY. - V. DALMAN WB 125, JASTROW 753. **-4.** L'inscription reproduit Deut. 6/4-9 et 11/13-21; origine discutée : rapport avec l'aram. *zūz* "mouvoir, etc." ?, V. GES-LEX. 241 (et dont dépendrait aussi aram. *m*ᵊ*zōzītā* "stimulant, excitant (médicament)", cité sans références par DALMAN 229 ?); autre étymologie pour *m*ᵊ*zūzāh* : < ak. *mazzāz-* "emplacement", ZIMMERN 31. **-5.** DOZY I/614. **-6.** BEAUSSIER 447.

ZWZW/Y, ARAM. syr. *ʾezdawzī* "se vanter", AR. *zawazzā*, *zawanzā* "qui se vante, se fait passer pour habile", *zawzā(y)* "repousser avec mépris, *zuwāziyy-* "épais, court, grossier". **-¶.** v. les renvois s. ZW et aussi ZWW, ZWZY, ZƐZƐ. - BROCKELMANN LEX 190.

ZWZṬ, 1. AR. magh. *zawzəṭ* "battre la laine avec une baguette". **-2.** maroc. *ẓōẓəṭ* "ruiner". **-¶. 1.** BEAUSSIER 447. **-2.** COLIN 751.

ZWZY, 1. ARAM. nsyr. *zōzi* "hurler, mugir". - AR. magh. *zawza* "chanter (cigale)", *zawza*, *zawzāwiyya* "cigale", ḥass. *ẓawẓa* "gazouiller, siffler". **-2.** magh. *zawza* "châtrer". **-3.** ḥass. *zowze* "donner peu". **-4.** soud. *zāzāy* : arracher le poil du chameau et enduire la peau de goudron pour soigner la gale.

-¶. v. aussi s. ZWZW/Y. **-1.** Formations vraisemblablement onomatopéiques; v. aussi s. ZWZ, ZQZQ; nsyr., TSERETELI 69, MACUCH-PANOUSSI 51 qui signalent la même "onomatopée" en pers.; ar. : DOZY I/614 signale *zuzuh* "moineau" d'après Jackson *Account of Morocco*, 1809, p. 70; LOUBIGNAC IBID., LENTIN 119. Comp. aussi s. ZWY. **-2.** BEAUSSIER IBID. Comp. s. ZWZL. **-3.** TAINE-CHEIKH 930; peut être lié à la forme *mazūzi* "qui a mis bas tardivement (chamelle)", attestée aussi chez les Zaër (LOUBIGNAC ZAËR 449) et qui est un emprunt au berbère. **-4.** QLS 510. **-¶¶. 1.** v. s. ZW/YY 2.

ZWZK, AR. *zawzaka* "mouvoir les hanches en marchant", *muzawzikat-* "qui se dépêche et marche vite (femme)". **-¶.** v. aussi ZKZK, ZWRK, avec le même sens; peut-être formations expressives avec élargissements relevant de ZKK, v. s. -ZK-. - V. LA III/64, Q. 847, KAZIMIRSKI I/1026.

ZWZL, AR. magh. *zawzal*, ḥass. *zowzel*, "châtrer un chameau", maraz. *zōzāl*, *zūzāl*, maurit. *azūzāl* "chameau hongre". **-¶. 1.** Comp. s. ZWZY. - V. DOZY I/614, BEAUSSIER 447, TAINE-CHEIKH 930. Etymologie incertaine. La racine maghrébine dépend-elle de GZL, v.s. ? **-¶¶.** Le mot maurit., avec *a-* initial interdisant l'emploi de l'article, semble de structure berbère, mais peut être néanmoins de formation secondaire, V. D. COHEN MAURIT. 191. Le zenaga connaît *dzuzil* pour "châtrer" (MASQUERAY 26); de même *zūzəl* "castrer" et *azūzal* "animal castré"; mais on relève en touareg *ahâhul*, plur. *ihûhâl* désignant un "jeune chameau *non castré*", FOUC. II/540 (sur *z* > *h* en to., PRASSE H 5).

ZWZM, v. s. ZZM.

ZWZε, AR. maroc. *zūzāε* (coll.) "asticots". **-¶.** COLIN 751.

ZWZQ, AR. *zawzaqa* "farder", maroc. *zawzaqe* "menteur". **-¶.** DOZY I/614; COLIN 711. - < ZWQ, v.s.

ZWZR, v. ZWSR.

ZW/YḤ/Ḫ, 1. CAN. h. *yizzaḥ* (imp.) "se détacher", nh., ARAM. jp. *zu^{a}ḥ* "être instable, s'éloigner; être fier, orgueilleux", syr. *zūḥā*, mand. *zihwa* "pompe, splendeur", syr. *zāḥ* "s'en aller, s'éloigner de", naram. *azaḥ* "tirer", ṭur. *zuḥtō*, *ziḥtō* "crainte, angoisse"; AR. *zāḥa* (*yazūḥu*, *yazīḥu*), *zāḫa* "s'en aller, s'éloigner de, disparaître, être déplacé"; or. *zāḥ* "tirer (un rideau, un voile)", *zāḫa* "commettre des iniquités; s'écarter, s'éloigner", *ʾazāḫa* "déplacer; ôter", *ʾazāḥa* "prescrire", soud. *zawwaḥ* "disperser (les chameaux), *zəlwaḥ* "s'écarter du bon chemin par la tromperie et la ruse", or. *zawwaḫ* "s'enorgueillir", magh. *zāḥ* "s'amuser, jouer", *zāḫ* "se vanter, être hâbleur, fanfaron, arrogant", *zāyiḫ* "coquet, muscadin"; ETH. tna. *zäwḥe* "disséminer, verser, élargir, déployer". **-2.** AR. *zawwaḥa* "donner en cachette et souvent". **-¶. 1.** voir les renvois sous -ZR-. - Pour le rapprochement avec le tna., BROCKELMANN LEX. 192 à comparer à tna. *zäḥawä*, v. s. ZḤW/Y; pour la forme mand. à métathèse, V. MD 166; naram. BERGSTRÄSSER NARAM. 104, ṭur. RITTER 584, 589; DOZY I/611 fournit pour *zāḥ(a)*, d'après Hélot *Dictionnaire français-arabe*, une valeur "s'amuser, jouer" qui devrait être vérifiée. - La notion de "fierté, orgueil" est aussi présente dans une racine à 2ème radicale H, v. s. ZHW/Y. - Comp. aussi s. ZYḤ, ZLWḤ et les renvois s. -ZḤ-. - Soud. < ĐWḤ ? - QLS 502. - V. aussi, LA III/69 (en particulier sur l'alternance Ḥ/Ḫ), Q. 202, 229, KAZIMIRSKI I/1024, BELOT 301, DOZY I/611, BARTHÉLEMY 325, BEAUSSIER 446, JAUSSEN MOAB 35, FAGNAN 73. **-2.** CHERBONNEAU I/428.

ZWḪ, v. ZW/YḤ/Ḫ.

ZWṬ, 1. ARAM. jp. targ. *zōṭā* "tendre, jeune, petit", syr. *zawṭā* "petit garçon", mand. *zuṭa*, naram. *zūṭ* "petit". **-2.** CAN. nh. *zwṭ* : poche d'un filet de pêche; ce que rejette la mer. **-3.** AR. *zawwaṭa* "faire de grands morceaux, de grandes bouchées". **-4.** *zawaṭ* "fermer un seul œil, faire une œillade", ? *zāṭiyat-* "putain", or. *ʾazwaṭ* "louche, qui a la vue de travers". **-5.** magh. *zāwəṭ*, *zāyəṭ* "lancer avec force". **-¶. 1.** Lié à ZṬR, v. s. - DALMAN WB 125, BROCKELMANN LEX. 192. **-2.** JASTROW 385. **-3.** Comp. s. ZHWṬ et v. -ZṬ-. LA III/64, KAZIMIRSKI I/1027. **-4.** DOZY I/614, BOCHTOR 657, BELOT 302. **-5.** Comp. aussi s. ZWD/Ṭ/T. - V. COLIN 752, LOUBIGNAC 449.

ZW/YY, 1. CAN. h. *zāwit*, ARAM. Emp. *zwyt*, targ. syr. *zāwitā*, mand. *zawayta*, AR. *zāwiyat-* "angle, coin"; ? ARAM. targ. **zᵊwī* "fenêtre (?), balcon (?)"; SAR. *ʾzyy* (pl.) "crochets, plaques d'armature (en fer)". - AR. *zawā(y)* "écarter, éloigner; soustraire, cacher; contracter, saisir", iraq. *nzuwa* "se cacher, se retirer dans la solitude", ? mér. *mezwi* "manteau"; ETH. te. *zäwa* "refuser, rejeter, se détourner, être effrayé". - ? AK. *zawiān-* "ennemi, inamical". **-2.** AR. magh. *zwā* "crier (souris), vagir, siffler (balle); gazouiller", maroc. *ẓeyy* "bruit de voix, voix". **-3.** "frapper au ventre (avec un objet dur)". **-4.** ḏof. *ziyye* "troupe". **-5.** ETH. gour. *zäwiyä*, *zoyyä* "plume". **-¶.** v. aussi s. ZWʾ/W, ZWḤ. **-1.** Pour une discussion détaillée de cette racine, V. MARRASSINI 23. - L'h. et l'ar. seraient des emprunts à l'aram., V. FRAENKEL 11, NÖLDEKE ZDMG 54/154, WAGNER 48. On a voulu dériver ces mots d'un ak. *sam/wit-*, V. ZIMMERN 31, SCHOTT-LANDSBERGER ZA 42 (1934) 93, mais sérieuses réserves de MEISSNER OLZ 19 (1916) 149. Il semble en tout cas fort peu probable que les formes verbales sud-sémitiques qui suivent soient dénominatives et dépendent du nom du "coin", malgré les rapports sémantiques apparents. - Pour l'aram. targ., il s'agit d'un terme d'architecture apparaissant dans 1Rois 7/4 où il répond à l'h. *mẹḥ*ᵊ*zā* qui peut être traduit par "fenêtre", et dans Ezéchiel 42/3 pour rendre h. ᵓ*attīq* qui désigne une sorte de colonne ou peut-être comme l'a compris la Septante : un péristyle. - Aram., DISO 73, BROCKELMANN LEX. 190. - Ar., LA III/66 s. ZWY, Q. 1163 sous ZWW, LANE 1273, BELOT 303, DIA 208; en arabe, le terme a pris plusieurs sens particuliers dont : "demeure d'un homme vénéré pour sa piété", "petite mosquée", "ermitage"; QLS 513 définit la *zāwiya* comme une "grotte dans la montagne"; peut-être maroc. *ẓāwi* "absolument sans le sou" (COLIN 756) s'explique-t-il par ces valeurs qui impliquent la pauvreté. - V. sur la *zāwiya*, une notice dans DOZY I/615. V. aussi LANDBERG GLOS. 1879. - Sur le sar., V. BEESTON RAYDÂN 2 (1979) 93. VON SODEN OR. 16 (1947) 448 rapproche ces formes ouest-sémitiques de l'ak. *zamū* "angle"; contre : CAD 21/41. - Sur l'ak. *zamān-*, BARTH ZA 24/152 compare ar. *zamana* "enflammer la colère (?)", mais V. CAD 21/34 qui indique que la transcription du mot implique que *-ān-* constitue un suffixe et non un élément radical; V. aussi AHW 1517. **-2.** BEAUSSIER 449. Rapport avec cl. ṢᵓY, ṢWᵓ ? V. MARÇAIS TANGER 325, TAKROUNA 1716, BORIS 257; aussi LANDBERG GLOS. 2158. **-3.** COLIN 756, LOUBIGNAC 449. **-4.** < ZYM, v. s. ? - V. RHODOKANAKIS 25. **-5.** EDG III/718 : < couchitique *zōrú-ta-* ? **-¶¶. 2.** Le berbère connaît aussi des formes onomatopéiques construites sur ZW pour nommer des bruits; v. par exemple mzab. *ẓẓəwẓəw* "grincer, piailler".

ZWK, 1. AK. *zūk-* "infanterie". **-2.** lib. *zawwak* "mettre quelque chose dans un endroit étroit", *zoke* "endroit étroit". **- 3.** AR. magh. *zuwwək* "beugler, mugir". **-¶. 1.** V. MANITIUS ZA 24/122, UNGNAD AFO 14/329. - Origine inconnue, AHW 1536. **-2.** Comp. s. ZKK, ZKZK. V. FRAY. 77, DENIZEAU 231. **-3.** BEAUSSIER 447, LENTIN 120, COLIN 75.

ZW/YK, 1. AR. *zāka* (*ū*) "marcher en sautillant comme un corbeau", *zāka* (*ī*) "marcher avec fierté, se pavaner". **-¶.** v. aussi ZWK, ZYK. **-1.** v. s. -ZK-. - LA III/35, Q. 848, KAZIMIRSKI I/1027, 1033, BELOT 302. - v. s. ZK.

ZWL, 1. ARAM. jp. *zūl* "filer", *zōlālā* "écheveau", AR. mérid. *zūliyya*, *zōlye*, SAR. jib. *zolit*, mh. *zəwōli*, soq. *zuwāli* (pl.) "tapis", ETH. g. *zawala* "préparer le fil pour la navette en l'enroulant sur une bobine; teindre". - ? AR. mérid. *zōli* "latrines". **-2.** ETH. gour. *zūl*, *zul* "vent s'accompagnant de froid". **-¶.** v. aussi s. ZW/YL. **-1.** DALMAN 125, JASTROW 387, FAGNAN 72, sar., LESLAU LS 151, JOHNSTONE ML 470, JL 321, HL 150, éth., MAGGIORA 472, d'après Abba Yaᶜqob. **-2.** V. LESLAU EDG III/707 qui indique, pour le gour. : < couchitique : dar. *didallò* (<**dildallo*) "vent". - Une forme te. *zala* "terre haute et venteuse" dans WTS 493, d'après d'Abbadie, est probablement sans lien avec la précédente, v. s. ZL.

ZW/YL, 1. CAN. h. *zūlat-* "à l'exception de, sauf". - AR. *zāla* (ZWL) "passer, quitter un endroit, s'en aller, se déplacer, disparaître, quitter"; *zawāl-* "mouvement", *zawl-* "agile, spirituel, généreux, brave"; *zāla* (ZYL) "mettre à part, de côté, éloigner", *zayyala* "séparer", *mizyal-*, *mizyāl-* "intelligent, prudent", *zāʾilat-* "tout être mobile, animé"; *zawl-* "forme, figure qu'on voit à distance, qui apparaît et disparaît, personne, individu", *zālat-* "mirage"; *zawāl-* : moment où le soleil commence à décliner, *mizwālat-* "cadran solaire"; hisp. *zawwal* "effacer de son coeur, se déshabituer"; *zāwal* "fréquenter, visiter, persévérer", magh. tak. *zāwŭl* "s'en tenir obstinément à une opinion, fréquenter assidûment", ? maroc. *zāl* (*fī*) "vivre aux crochets (de)"; or. *zōl* "personne, individu", soud. *zōl* "homme, personne", *zōla* "femme"; palest. *zēl* "chose, machine", *zōl* "chimère, fantôme", *tzāwal* "avoir des chimères", soud. *zāwal* "croire avoir vu des objets sans réalité, des démons, des fantômes", *zawāl* "épouvantail"; SAR. sab. *zl* "compléter, achever", mh. *hezwīl*, ḥars. *azwīl* "partir dans l'après-midi", mh. ḥars. *zewōl* "début de l'après-midi", ETH. te. *zol* "(belle) figure". - **? 2.** ARAM. ṭur. *zawāl* "malheur, calamité", AR. *zawl-*, *ʾazwul-* "merveille chose étonnante; malheur, calamité", *zawīl-* "secousse, angoisse, inquiétude", *tazāyul-* "faiblesse, impuissance d'esprit"; *zāla* "décliner, être en décadence", tchad. *zowāl* "se sentir malade", *zawal* "cracher quand on est malade", SAR. mh. *azwīl,* jib. or. *ezbel* "ennuyer, importuner", ETH. g. *zawala* "tacher, souiller", te. *zawl* "misérable, ruiné", amh. *zalä* "languir, dépérir lentement", *zola* "sot, timide; sale, dégoûtant". - **? 3.** CAN. h., **zāl* "gaspiller", ARAM. targ. *zūl* "être sans valeur, bon marché", Emp. *zwl* "vendre", ya. *zlt* "bon marché"; ég. *zwl* "acheter". - **? 4.** AR. *zāwala* "manier, se servir de; s'appliquer à". -**¶.** v. aussi s. -ZL-, ZWL, ZWLL, ZYL, ZLL. Le rapport entre les verbes en ZWL et en ZYL fonctionne, au moins partiellement, comme celui de neutres à actif-causatif : ar. *zāla* (ZWL) "quitter un endroit, s'en aller", ar. *zāla* (ZYL) "éloigner, écarter, ôter de sa place; séparer, détacher; cesser". En ar., les différents usages s'expliquent comme des réalisations particulières de la valeur de base "passer, s'en aller, se déplacer, disparaître" : **a**. agilité, tout ce qui se meut, tout ce qui est animé; agilité intellectuelle, intelligence, finesse, délicatesse et, comme corollaire : générosité, courage; **b**. ce qui est fugitif, apparaît et disparaît; **c**. ce qui décline et s'affaiblit, ce qui n'a pas de valeur. -1.-2.-3., et peut-être -4., semblent donc liés. **-1.** v. les remarques s. ZL. - En héb., le verbe n'est pas attesté de manière certaine, à l'exception d'une forme participiale (au pluriel) **zālīm*, Esaïe 46/6, avec le sens conjectural de "gaspiller", TORCZYNER ZDMG 57/557; V. aussi BDB 266, HAL 256. La racine est représentée surtout par la préposition et conjonction d'origine nominale *zūlāt(ī)* (état construit de **zūlāh* "éloignement, mise à l'écart") avec une valeur exceptive : "sauf, sauf que, à l'exception de, etc.". - Dans les dialectes arabes, deux constructions avec le verbe *zāl* à l'accompli, ont abouti à des expressions conjonctives ou para-adverbiales : **a.** En ar. mér., *zāl* (à la 3ème pers. masc. sing.), précédé de *mā*, qui cumule ici peut-être deux valeurs distinctes de la particule, celle du relatif neutre avec celle de la négation, aboutit à une conjonction équivalant à "tant que, aussi longtemps que, tandis que", valeur généralement représentée, même dans ces dialectes, par *mā dām* ou *mā ṭāl* (*dām* "durer", *ṭāl* "se prolonger", racines DWM, ṬWL), V. REINHARDT 122, 210, LANDBERG GLOS. 1876. Cette construction est également attestée dans des parlers de nomades de Syrie, avec la valeur "tant que, etc.". Chez des sédentaires syriens, *mā zāl* signifie "puisque, du moment que", ce qui est aussi une valeur de *mā dām*; dans ce complexe, *zāl* se conjugue normalement; V. BARTHÉLEMY 323. **-b.** Dans des dialectes maghrébins, le verbe à l'accompli entre dans une construction négative avec *mā*; il permet alors d'exprimer la continuation d'une situation, d'un état, etc. et correspond approximativement au français "encore"; l'expression peut être suivie d'un verbe ou d'une proposition en asyndète, *mā zāl yəḫdəm* "il travaille encore"; suivi d'une proposition négative, il nie l'initiation du procès ou l'apparition d'un état, etc.; il correspond approximativement au français "pas encore" : *ma zāl mā žāš* "il n'est pas encore venu"; le plus souvent *zāl* se conjugue normalement comme un accompli; sporadiquement, la forme affecte une flexion nominale : (*mā*) *zāla* au féminin, (*mā*) *zālīn* (ailleurs, respectivement, *mā zālət*, *mā zālū*). Diverses altérations formelles témoignent du caractère inanalysable de la locution chez de nombreux locuteurs; V. surtout W. MARÇAIS TANGER 325, TAKROUNA 1712, COHEN SYST. VERB. 269, PH. MARÇAIS ESQUISSE DE L'AR. MAGH. 263, LPAT 210, STUMME GTA 139, PANETTA BENGASI 272, CESÀRO TRIPOLI 245. En hisp., la forme verbale est à l'inaccompli et fournit aussi des expressions adverbiales : à la 3ème pers. masc. sing., **ma-izūl* [*meizúl*] "souvent [amenudo]", [*meyzúl*] "continuellement [continua mente, de continuo]"; la forme conjuguée : *me nizúl, tizúl, yzúl* est traduite "toujours [siempre]", ALCALA 110/4, 172/28, 208/30, 403/9. - La construction n'est pas inconnue des dialectes orientaux. L'iraq. par exemple connaît un usage de *yazāl* précédé de la négation *lā* pour "ne pas cesser, être encore", etc., V. DIA 208.

- C'est par la valeur "toujours" que s'explique peut-être hisp. *mezéle* "consequencia", ALCALA 153/31, selon BROCKELMANN GVG I/494, n. - Le magh. *ẓawāli* "pauvre, indigent; pacifique, débonnaire" (mais v. aussi éth. te. *zawl*) est donné pour un emprunt au turc par MARÇAIS TAKROUNA 1715; V. *zewalli*, *zawalli*, REDHOUSE 1018. Cependant, en turc même, le mot au moins avec sa seconde valeur de "transitoire, passager, fugace" est en rapport avec *zewal* "cessation, départ, disparition", qui est un emprunt à l'arabe, IBID. 1017. - L'aram. nsyr. *zāwāl* "antagoniste, antipathique" est rattaché aussi au turc azeri par MAC LEAN 85; te. *zol* "figure" paraît être un emprunt à l'ar.; BARTHÉLEMY 323 semble lier le mot à la notion de "passant non identifié, passant en tant que tel". On peut rappeler que certains noms de "l'homme", en arabe, sont étymologiquement liés à la notion de "marche à pied", v. s. ZLM, RGL. - Ar., V. LA 65, Q. 910, FARHAT 454, LANE 1270, 1278, BELOT 302, 304, KAZIMIRSKI I/1028, 1033, BEAUSSIER 448, ALCALA 110/4. LANDBERG GLOS. 1145, BEAUSSIER 103, MARÇAIS TAKROUNA 479; Sar., DIC. SAB. 171, MÜLLER WURZELN 61, JOHNSTONE HL 150; éth. te. WTS 502. Les valeurs en ar. clas. se prêtent à une interprétation de type analogue, mais non identique, si on rattache le vocable à la notion de "ce qui passe, apparaît et disparaît". **-2.** LPAT 210, d'après Lethem, JOHNSTONE ML 470; WTS 502, MAGGIORA 472, BAETEMAN 855, 862, 863; RITTER 582. -Aram. < ar. **-3.** Sens douteux pour le ya., DISO 78, JASTROW I/386. **-4.** FAGNAN 73; COLIN 755, 764 fournit deux inaccomplis : *iẓōl* pour Marrakech et *iẓēl* pour Fès, Tanger et Rabat. **-¶¶. 1.** Sur des formes apparentées en berbère, v. s. ZL. **-2.** Aussi en couchitique. ag. : qem. *zal*, qua. *säl* "être mauvais".

ZWLL, 1. AR. magh. *zōlŭl*, *dzōlŭl* "se mettre à l'écart, s'éparpiller". **-2.** *zōlal* "faire une saillie". **-¶.** v. aussi s. ZW/YL, ZLL. **-1** voir les renvois sous -ZR-. **-1.-2.** MARÇAIS TAKROUNA 1715, BORIS 257. .

ZWLQ, AR. magh. *zawlāq* "rusé, fourbe". **-¶.** BEAUSSIER 448.

ZWM, 1. CAN. nh. *zōm*, ARAM. targ. syr. *zōmā* "jus, bouillon", AR. *zawm-* : mets à base de lait, or. *zūm* "suc, jus d'un fruit, eau exprimée d'un linge", lib. *zawwəm* "rendre du jus; mouiller la pâte", ETH. g. *zom*, *zomo*, *zam* "sang; bouillon de viande"; - CAN. nh. *zōmēm* "graisseux, huileux". **-2.** ARAM. talm. *zīmā* "narine, naseau", syr. *zūmā* "bec, museau". **-3.** AR. *zāma* "monter la garde, surveiller, regarder avec colère", *ʾazāma* "retenir par la force", *zawīm-* "rassemblé, réuni", *zāmat-* "troupe d'hommes". **-4.** ARAM. mand. **zam* "bourdonner, vrombir, fredonner", AR. soud. *zām* "crier", *zōm* : réunion de jeunes gens chantant d'une voix de poitrine et de jeunes filles dansant sur ces chants, ? maraz. *zām* "gronder longtemps (mâle en rut), gronder (tonnerre)", ? tchad. *zawwam* "fanfaron". **-5.** AR. *zāma* "mourir". **-6.** *zām-* "quart (d'une chose)". **-¶. 1.** < gr. *zōmós* "sauce, bouillon", V. BROCKELMANN LEX. 192, JASTROW 387; ar. or. < aram. syr. - Q. 1009, DOZY I/615, BELOT 303, BARTHÉLEMY 324, MAGGIORA 478. **-2.** v. ZRZM. - DALMAN 127, JASTROW 394. **-3.** Q. 1009, KAZIMIRSKI I/1029, **-4.** Les valeurs ici, sans doute de nature onomatopéique, sont communes à ZWM et Zʾ M, ZMM, ZRZM, v. les renvois s. ZM/N. **-5.** KAZIMIRSKI IBID., QLS 512, BORIS 257, LPAT 210. "Mourir" est la seule valeur donnée pour *zāma* (*u*) par LA III/66; à rapprocher de *zaʾama* "mourir subitement", s. Zʾ M, et comp. *saʾam-* "mort", s. Sʾ M, et soq. *ṣāmə* "mourir", ar. *ṣamā(y),* "mourir sur place", s. ṢMY. **-6.** Q. 1009, BELOT 303.

ZWMḤ, v. s. ZMḤ.

ZWML, 1. AR. *zawmala* "pousser devant soi (les chameaux)". **-2.** lib. *zōmāl* "oreillons". **-¶. 1.** Comp. s. ZML. - V. KAZIMIRSKI I/1013. **-2.** FRAYHA 77.

ZWMR, AR. lib. *zōmar* "couper en biseau, en biais". **-¶.** V. FRAY. 77 qui renvoie à ZMR et pose l'hypothèse d'une base biconsonantique ZB, comp. Z(ʾ/W)BR, ou ZM.

ZWʾN, v. s. Zʾ N.

ZWN, 1. CAN. h. *yāzūn* (inac.) "nourrir", *yittəzān* "se nourrir", nh., ARAM. targ. *zūn*, syr. *zān* "nourrir", h., ARAM. bibl. *māzōn* "nourriture", Emp. *zwn* "provisions". **- ? 2.** CAN. nh. *zōn*, ARAM. targ. *zōnītā* "ceinture, tablier", CAN. nh. *zōnīt*, *zəwānī* "équipement, armure", SAR. mh. *zōnət*, jib. *zunt*, mh. *zōnet* "approvisionnement en cartouches", ḥars. *zōnet* "équipement, masque pour les pis de la chamelle". **-3.** AR. *zān-* "mal au cœur, nausées". **-4.** *zun-* "idole". **-5.** soud. *zān* "bois, sorte de bois", magh. *zāna* "bâton long, hampe", pal. ? *zuwāne* "rejeton qui ne fructifie pas; scie à manche". **-6.** ETH. tna. *zäwän bälä* "se promener, flâner", *zäwänwän bälä* "traînasser". **-7.** gour. *azwäñä* "être beau, joli; être content". **-¶.** v. aussi s. Zʾ N, Zʾ/WN. - Sur ak. *zunt-* : type de porte, V. CAD 21/162. **-1.** Peut-être fondé sur une base biconsonantique ZN, comp. ak. *zanānu* "approvisionner, pourvoir de", s. ZNN. - En héb., le verbe à la forme simple est représenté, à l'inaccompli, dans Job 36/31 avec la valeur "il nourrit". - HAL 256, BDB 266, DISO 73, BROCKELMANN LEX. 192. **-2.** < gr. *zōnē.* - FLEISCHER DE GLOSSIS HABICHTANIS 71, JASTROW 388, DOZY I/615, JOHNSTONE HL 150, JL 321, 470. **-3.** Q. 1085, LANE 1272, KAZIMIRSKI I/1029, BELOT 303. **-4.** < persan *žūn*, LA III/66, Q. IBID., STEINGASS 637. **-5.** QLS 513, BEAUSSIER 448, DALMAN ASP VII/31, IBID. IV/295. **-6.** V. ABBA YOHANNES 666, DTE 478. **-7.** EDG III/717. **-¶¶. 1.** COHEN ESSAI 144 n° 303 signale ég. *zn* "valeur d'un signe représentant un pain"; V. LEFEBVRE GRAM. DE L'ÉGYPT. CLAS. 423.

ZWS, ETH. g. *zawasa* "fourrer la nourriture dans la bouche, manger voracement". **-¶.** CDG 646.

ZWSR, ETH. gour. *azwässärä wärä* "marcher en file indienne, l'un derrière l'autre". **-¶.** V. LESLAU EDG III/718 qui suppose une racine *zwzr* ou *zbzr*; *wärä* = "aller". V. aussi ZQR.

ZWƐ, 1. CAN. h., ARAM. bibl. **zāε* "trembler", targ. syr. *zāε* "se mouvoir; être saisi, trembler", *zūε*, *zawεā* "secousse, ruine", CAN. h. *zᵊwāεā*, *zawāεā*, *zāεawā* "tremblement, effroi", ARAM. jp. *zōεᵃtā* "effroi, tremblement de terre", syr. *zawεā*, tremblement de terre", AR. *zāεa* "stimuler sa monture en secouant la bride; faire tourner à gauche ou à droite; tirer à soi", *zawwaεa* "faire aller tantôt à droite tantôt à gauche", dat. *zāε* "marcher d'un pas rapide, s'envoler rapidement", soud. *zāε* "voler, courir de part et d'autre sans but", AR. *zawεat-* "surprise, trouble", *zūεat-* "(personne) vile", *zawwaεa* "brusquer, maltraiter", lib. *zawwaε* "abîmer, détériorer", syr. "défigurer", or. *zūεa* "situation branlante", ᶜom. iraq. *zawwaε* "vomir", magh. *muzāε* "vicieux (bœuf de labour)"; ETH. g. *zoεa* "trembler, agiter, transpirer", tna. *zaε bälä* "transpirer". **-2.** g. *tazāwəεa*, te. *təzawεa* "converser, s'entretenir, plaisanter", g. *zawε* "verbiage, plaisanterie", te. *zuε*, *zəε* "discours, langage, chant, événement", g. *zəwuε*, *zəwε* "badin, pétulant". **-3.** te. *zäwwəεo*, tna. *zəwawəε* : sorte d'arbre, ? amh. *zäwe* : plante grimpante. **-¶. 1.** v. s. Zᵓ/Ɛ et comp. s. ZᵓZᵓ, ZWZƐ, ZWƓ, ZƐZƐ, ZYZƐ, ZƓW/Y et peut-être WƐZ, WƐṬ. - V. NÖLDEKE ZDMG 7 (1886) 25, BARTH ES 32, BDB 266, Q. 653, KAZIMIRSKI I/1027, BOCHTOR 112, DOZY I/614, LANDBERG DAṬ, 1875, QLS 511, BARTHÉLEMY 323, BEAUSSIER 445. L'ar. or. est peut-être un emprunt à l'aram. syr. Le g. pourrait n'être qu'une transcription de l'h., V. CDG 645; v. ZƐZƐ. **-2.** Comp. amh. *awwazza* "amuser, distraire", CDG 645. Le g. est rapprochée par GORDON UT 393 d'oug. *zg*, *zgt* qu'il glose respectivement : "produire un son" et "aboiement (de chien)"; v. s. ZƐW, ZƓW, WƐZ. - DILLMANN LEX. 1060, CDG 645; par ailleurs WTS 503 rapproche de l'ar. *waεaḏa* "prêcher" > te. *wäεäzä* "parler, annoncer, délibérer", IBID. 443. **-3.** CDG 645.

ZW/YƓ, AR. *zāga* (*ū*, *ī*) "être penché, incliné; être injuste, s'écarter de la vérité; incliner, pencher quelque chose"; (*ū*) "tirer sa monture dans un sens ou un autre"; (*ī*) "décliner, baisser (soleil)", *tazayyaga* "se parer", *zayg-* "doute, injustice", or. *zāg* (*ū*) "être démis, déboîté", hisp. *zāg* (*εan*) "dévier", mér. magh. *zāg* (*ī*) "dévier, s'écarter du droit chemin; être méchant". - yém. *zīg* "bohémien (?)". **-¶.** Pour le lien sémantique "être incliné" ~

"être mauvais, etc.", comp. s. ZW/YR. - v. aussi s. ZWƐ, ZYƓ. - LA III/64, Q. 1032, FARHAT 354, LANE 1270, KAZIMIRSKI I/1027, BELOT 302, DOZY I/614 (qui donne une valeur "être ébloui", relevé par lui dans un ms.), VOCABULISTA 142, BEAUSSIER 447, COLIN 763, LOUBIGNAC ZAËR 450. - Le yém. *zīg* (HAB. 121/8) est traduit interrogativement "gipsy" par GOITEIN 87.

ZWƓL, AR. *zawgala* "tromper quelqu'un en lui livrant du faux pour du vrai"; or. Syr. *zawgal* "tricher au jeu". -**¶.** Comp. s. ZWƓ. - DOZY I/164, BARTHÉLEMY 323.

ZWƓM, AR. maroc. *zūgəm* "avoir la chair de poule". -**¶.** COLIN 752. - Vraisemblablement en rapport avec ZƓB, v. s..

ZWƓP, SAR. jib. *zəbgef* "air froid et nuages". -**¶.** JOHNSTONE JL 321; v. aussi s. ZƓP.

ZWP, 1. ARAM. targ. *zūp* "gronder, morigéner". **-2.** AR. *zāfa* (*u*) "faire sa marche nuptiale en laissant traîner sa queue et ses ailes (pigeon), se traîner, marcher comme un malade"; ? ʿom. *zāf* "déborder". **-3.** ETH. g. *tazawwafa*, *tazāwafa*, te. *zäf wäda* "se vanter"; ? amh. *zof*, *zofafa* "sot, stupide". **-4.** g. *zope*, tna. *zəbbä*, amh. *zopi* "ébène". **-5.** amh. *zof* "albumen, blanc d'œuf", gour. *zäfʷa*, *zōffa* "délivre, arrière-faix du bétail". **-6.** gour. *zof* "plante du pied, trace". -**¶.** Sur ak. *zūp-*, v. s. ʾZB. - Pour ar. ég. *b-ʾl-zwf* "beaucoup, à foison", BOCHTOR 88, 350, DOZY I/614, v. s. ZʾP. **-1.** Comp. ZƐP. - DALMAN 126, JASTROW 389. **-2.** Comp. s. ZʾP, ZḤP, ZYP, ZPP et aussi -ZK-. - LA III/106, Q. 735, KAZIMIRSKI I/1027, BELOT 302, RHODOKANAKIS 9. **-3.** Pour *zof*, *zofafa*, v. la remarque s. ZPP. - CDG 645. **-4.** DILLMANN 1067, CDG 642. **-5.** BAETEMAN 864, EDG III/703. **-6.** EDG IBID.

ZWQ, 1. AR. *zuwaq-*, *zāʾuq-*, *zāwūq-* "mercure, vif-argent", *zawwaqa* "enduire d'un amalgame d'or et de mercure; orner, décorer", or. *zawwaq* "étendre (tapis, étoffes), s'habiller", lib. *zawwāq* "peintre, décorateur", palest. *mizūqa* "pimpante, jolie (femme)", hisp. *zawqe* "peinture", **zawáq*, magh. *zəwwəq* "peindre, enluminer, colorier", malt. *zewwaʾ* "peindre en différentes couleurs, bigarrer", ETH. te. *təğäwwägä* "être splendide", amh. *täzawwäqä* "être mélangé, confus". **-2.** ḥass. *zowqa* "coin; cuisine, avec aération dans la cour". **-3.** *zāg* "s'exiler, partir en dissidence"; ? *zāwəg* (*fī*) "se mettre sous la protection (de)", maroc. *āzwāg* "lieu d'asile". -**¶. 1.** v. s. [ZʾBQ] *ziʾbaq-* dont les formes ci-dessus sont sans doute dérivées; comp. s. ZWZQ. - V. HUART JA 1883/21, LA III/64, Q. 803, LANE 1270, BELOT 302, ALCALA 109/17 s. *azogue* (< ar. hisp. *az-zawqe*), VOCABULISTA 142, LOUBIGNAC ZAËR 449, AQUILINA 1613; WTS 556, BAETEMAN 847. **-2.** TAINE-CHEIKH 932; JACQUES-MEUNIÉ CITÉS

ANCIENNES DE MAURITANIE 146 propose d'y rattacher un terme architectural *zonqanniye* "motif d'angle". En ar. tchad., Lethem relève *zowaqt ar-rukba* "rotule", LPAT 210. **-3.** Sans doute relié au berb. chleuh *zūg* "être banni". - COLIN 753, TAINE-CHEIKH IBID., LOUBIGNAC ZAËR 449.

ZW/YQ, 1. AK. *ziāqu*, *zāqu* "souffler, être entraîné, flotter", *zīq-* "brise, souffle", ARAM. pehl *zyq* "vent", targ. *zawwēq* "remplir d'air, gonfler", syr. *zāq* "désirer", *ʾazwēq* "éventer", *zīqā* "tempête, météore", *zuyāqā* "vannage du blé", *zawqā* "inflammation (des yeux ?)", mand. *ziq*, *ziqa* "vent, tempête; air; flatuosité", ? ṭur. *zawqo* "pus". **-¶.** v. aussi s. ZʾQ, ZYQ. **-1.** V. AHW 1523, DISO 76, DALMAN WB 126, JASTROW 389, BROCKELMANN LEX. 194, MD 167, RITTER 566. Empr. du sémitique occidental à l'ak. ?, FRAENK. 285.

ZWQL, AR. *zawqala* "laisser pendre les bouts du turban". **-¶.** LA III/34, Q. 909; v. aussi s. ZQL.

ZWQP, AR. maroc. *zāqōf* "vieillard décharné, décrépit, stupide; bête de boucherie, vieille, décharnée". **-¶.** COLIN 753.

ZWQR, v s. ZQR.

ZWR, 1. AR. magh. *zawra* : couverture en coton. **-2.** ETH. tna., amh. *zorä* "tourner autour, courir la prétentaine, avoir la tête qui tourne", tna. "s'éloigner, s'en aller", te. *zur belä* "exciter une mule à se hâter". **-3.** gour. *zäwre*, *zore* "brun sombre (bétail)". **-4.** AR. *zawr-* "poitrine; prudence, fermeté", *ziwar-* "robuste, rapide"; or. *zor* "épaule de mouton, poitrine de bœuf (boucherie), gosier". **-5** ETH. amh. *žoro*, *ǧoro* "oreille". **-¶.** v. aussi ZW/YR. **-1.** FAGNAN 73. **-2.** ABBA YOHANNES 671, MHRT, GUIDI 626. WTS 495. **-3.** EDG III/717. **-4.** Souvent on spécifie : "le milieu ou le haut de la poitrine vers les épaules", V. LA III/62, Q. 362. - L'ar. soud. nomme respectivement le "chameau" et la "chamelle" : *ʾab-zōr* et *ʾum-zōr* "celui, celle qui a du *zawr*"; la chamelle est appelée, en quelques endroits, *zawriyya*, QLS 510; l'ar. cl. connaît *zārat-* "troupeau de chameaux". **-5.** Amh. *žoro* est la forme la plus ancienne; PRAETORIUS AMS 174 § 135c rattache aux valeurs s. 1 et explique le nom par les circonvolutions du pavillon de l'oreille.

ZW/YR, 1. AK. *zāru* "tordre, être tordu", CAN. h., ARAM. jp. *zār* "s'écarter de", *zawwēr* "rouler", AR. *zawira* "être penché, courbé; aller en biais", *zāra* "mentir, accuser faussement", *zawwara* "altérer, falsifier, défigurer, embellir, orner", *zūr-* "mensonge, vanité"; *zurat-* "fois", mérid. *zāra* "quelquefois", Syr. *zawar* "regarder de travers"; ETH. g. te. arg. *zora*, tna. amh. gour. *zorä*, gaf. *zärä* "tourner, aller autour", g. *zawwara* "durer, subsister"; amh. *zäwärwärra* "vagabond; tortueux (chemin)", *zəwər-wər* "en vrille", *žort* "hérisson". - ? AK. *zēru* "ne pas aimer, haïr, éviter; abandonner", *zayyār-* "ennemi", CAN. h. *zār*, ph., ARAM. ya. anc. *zr* "étranger, d'autrui", targ. *zār* "loger chez quelqu'un". - AR. *zīr-* "qui est en colère"; *zāra* "visiter (un lieu saint)", magh. *zār* "rendre visite"; *zyāra* "visite"; SAR. qat. *štzr* "tenter de visiter", mh. jib. ḥars. *zōr* "visiter", ETH. te. amh. gour. *zäyyärä* "visiter, aller en pèlerinage", te. *təzäyyärä* "être fatigué, épuisé". - AR. *zawr-* : ombre que l'on voit dans le sommeil. **-2.** CAN. h. *zār* "presser, écraser", nh. *məzōrā* "pressoir", *māzōr* "pansement", ARAM. targ. *zār* "retenir", *zəyārā* "pressoir", syr. *zār*, *zəwar* "prendre, tenir; frapper du poing", *zəwārā* "poing, poignée; main, pouvoir; massue"; AR. *zayyara* "serrer, presser, serrer les lèvres à un cheval avec des tenailles; attacher", *tazayyara* "être mis à l'étroit, être embarrassé", *ziyār-* "tenailles, étau", ég. *zayyar* "attacher", magh. "serrer, comprimer", hisp. *ziyār* "bâillon", or. *zawr* "jointée, poignée"; iraq. *zōr* "sous-bois, buisson dans un lieu marécageux", ETH. g. *zawwara* "garder, cacher". - ? CAN. *zēr* "bordure", ARAM. jp. *zīrā* "couronne, guirlande". **-3.** AR. *zīr-*, SAR. mh. *zayr*, jib. *zīr* "grande jarre à eau", sab. *zwyr* (pl.) "distributeur d'eau" ? **-¶.** Pour h. *zārāʾ* "nausée", rattaché parfois à cette racine (HAL 268), comp. aussi s. Ḏʾ/W/YR. Pour AR. dial. *zār* "esprit mauvais", v. [ZAR], à ZR. **-1.** A cette valeur de la racine, FRONZAROLI ARCHIVI REALI DI EBLA XI/178 propose de rattacher ébl. *zi-il* "tournant" (à lire donc *zirum*, IBID. 181). - Pour l'ak. *zāru*, SODEN OR. 24 (1955) 143, CAD 21/97; pour *zēru* AHW 1522; sur les sens juridiques d'ak. *zēru*, V. DOSSIN RA 42 (1948) 121; ARM 15/280. - Héb. *zār*, HUMBERT MÉL. SYR. 259; aram., DALMAN 126, JASTROW 389; RITTER 587; ar., LA III/62, Q. 362, FARHAT 189, LANE 1268, BELOT 302, DOZY I/612. - En ar., dans des dialectes juifs maghrébins, peut-être dans d'autres, on distingue *zwāra* "visite rendue à une personne" et *zyāra* "visite au tombeau d'un personnage révéré". - Sur les rapports entre les notions de "fois" et de "tourner", V. NÖLDEKE dans LANDBERG GLOS. 1875 n. 1, qui fournit de nombreux parallèles; comp. *marrat^{an}* (MRR), *ṭawr^{an}* (ṬWR), *tārat^{an}* (TWR), *paεam* (PΕM). - Qat. *štzr*, RICKS 59; éth., DILLMANN LEX. 1059, MAGGIORA 472, CDG 646, WTS 502, GUIDI 626, 636, BAETEMAN 864, COHEN NEEM 284; ar. *zayyara* "visiter" >éth., EDG III/714. - Sur diverses formes à réduplications partielles, PRAETORIUS AMS 154 § 120c. - Sur les rapports avec ḎRW/Y (v. s.), LESLAU CONTRIB. 19, MÜLLER MÉLANGES RODINSON 270. **-2.** Par les valeurs ici relevées, la racine croise fréquemment ZRR, v. s., ce qui dénote soit des interinfluences, soit des développements distincts d'une même base ZR. - DALMAN WB 126, JASTROW 389, FRAY. 77, MAGGIORA 472; pour l'ar., ALCALA 315/19 et v. les références s. 1. - Aram.

ṭur. nsyr. ar. iraq. *zōr* "force", ne relève apparemment pas de cette racine, il s'agit d'un emprunt au persan ou au turc qui l'a lui-même emprunté au persan; peut-être nsyr. *zāyir* "(se) gonfler, grossir (eau), se vanter, etc." en est-il un développement. - Sur le rattachement ici de h. *zēr*, aram. *zīrā*, BDB 267, mais v. s. ZRR. **-3.** LANE 1276, BELOT 304, BADAWI-HINDS 389, BEAUSSIER 451 et v. s. 1; sar., DIC. SAB. 171, JOHNSTONE ML 471, JL 322. **-¶¶. 1.** La racine *zr* est, dans de nombreuses langues berb., à la base d'un verbe signifiant "voir, savoir, aller voir" : *zər* ou *izar*, BASSET VERBE 96 (fondant, sporadiquement, un nom de "l'œil", BASSET GÉOG. LING. 31) qui pourrait être rapproché de la racine sémitique ZW/YR; mais les verbes signifiant "faire une visite de dévotion", ont une forme *zuṛ*, *ẓūr* et sont empruntés de l'ar. *zāra*, v. par exemple pour le chleuh, DESTAING 295; pour Ghadamès où *eẓər* "voir" ne "subsiste plus qu'en poésie et dans quelques idiotismes", tandis que *ẓūr* est employé normalement pour "faire une visite pieuse", LANFRY 430, 431.

ZWRB, AR. lib. *zōrab* "courber, tordre; faire un vêtement de guingois"; *zārūb* "ruelle étroite et tortueuse". **-¶.** Comp. s. ZWR. - V. FRAY. 77; v. aussi s. ZRB.

ZWRWR, v. s. ZWR ?.

ZWRK, AR. *zawraka* "remuer les flancs et les fesses en marchant (femme)". **-¶.** v. s. -ZK-, et comp. *zawzaka,* s. ZWZK. Croisement avec WRK ? - V. KAZIMIRSKI I/1026.

ZWRP, AR. magh. *zawraf* "faire le vantard". **-¶.** Comp. s. ZWP. - LENTIN 119.

ZWRQ, v. s. ZRQ.

ZWŚ, AR. *zawš-*, *zūš-* "domestique, vaurien"; *ʾazwaš-* "bouffi d'orgueil et vantard"; ? magh. *zāš*, *zāwəš* "petit oiseau, passereau; moineau", *əzwaš* "qui louche un peu". **-¶.** LA III/64, Q. 536, KAZIMIRSKI I/1027, BEAUSSIER 447, LENTIN 120. Le sens de *ʾazwaš-* est sans doute dérivé de celui de *ʾaswaš-*, v. s. SWŚ.

ZWT, 1. ARAM. naram. *zatā*, *zwātā* "gâteau". **-2.** AR. tchad. *zāt* "grain, mil", *zawāti* : sorte de tissu blanc. **-¶. 1.** LIDZBARSKI 461. Rapport avec *zawtrā*, v. s. ZWTR ? **-2.** LPAT 209. - v. aussi s. ZWD/Ṭ/T.

ZWTR, 1. ARAM. syr. *zawtrā* "galette offerte aux démons". **-2.** ETH. tna. *ʾazäwtärä* "s'appliquer à", amh. *ʾäzäwättärä*, "continuer, persévérer", gour. *azwättärä* "faire quelque chose souvent". **-¶. 1.** < persan avest. *zaotra*, V. LAGARDE GA 42/108, BROCKELMANN LEX. 208; v. aussi s. ZWT. **-2.** < g. *za-watər* "(pour) toujours", PRAETORIUS AMS 140 § 102a, 263 § 214c. - DTE 374, BAETEMAN 847, EDG III/718.

ZZ, v. s. ZWZ.

ZZW, ETH. te. *zäzäw wäda* "croître (arbre)", tna. *zäzäw bälä* "être debout", *zazäwä* "pencher incliner". **-¶.** v. aussi s. ZW. - WTS 504, DTE 498.

ZZZ, 1. AK. *zizz-* "sifflement". **-2.** AR. *zazza* "frapper légèrement de la main", *zazz* "violence"; hisp. *zéze* "coup sur la nuque", *zazz* "donner un coup sur la nuque". **-3.** ETH. g. *zezāze* "joie". **-¶. 1.** Forme de nature onomatopéique. - V. CAD 21/150, AHW 1534. - Comp. s. ZYZ. **-2.** Q. 461, KAZIMIRSKI I/989, LENTIN 113; hisp., VOCABULISTA 137 "colafizare", ALCALA 348/28 "pescoçada" que OUDIN (1675) glose par "la collée, c'est un coup de plat de la main ou bien d'une épée sur le col". **-3.** Formation expressive ? CDG 647. - Rapport avec HZZ, v. s. ?

ZZḤ, ETH. te. *zäzzəḥa* "filtrer, cribler". **-¶.** v. ZḤZḤ. - V. WTS 504.

ZZY, v. s. ZYZY.

ZZL, ETH. amh. *ʾastäzazzälä* "alterner, réciter à deux chœurs". **-¶.** BAETEMAN 847.

ZZM, 1. AR. *zuwazim-*, *zuwāzim-* "légèrement salée (eau)". **-2.** ETH. tna. *zazämä* "faire, accomplir, conclure; attacher". **-¶. 1.** Placé sous cette racine par LA III/23, qui souligne que la forme n'est fournie que par le seul Ibn Barrī, commentateur du *Ṣiḥāḥ*. **-2.** ABBA YOHANNES 666, DTE 498.

ZZN, AK. *zēzēn-* : sorte de maladie. **-¶.** Étym. inconnue. - V. AHW 1523, CAD 21/99.

ZZT, ETH. amh. *täzazzätä* "s'oublier l'un l'autre". **-¶.** BAETEMAN 847.

-ZḤ-, Une base biconsonantique ZḤ (variante rare ZḪ) "éloigner, écarter, etc.", a été étoffée de diverses manières : **-a**. redoublement partiel, v. ZḤḤ, ZḪḪ, ou total, v. ZḤZḤ; **-b**. élargissement par -W- ou -Y-, v. ZW/YḤ/Ḫ; **-c**. élargissement par une liquide, v. NZḤ, ZḤL, ZḤN; **-d**. parfois par deux de ces éléments, v. ZḤWL; comp. aussi ZḤLP. En outre, certaines des racines à base ZḤ présentent aussi la valeur de "glisser"; v. s. -ZH-. - Sur -ZḤ-, V. FEGHALI ÉTUDES 53, FRAY. 70.

ZḤB, 1. AR. *zaḥaba* "être proche, s'approcher de". **-2.** ETH. har. *zēḥaba* "traîner par terre, ramper". **-¶.** Sur la présence simultanée des deux valeurs dans les mêmes racines, V. les remarques s. -ZP-. **-1.** LA III/14, Q. 87, FARHAT 32, KAZIMIRSKI I/977; comp. s. ZḤP et v. les renvois s. -ZḤ-. ? Comp. s. BZḤ. **-2.** EDH 165 suggère une connexion avec sémitique SḤB. Comp. g. *saḥaba* "tirer, pousser, traîner, etc.".

ZḤG, AR. palest. *zaḥže* "procession (de mariage)". **-¶.** DENIZEAU 215.

ZḤD, AR. tchad. *zaḥad* "montrer de l'ingratitude". **-¶.** Réalisation dialectale de *ǧaḥad*, v. s. GḤD. - LPAT 203.

ZḤDL, AR. maroc. *zaḥdīl* "gros ventre". **-¶.** LOUBIGNAC ZAËR 443.

ZḤW/Y, 1. AR. dat. *mizḥā* : espèce de houe, ? SAR. soq. *mezehe* (pl.) "aiguilles". **-2.** AR. ḥaḍr. *zaḥiya* "être vigoureux", SAR. soq. *zeḥi* "avoir grandi (animal); n'être pas circoncis". **-3.** mh. *zəḥū* jib. *zaḥe* "se cogner dans quelque chose, repousser sur son passage, se faire de la place". **-4.** ETH. tna. *zäḥawä* "tomber subitement, couler abondamment, secouer, disperser, répandre". **-¶. 1.** Le rapprochement est dans LESLAU LS 151. V. aussi LANDBERG GLOS. 1827, GROHMANN SÜDARABIEN II/18. - La forme *mizḥā* est sans doute une forme particulière de *misḥāʾ*- "pelle" en rapport avec *saḥā* dont un des sens est "enlever, ôter (boue, cendres, avec une pelle)", LANE 1323, KAZIMIRSKI I/1063, et qui est, selon les dialectes, une "pelle" ou une "houe"; V. par exemple BEAUSSIER 932, DENIZEAU 240. **-2.** V. LANDBERG ḤADR. 596, LESLAU LS 151. **-3.** JOHNSTONE ML 467, JL 318. **-4.** voir les renvois sous -ZR-. - ABBA YOHANNES 652, MHRT. Comparer *zäwḥe* s. ZW/YḤ/Ḫ, voir aussi s. ZḪḪ.

ZḤWL, AR. or. *dzaḥwal* "avoir les vêtements en désordre". **-¶.** v. aussi s. ZḤḤ, ZḤL. - BARTHÉLEMY 608.

ZḤZB, v. ZḪZB.

ZḤZḤ, 1. AR. *zaḥzaḥa* "ôter quelque chose et le jeter au loin; écarter", *zaḥzaḥ-* "distance", magh. *zəḥzəḥ* "déplacer, agiter, secouer", or. *tzaḥzaḥ* "être déplacé". **- ? 2.** hisp. *muzáḥzaḥ* "fou, téméraire". **-3.** ETH. g. *zāḥzəḥa*, (*zāḫzəḫa*, *zahzəha*) "être abondant, être en excès, déborder", tna. *zaḥzəḥä* "faire que soit nombreux; déborder", amh. *tänzazza* "être de trop"; ? te. *zäḥzäḥa* "tremper le pain dans la sauce", *zäzzəḥa* "passer, filtrer". **-¶. 1.** v. les remarques s. ZḤ et comp. s. ZḤ/ḪZḤ/Ḫ, ZḤḤ, ZḤWL, ZYḤ; v. LA III/14, Q. 202, LANE 1218, BELOT 286, BEAUSSIER 427. **-2.** Peut-être lié à 1. - ALCALA 294/38 s. *loco atrevido* et 295/1 s. *locura* : *azahzóh* (*tazahzóh* ? CORRIENTE ALCALÁ 85). Rapport avec ZƐZƐ ? **-3.** DILLMANN LEX. 1039, MAGGIORA 474, CDG 635, WTS 494, 505. ? Comp. s. BZḪ/Ɛ.

ZḤZL, AR. or. *zaḥzal* "desserrer (sa ceinture)", *dzaḥzal* "se dandiner, marcher avec déhanchement". **-¶.** < ZḤL, selon BARTHÉLEMY 308; v. les remarques et renvois s. ZḤ.

ZḤḤ, 1. AR. *zaḥḥa* "tirer rapidement, ôter de sa place, écarter, éloigner", tchad.-soud. *zaḥḥ* "se retirer, se traîner (enfant)", *zaḥīḥ* : démarche de chameau. **-2.** ETH. g. *zaḥəḥa* "mesurer". **-3.** ETH. tna. *zäḥaḥ* "être épuisé de fatigue". **-¶. 1.** v. les remarques s. ZḤ et comp. s. ZḤWL, ZḤZḤ, ZḤL, ZW/YḤ; V. LA III/14, Q. 202, LANE 1218, BELOT 286, QLS 490, LPAT 203. - LAND-

BERG GLOS 1826. - Une forme sar. sab. *hzḥ*, rattachée à cette racine par BIELLA DICT. SOUTH-AR. 159, qui lui donne le sens de "couler en abondance", relèverait de NZḤ, v. s., et signifierait "fournir l'irrigation", selon DIC. SAB. 102. **-2.** CDG 634 qui évoque interrogativement *zāḥ/ḫzəḥ/ḫa* (v.s. ZḤZḤ) "être abondant" ("mesurer jusqu'au bord > être abondant"). **-3.** ABBA YOHANNES 652.

ZḤṬ, 1. AR. *zaḥaṭa* "glisser de haut en bas". **-2.** or. magh. *zḥəṭ* "battre, frapper". **-3.** *zaḥūṭ* : grosse fourmi rouge. **-4.** ETH. tna. *zäḥaṭä* "tirer, extraire, dégainer", *zəḥəṭḥəṭ bälä* "rester en arrière". **-¶. 1.** Comp. s. ZḤLṬ et v. les remarques s. –ZḤ–. - DOZY I/581. **-2.** Aussi *zhəṭ*, v. s. ZHṬ. - BEAUSSIER 427. **-3.** IBID. **-4.** ABBA YOHANNES 652.

ZḤṬN, ETH. arg. *zäḥṭän*, har. *zəḥṭäñ*, amh. gour. *zäṭṭäñ*, *žäṭä*, *žiʾä*, gaf. *zäṭäññä* "neuf (nombre)". **-¶.** V. PRAETORIUS AMS 78 § 52g, 203 § 162c, qui explique *zä-* comme représentant le relatif; REINISCH ZAHLWÖRTER 13, LESLAU GAFAT 251; EDG III/717 : *-ñ* pourrait être un élément suffixal. - Pour un rapport éventuel de cette forme sud-éthiopienne avec le sémitique commun (présent en éth. septentrional) TŠƐ, LESLAU WORD 5/278; mais V. HETZRON ETHIOPIAN SEMITIC 29 : racine *ZḤṬN, inconnue par ailleurs, qui pourrait être couchitique.

ZḤY, v. s. ZḤW/Y.

ZḤK, AR. *zaḥaka* "être fatigué", (avec *bi-*) "s'arrêter, faire halte"; (avec *min*) "être près de" (avec *ɛan*) "être enlevé, disparaître". **-¶.** Comp. ZḤL. - LA III/15, Q. 847, KAZIMIRSKI I/978, BELOT 286. - Les valeurs données souvent pour énantiosémiques de "être près" : "être loin", dépendent de l'utilisation de prépositions de sens contraires.

ZḤL, 1. CAN. h. **zāḥal* "ramper ", nh. "couler, déverser", ARAM. jp. *zəḥal* "ramper; faire couler", CAN. nh. *zāḥāl*, ARAM. targ. *zāḥalā*, syr. *zāḥlā*, AR. or. *zaḥḥāl* (collectif) "sauterelle avant l'apparition des ailes", AR. *zaḥala* "s'écarter, se déplacer, couler, glisser; être fatigué", *tazaḥwala* "se déplacer, bouger de sa place", or. *zaḥal* "s'écrouler, s'ébouler", *zaḥle* "inconsidéré, déplacé (mot)", ḥass. *zḥal* "être inconvenant, tenir des propos de mauvais goût". **-2.** ETH. tna. *zäḥalä* "se refroidir, être lent, lambin", *zəḥul* "froid", amh. *zalä* "languir, dépérir lentement". **-3.** ARAM. targ. *zəḥal* "briller, être brillant". **-4.** ETH. g. *zaḥāl* "patte de derrière", amh. *zal* "jambe de derrière d'une bête égorgée". **-¶.** v. aussi s. ĐḤL. **-1.** v. ZḤWL, ZḤLL, ZḤLṬ, ZḤLQ et les commentaires s. -ZḤ-, -ZL-. Sur la forme h., V. HAL 256, BROCKELMANN LEX. 194, LA III/15, Q. 908, FARHAT 453, DOZY I/582, LANE 1220, KAZIMIRSKI I/980, BELOT 268, BARTHÉLEMY 308, FRAY. 70, DENIZEAU 215, TAINE-CHEIKH 868. **-2.** Tna., ABBA YOHANNES 652, DTE

499; amh, GUIDI 603 qui compare amh. *zōl* "épuisé, qui ne peut plus marcher", v. s. ZW/YL. - Naram. *yizḥulle* "s'écarter", BERGSTRÄSSER NARAM 104, est un emprunt à l'ar.. **-2.** JASTROW 390. **-3.** GRÉBAUT 437, GUIDI 603.

ZḤLṬ, 1. AR. *tazaḥlaṭa* "rouler sur un terrain en pente et glissant, glisser en bas", *ziḥlīṭa* "terrain en pente et glissant", lib. *zaḥlaṭ* "faire glisser sur une pente", *tzaḥlaṭ* "marcher vite"; *zaḥlūṭ* "poli, lisse". - **? 2.** AR. *zuḥlūṭ-* "homme vil, bas". **-¶. 1.** DOZY I/582, BELOT 268, FRAY. 70, BARTHÉLEMY 308, FLEISCH VERBES Á ALLONGEMENT 380, FRAY. 70. Développement de ZLṬ ou de ZḤṬ, v. s.; comp. s. ZḤL, ZḤLK, ZHLL, ZHLP, ZḤLQ et v. commentaires et renvois s. -ZḤ-, -ZL-. **-2.** Aussi *zuẖlūṭ-*, forme erronée selon Q. 601. - V. aussi LA III/16.

ZḤLK, AR. *zuḥlūkat-* "terrain en pente glissant". **-¶.** Comp. s. ZḤL, ZḤLṬ, ZḤLL, ZḤLP, ZḤLQ et v. commentaires et renvois s. -ZḤ-, -ZL-. - LA III/16, Q. 847, BELOT 287.

ZḤLL, AR. *zuḥlūl-* "uni et lisse; rapide, véloce", *ziḥlīl-* "qui se déplace, qui glisse", SAR. mh. *zḥəwlūl* "glisser sur", jib. *ezaḥlel* "pousser en bas d'une pente". **-¶.** Comp. s. ZḤL, ZḤLṬ, ZḤLK, ZḤLP, ZḤLQ; v. commentaires et renvois s. -ZḤ-, -ZL- - V. LANE 1220, BELOT 287, JOHNSTONE ML 467, JL 318.

ZḤLP, AR. *zaḥlafa* "pousser en roulant devant soi; remplir (un vase); faire vite", *ʾizḥalaffa* "s'éloigner, se mettre à l'écart"; *zaḥlūfat-* "terrain en pente et glissant", or. *tzaḥlaf* "ramper", *zəḥəlfa* "tortue", *zaḥlīfe* "lézard"; *zaḥlaf* "avaler rapidement". **-¶.** Comp. s. ZḤL, ZḤLṬ, ZḤLK, ZḤLL, ZḤLQ, ZḤP, ZLḤP, SLḤP et v. commentaires et renvois s. -ZḤ-, -ZL-; v. aussi s. ZḤNP. - LA III/16, 37, Q. 734, FARHAT 366, BELOT 286, DENIZEAU 215. Le nom de la tortue est relevé par CANTINEAU PALMYRE II/74; v. s. ZLḤP.

ZḤLQ, 1. AR. *zaḥlaqa* "faire rouler de haut en bas", *zuḥlūqat-* "pente glissante", or. dat. *zaḥlaq* "glisser", magh. *tzaḥlag* "glisser sur le cul". - **? 2.** magh. maraz. *zaḥlag* "presser les flancs de l'outre pour faire remonter le beurre", *zaḥlūga* "petite motte de beurre qui se forme dans l'outre", *zzaḥlag* "flatter quelqu'un pour obtenir quelque chose", ḥass. *zaḥleg* "bichonner avec excès, être trop attaché à, faire la cour à quelqu'un pour le gagner à sa cause", *zəḥleyge* "beurre frais". **-¶. 1.** Comp. s. ZḤL, ZḤLṬ, ZḤLK, ZḤLL, ZḤLP, ZḤQL, ZLQ et v. commentaires et renvois s. -ZḤ-, -ZL-. LA III/16, Q. 801, FARHAT 397, DOZY I/582, LANE 1220, BARTHÉLEMY 308. **-2.** BORIS 239, TAINE-CHEIKH 869, BEAUSSIER 427, DENIZEAU 216.

ZḤM, 1. AR. *zaḥama* "serrer, resserrer", *zāḥama* "s'agglomérer, augmenter en nombre", *zaḥm-*, *zuḥm-* "foule, affluence", *zaḥmat-* "foule, respiration oppressée; peine, fatigue"; dat. *zaḥma* "profond soupir d'une femme en mal d'enfant", iraq. *zaḥḥam* "ennuyer, troubler", *zdiḥam* "être bondé, encombré, grouiller", or. *tzāḥam* "se disputer quelque chose, se faire de la concurrence", *nzaḥam* "être pressé, gêné", soud. tchad. *zaḥma* "foule", ? tchad. *zaḥam* "vendre aux enchères", hisp. *zahán* "presser l'un contre l'autre", *zihám* "presse (de foule), hâte", magh. tak. *zḥəm* "presser quelqu'un en le bousculant, faire des coudes dans une foule, concurrencer", maroc. *zḥam* "faire des efforts pour expulser (excréments, fœtus)", maraz. *zḥam* "se contracter dans un effort", ḥass. *zaḥme* "dysenterie (chez l'homme)"; zaër *zḥəm* "désirer ardemment quelque chose", SAR. jib. *zaḥam* "venir", *zotḥəm* "être encombré", *zaḥmet* "foule". - ARAM. naram. *zaḥmta* "cohue", nsyr. *zāḥmat*, *zaḫmat* "difficulté, ennui". -¶. **1.** DOZY I/582, VOC. s. *comprimere*; LA III/16, Q. 1007, LANDBERG GLOS. 1827, DIA 202, DENIZEAU 216, LPAT 203, ALCALA 85/28, 355/36, 38, TAINE-CHEIKH 869. - Les formes aram. sont empruntées au pers. qui lui-même dépend de l'ar. V. BERGSTRÄSSER NARAM 104, MAC LEAN 84, 85.

ZḤMK, AR. *zuḥmūk-* "cuscuta (plante)". -¶. LA III/16, KAZIMIRSKI I/980.

ZḤMR, AR. *zaḥmara* "remplir une outre". -¶. Q. 360, KAZIMIRSKI I/980.

ZḤN, 1. AR. *zaḥana* "déplacer, ôter de sa place". **-2.** "être lent à faire quelque chose"; ETH. g. *zəḥna*, *zəḫna*, amh. *täzanä* "être tranquille, se reposer". **-3.** AR. *zaḥnat-* "chaleur violente". **-4.** *zaḥana* "mettre en poudre". **-5.** *zaḥun-*, *zuḥan-* "homme très petit de taille". -¶. Pour l'ar. hisp. *zaḥán*, v. s. ZḤM. **-1.** v. les commentaires et renvois s. ZḤ. **-1.** à **-5.** LA III/16, Q. 1084, KAZIMIRSKI I/980, BELOT 687. **-2.** DILLMANN LEX. 1038, GUIDI 189, BAETEMAN 857; CDG 634 rapproche amh. *zänna* "se reposer, être calme, à l'aise" qui semble relever d'une racine où la consonne faucale serait à la 3ème place; discussion étymologique et morphologique de l'amh. *täzana*, dans COHEN NEEM 189. **-3.** Comp. s. ZḪM. **-4.** DOZY I/382 : probablement variante de *ṣaḥana* < *ṭaḥana*; V. aussi BARTHÉLEMY 608. **-5.** Comp. ZNʾ ?

ZḤNP, AR. *zaḥnafat-* "qui rampe par terre". -¶. D'après FARHAT 366; formation expressive à partir de ZḤP, comme *zaḥqafa*, s. ZḤQP, avec développements en *zaḥanfafat-*, *zaḥanqafat-*, v. s. -ZP-; v. aussi s. ZḤLP. - V. LA 16, Q. 734, LANE 1219, KAZIMIRSKI I/978, 980.

ZḤNQ, AR. or. *mzaḥnaq* "laid". -¶. DENIZEAU 216.

ZḤP, 1. ARAM. syr. *zəḥap* "s'avancer vers, aller au-devant de, s'approcher de", *zaḥep* "stimuler", ? *tezḥep* "être accablé d'outrages", ṭur. *zaḫf* "abondant"; AR. *zaḥafa* "s'avancer vers, se traîner par terre, ramper; s'esquiver, se dérober", *zāḥafa* "combattre avec", *ʾazḥafa* "se réunir pour former une armée", lib. *zaḥḥaf* "mettre en campagne, mobiliser", dat. *zaḥaf* "être fatigué", or. *zaḥaf*, hisp. *zaḥáf*, magh. *zḥəf*, ḥass. *zḥav* "ramper, se traîner par terre"; magh. *zḥaf*, ḥass. *zḥəv* "être paralysé"; SAR. mh. ḥars. *zəḥāf*, jib. *zaḥaf* "se traîner sur le derrière", ETH. amh. *tänzäfäzzäfä*, gour. *zafä* "traîner, tirer". **-2.** AR. dat. *zaḥḥaf* "tailler pour donner la forme voulue", *ziḥāf* "étançon de la charrue"; or. *zaḥaf* "arrachage (légumes, herbes, etc.)". **-¶. 1.** Sur des développements expressifs de cette racine, v. ZḤNP, ZḤQP et les remarques s. -ZP-. - Aram., BROCKELMANN LEX. 194, COSTAZ 87; ṭur. *zaḥf* "abondant", RITTER 578, dépend peut-être du turc *zaḥf* "troupe nombreuse" qui est lui-même un empr. à l'ar. - Ar., LA III/14, Q. 833, LANE 1219, KAZIMIRSKI I/977, BELOT 286, DOZY I/581, BARTHÉLEMY 308, VOCABULISTA 135, COLIN 696, TAINE-CHEIKH 867. LENTIN 109 note pour *zḥəf* : "aller vite (armée)", probablement usage de Constantine. - Sar., JOHNSTONE ML 466, HL 149, JL 317. Éth., EDG III/703. **-2.** DALMAN ASP III/34. **-¶¶. 1.** HSED 242 relève en couchitique : konso *taaf*, geleba *zaaf* "se traîner". Emprunt au sémitique ?

ZḤQ, 1. ETH. tna. *zäḥaq̄ä* "retirer, prendre en enlevant (viande de l'os, par exemple), dépouiller". **-2.** har. *zuḥuq* : sorte de pain. **-¶. 1.** ABBA YOHANNES 652. **-2.** EDH 165.

ZḤQL, AR. *zaḥqalat-* : fait de jeter quelque chose dans un puits ou du haut d'une montagne. **-¶.** Dans les sources utilisées ici, la forme ne se trouve que dans LA III/15, sans références; la valeur en est proche de certaines de celles qui sont exprimées s. la forme métathétique ZḤLQ, v. s.

ZḤQP, AR. *zaḥqafa* "se traîner". **-¶.** Sans doute formation expressive d'après ZḤP, v. s.; autres formes sur la même base s. ZḤNP, ZḤLP, et les renvois s. -ZP-.

ZḤR, 1. AR. *zaḥara* "produire un son; respirer avec effort, geindre, grogner, sangloter, soupirer (mère qui enfante); avoir une dysenterie"; *zāḥara* "se conduire avec hostilité et colère", or. *mazḥūra* "flûte champêtre"; SAR. mh. ḥars. *zəḥār* "crier, grogner", jib. *zḥar* "crier, grogner en donnant naissance", ḥars. *zeḥōr* "donner naissance". **-2.** AK. *inzaḫurēt-* : un colorant, ARAM. syr. *zəḥūrītā* "kermès; vêtements écarlates", **- ? 3.** SAR. soq. *zḥr* "amener, chercher". **-¶. -1.** LA III/14, Q. 360, LANE 1218, BELOT 286, DOZY I/581, LANDBERG GLOS. 1826, DENIZEAU 215, JOHNSTONE ML 466, HL 149, JL 318. **-2.** CAD 7/163, AHW 384, BROCKELMANN LEX. 194. **-3.** LESLAU LS 151.

ZḤT, 1. AR. maroc. *zaḥti*, *zāḥūt* "jeune

homosexuel passif". **-2.** ETH. g. *zəḥta*, amh, gour. *zatä* "menacer, faire peur". **-¶. 1.** COLIN 696. **-2.** En g., aussi *zəhta*, *zəḫta*, CDG 635; BAETEMAN 857, EDG III/716.

ZḤTL, ETH. tna *zaḥtälä* "se refroidir, s'affaiblir ". **-¶.** ABBA YOHANNES 665.

-ZḪ-, v. s. -ZḤ-.

ZḪB, AR. *zuḫbāʾ-* "chamelle forte, résistante à la marche". **-¶.** LA III/16, Q. 78.

ZḪZB, AR. *zuḫzubb-* "épais, grossier, robuste, charnu". **-¶.** Comp. s. ZḪB. - Q. 87; une forme *zuḥzubb-* est citée par LA III/14; il s'agirait d'une erreur pour *zuḫzubb-*, selon Al-Azhārī; mais noter que Q. 87 signale seulement une forme *zuḫrubb-* qui, elle aussi, est proche graphiquement des deux autres.

ZḪZḪ, 1. AR. *zaḫzaḫa* "cohabiter avec une femme". **-2.** ETH. g. *zāḫzəḫa* "mesurer (?)". **-¶. 1.** < ZḪḪ, v. s. - Q. 229, LANE 1222, KAZIMIRSKI I/981. **-2.** Sens conjectural, V. CDG 635 qui compare g. *zaḥəḥa*, v. s. ZḤḤ; V. aussi DILLMANN LEX 1039.

ZḪḪ, 1. AR. *zaḫḫa* "pousser, jeter dans un précipice, sauter; lâcher un liquide (urine, etc.); cohabiter avec une femme"; ? AR. *zuḫḫat-* "petits des brebis, des chèvres". **-2.** "se mettre en colère; briller, jeter un vif éclat (charbon ardent)", yém. *zaḫīḫ* "intensité de l'éclat du feu". **-3.** *zaḫḫa* "baisser le dos (cheval)", or. *zaḫḫ* "faire agenouiller un chameau". **-4.** *zaḫḫ* "tomber à verse, brusquement". **-5.** AK. *ziḫḫ-* : sorte de poisson. **-¶.** v. aussi s. ZḪZḪ. **-1.-2.** LA III/16, Q. 229, LANE 1221, KAZIMIRSKI I/980, BELOT 287, BARTHÉLEMY 609, SELWI 103. -Sur *zuḫḫat-* "petits animaux qui doivent être poussés", V. LANE IBID. - Naram. *azaḫ* "couler à flots" est une reformation à partir d'un emprunt à l'ar., V. BERGSTRÄSSER BARAM 104. **-3.** DOZY I/582, DENIZEAU 216. **-4.** BARTHÉLEMY 309. Comparer s. ZW/YḤ/Ḫ, ZḤW. **-5.** CAD 21/109.

≈ ≈ **[ZḪṬ],** AK. *zaḫaṭū* : hache de combat. **-¶.** Emprunt sum. ? Emp. ak. en sum. ? CAD 21/13 avec références.

≈ ≈ **[ZḪL],** AK. *zaḫalū* : alliage d'argent. **-¶.** CAD 21/13, AHW 1503 : "origine inconnue"; un rapprochement avec g. *zaḫəl* "rouille", v. s. ÐḤL, proposé par LESLAU JAOS 64/158 n'est pas repris dans CDG 634; v. aussi s. ZḤL.

ZḪLB, AR. *muzaḫlib-* "qui se moque des gens". **-¶.** LA III/18, Q. 87.

ZḪLṬ, v. s. ZḤLṬ.

ZḪM, 1. AR. *zaḫima* "sentir mauvais"; or. *zḫām* "ordures, saletés", maraz. *zḫem* "avoir une digestion difficile pour avoir mangé un repas lourd". **-2.** AR. *zaḫama* "repousser quelqu'un par un coup violent", *zaḫmat-* "plectre, baguette pour frapper les cordes ou la caisse d'un instrument", or. *zaḫm*, *ziḫm* "force, violence", *zaḫīma* "averse violente", magh. *zəḫmi* "sombre, triste"; or. *zaḫme*, ég. *zuḫma* : espèce de fouet; étrivière, soud. "lanière, sangle". - ? ARAM. ṭur. *zaḫomm* "fort, capable", *asḫam* "vaillant, capable", nsyr. *zaḫmā* "fort, vigoureux". **-3.** ETH. g. *zəḥma*, *zəḫma*, tna. *zäḥamä*, *zähamä* "être tiède", amh. *zamä* "être chaud, brûlant", amh. anc. *zäḫamä* "avoir de la fièvre, des frissons de fièvre", *azema* "avoir la migraine", har. *ziḥma* "fièvre", *zam* "frisson, tremblement", *zəma* "mal de tête", har. *ziḫma* "fièvre". **-¶.** v. aussi ṢḤM. **-1.** Comp. s. ZHM; pour l'ar., certains lexicographes distinguent *zaḫamat-* "puanteur de la chair des fauves" de *zahamat-* "odeur des chairs de volatiles", LA III/18, Q. 1007; V. aussi FARHAT 507, KAZIMIRSKI I/982, BELOT 287. **-2.** DOZY I/583, FAGNAN 70, BELOT 287, BARTHÉLEMY 309, FRAY. 70, DENIZEAU 216, BEAUSSIER 427. - Les formes ṭur. (RITTER 38, 582) et nsyr. MACUCH-PANOUSSI 51 pourraient dépendre de l'ar. ici, bien que les valeurs ne soient pas identiques; RITTER cite sans commentaires une forme kurde *zaḫmtír*. **-3.** CDG 634, ABBA YOHANNES 652.; pour l'amh. anc., V. GUIDI 607, BAETEMAN 855, EDH 165, STRELCYN MÉDECINE I/379 n. 9.

ZḪN, AR. *zaḫina* "changer de visage du fait de la tristesse ou de la maladie"; ? SAR. sab. *zḫn* "être blessé", *zḫnt* "blessure". **-¶.** LA III/18, DIC. SAB. 170. Comp. s. ZGN.

ZḪNN, ETH. g. *zāḫnana*, tna. *zäḫnänä*, amh. *zäḫännänä* "teindre en rouge". **-¶.** CDG 635, DTE 196; formé sur *zəḫnən*, nom d'une plante grimpante dont est tirée la poudre servant de teinture rouge.

ZḪP, 1. ARAM. syr. *zāḥopā* "pleine (outre)", AR. *zaḫafa* "être glorieux, vantard", *zaḫḫafa* "happer, arracher quelque chose à quelqu'un", ? *tazaḫḫafa* "se parer". **-2.** *ʾizdaḫafa* "s'assombrir (nuit)". **-¶. 1.** Comp. s. ZḪR ?. *tazaḫḫafa* < *tazaḫrafa*, v. s. ZḪRP ? - BROCKELMANN LEX. 194. - V. LA III/18 (cite Al-Aṣmaεī : *zaḫafa*, peut-être forme métathétique de *faḫaza*, v. s. PḪZ), Q. 734, BELOT 287. **-2.** v. aussi s. ZDP. - V. FARHAT 366.

ZḪQ, SAR. jib. *zaḫaq* "glisser". **-¶.** v. les renvois s. -ZḤ-. - V. JOHNSTONE JL 321.

ZḪR, 1. AR. *zaḫara* "se gonfler (torrent), être agité (mer); se démener, bouillonner; se targuer de; souffler avec force, dissiper", ETH. g. *zaḫara*, te. *ğähara*, tna. *ğahra*, *täğäḥarä*, amh. *täžarä* "se vanter". ? AK. *zuḫarr-* : approx. "étincelant". **-2.** AR. *zaḫīrat-* "vivres pour les soldats et leurs chevaux", or. *zaḫra* "munitions (guerre, chasse), provision", *zaḫḫar* "s'approvisonner en". **-3.** soud. *zaḫar* "s'éloigner", tchad. *zōḫar* "s'écarter, avancer un peu, repousser".

-**4.** ETH. g. *zāḫr* "tourment". -**5.** g. *mazḫərt* "ébène". -**¶.** v. aussi s. ĐKR, ḎHR. -**1.** Comp. s. ZḪP ? - LA III/17, Q. 360, LANE 1222, KAZIMIRSKI I/980, BELOT 287; WTS 545, DTE 290, 536, GUIDI 635, BAETEMAN 868, CDG 635; AHW 1536. -**2.** Pour *zaḫīrat-*, DOZY I/582 d'après *Muḥīṭ al-muḥīṭ*; sans doute à rattacher à ĐḪR, v. s.; V. aussi BARTHÉLEMY 309. -**3.** QLS 491, LPAT 203, d'après Lethem. -**4.** Relevé par LESLAU, V. CDG 635. -**5.** DILLMANN LEX. 1052, CDG IBID.

ZḪRB, 1. AR. *zuḫrubb-* "gros, robuste". -**2.** *zuḫārib-* "creux, faible". -**¶. 1** Q. 87; v. aussi s. ZḪZB. -**2.** Seulement dans FAGNAN 70.

ZḪ/ƓRD/Ṭ/T, AR. *zagrada* "braire en répétant des cris de la gorge (chameau)", *zagrada*, *zagraṭa* "pousser des cris perçants", *zagrata* "pousser des cris de joie", *zagārīd-*, *zagārīṭ-* "cris, vociférations". -**¶.** Comp. aussi la forme métathétique ZLƓṬ. Provient de ZƓD par insertion de *r*, avec des transformations diverses. - V. LA III/17, 30, DOZY I/594, LANE 1234, KAZIMIRSKI I/994, LANDBERG GLOS. 1828, BEAUSSIER 435; les dial. connaissent cette racine sous des formes qui diffèrent légèrement les unes des autres pour nommer les cris (youyous) poussés par les femmes dans des cérémonies ou des fêtes : *zaḫrat*, *zagraṭ*, etc.

ZḪRṬ, AR. *ziḫriṭ-* "morve (des chameaux, bétail)", *zuḫrūṭ-* "âgé (chameau)". -**¶.** v. aussi ZḪ/ƓRD/Ṭ/T. - LA III/17, Q. 601, KAZIMIRSKI I/981.

ZḪRP, 1. AR. *zaḫrafa* "dorer, embellir", *zuḫruf-* "or, décoration". -**2.** *zaḫārif-* (plur.) "navires". -**¶. 1.** < gr. *zōgraféō* ? V. RUNDGREN STUDIA BROCKELMANN 164; v. aussi s. ZḪP. **1.-2.** LA III/17, Q. 734, FARHAT 366, LANE 1222, DOZY I/583, FAGNAN 70, BELOT 287.

-ZṬ-, ce groupe biconsonantique est, en ar., à la base de plusieurs racines, comportant des élargissements, et qui présentent parmi leurs valeurs, celle de "jeter, lancer", valeur qui peut être associée à la notion de "avaler de grosses bouchées", v. s. ZBṬ, ZW/YṬ, ZYBṬ, ZYPṬ, ZṬṬ, ZRW/YṬ, ZRṬ, v. aussi ZTT.

ZṬ, ETH. har. *zaṭ* "propriété". -**¶.** EDH 167.

ZṬZṬ, 1. AR. dat. *zaṭzaṭ* "se glisser, se faufiler partout". -**2.** ETH. amh. *ᵓazäṭäzzäṭä* "travailler sans suite, de temps en temps", *zäṭṭzäṭṭ alä* "aller de côté ou d'autre, musarder; avoir un trot fatigant". -**¶. 1.** LANDBERG GLOS. 1838. -**2.** BAETEMAN 852.

ZṬṬ, 1. AR. *zaṭṭa* "bourdonner (mouche)". -**2.** *ᵓazaṭṭ-* "qui a les mâchoires de travers, la barbe clairsemée, les joues égales", dial. *ᵓazwaṭ* "qui louche". ? AR. *ᵓazaṭṭ-* "saleté, malpropreté". -**3.** or. *zaṭṭ* "chasser quelqu'un", palest. "jeter". **-4.** hisp. *zaṭṭāṭ* "fainéant, qui bat le pavé". **-5.** magh. *zaṭṭa* "escorte, convoi", *zəṭṭāṭ* "guide", *ẓṭāṭa* "protection". **-6.** *zṭāṭa* "éblouissement, vue trouble; sorte de voile"; ? maraz. *zəṭāṭ* "temps nuageux". **-7.** AR. *zuṭṭ-* : bohémiens, SAR. mh. ḥars. *zəṭṭi* "bohémien, homme de basse condition : barbier, forgeron", ARAM. ṭur. *ziṭōyo, zuṭōyo* "bohémien, musicien". **-8.** ETH. tna. *zäṭäṭä, zäṭäṭ bälä* "émonder, être pendant, proéminent", *zäṭäṭ bälä* "reculer, être tiré en arrière". **-9.** *zäṭṭ bälä* "péter". **-¶. 1.-2.** Q. 601, FARHAT 307, BELOT 290, KAZIMIRSKI I/989. **-3.** DENIZEAU 219, LÖHR 143. **-4.** dans l'expression *yamšī* ("il va") *zaṭṭāṭ baṭṭāṭ* (dont le deuxième terme n'est qu'un doublet rime) que VOCABULISTA glose par "osciosus" (= *otiosus* ? Rapport avec *oscitare* "être de loisir, bâiller" ? CORRIENTE 137 interprète "zumbándo como un moscardón"). **-5.** DOZY I/591, BEAUSSIER 432, COLIN 711. **-6.** BEAUSSIER IBID., BORIS 243. **-7.** Rapport avec le persan *jat* qui désigne un groupe humain appelé *Jauti* en Hindoustan, STEINGASS 356; V. LA III/23, Q. 601, FRAY. 72, DENIZEAU 219 et la notice dans DOZY I/591, avec références. Le ṭur. (RITTER 586) est fondé sur un emprunt à l'ar. **-8.** ABBA YOHANNES 663, DTE 494. **-9.** IBID. < ZRṬ ? v. s.

ZṬL, AR. maraz. *zaṭṭal* "enivrer (beauté d'une femme)". **-¶.** BORIS 243.

ZṬM, 1. ARAM. syr. *zaṭṭem* "injurier, accuser", *zeṭemā* "blâme, faute, question, défaut". **-2.** AR. *zaṭama* "fouler aux pieds"; maroc. *ẓṭəm, ẓḍəm* "poser lourdement le pied sur le sol", or. *zaṭam* "remplir". **-3.** magh. zaër *zəṭma* : barre au linteau ou au bas d'un cadre de porte. **-¶. 1.** < gr. *zētēma* (au plur. *zētēmata* dans Actes 25/19 = "réclamations, sujets de dispute"). **-2.** DOZY I/591, COLIN 711. - v. aussi s. ṢDM. **-3.** LOUBIGNAC 445.

ZṬN, AR. magh. *maztūn* "constipé". **-¶.** Forme qui semble isolée, fournie par LENTIN 113; sans doute usage constantinois. - Pour le nom du nombre "9" en éth. mérid., v. s. ZḤṬN.

ZṬR, 1. ARAM. targ. *zōṭrā* "jeune, petit", *zōṭar* "paraître petit", syr. *zāṭrā* "jeune garçon". **-2.** ETH. te. *ʾazaṭər* (pl.) "mal". **-3.** amh. *zäṭṭärä* "verser avec excès (sel dans un plat)". **-¶. 1.** Comp. s. ZWṬ. - BROCKELMANN LEX 194, DALMAN 125, JASTROW 386. **-2.** Rapprochement avec 3 proposé avec hésitation par WTS 382. **-3.** BAETEMAN 852.

ZY, 1. ETH. gaf. *zäyä* "joli", *zäyay*, gour. *zäyä* "fille nubile", *zeyämät* "virginité". **-2.** te. *ze ze* "ici !" (cri pour appeler un chien). **-¶. 1.** Sur *zäyay* "jeune fille", litt. "elle est jolie", LESLAU GAFAT 251, EDG III/718 qui cite un parallèle amh. : *qongo* = "jolie, jeune fille". **-2.** WTS 493; comp. s. ZWʾ/W.

ZYB, 1. AR. *ʾazyab-* "vif, agile; petit, vil,

méprisable, bâtard; calamité; vent du Sud ou qui souffle entre le Sud et l'Est", SAR. mh. mér. *hāzyēb* : nom d'un vent. **-2.** AR. *tazayyaba* "être compact, être aggloméré", *ʾizyabb-* "fort". **-3.** mér. *mizyāb-* "petite auge pour des ablutions". **-4.** ETH. g. *zeb* "peuple, nations". **-¶.** v. aussi ZYP, ZYB(ʾ/B). **-1.** LA III/68, Q. 89, LANE 1274, KAZIMIRSKI I/1030, BELOT 303. - Sur *ʾazyab-* : vent soufflant dans une certaine direction ? tout vent fort ?, V. LA IBID., et LANDBERG DAT. 1708; v. s. ʾZB : éth. g. *ʾazeb* "vent du Sud-Est". **-2.** BELOT IBID. **-3.** < *miʾzāb*, (racine ʾZB), comp *mīzābī* "gouttière", ROSSI 213; V. LANDBERG GLOS. 1879. **-4.** CDG 630 (d'ap. TAYYE) suggère interrogativement : "forme corrompue de *ḥəzb*".

ZYB(ʾ/B), AK. *zīb-*, *zēb-*, *zib-*, *zibū*, *zibibiān-* "cumin noir". **-¶.** CAD 21/103, AHW 1525. V. MEISSNER MAOG XI/1-2, 41. Sur d'autres formes apparentées, AHW 1524.

ZYBQ, AR. or. *zēbaq* "être humide, gluant (fruit par exemple)". **-¶.** FRAY. 78; v. aussi [ZʾBQ].

ZYBṬ, AR. magh. *zaybaṭ* "envoyer". **-¶.** v. aussi ZYPṬ, ṢYPṬ/T. Peut-être en rapport avec ZBṬ, v. s.; - FAGNAN 70.

ZYBR, AR. lib. *zībār* : eau qui reste dans le pressoir quand l'huile a été retirée. **-¶.** v. aussi s. Z(ʾ/W)BR. - DENIZEAU 231.

ZYG, 1. SAR. jib. *ezōg* "louer, flatter", *zig* "fierté", *məzteg* "fier, arrogant", ETH. te. *təzäyyägä* "se gonfler". **-2.** AR. *zīǧ-* "cordeau (de maçon); almanach astronomique", ETH. g. *zīžā* "table astronomique". **-3.** g. *zəgā* "pauvre sujet", tna. *zega* "sujet, tributaire", amh. gour. *zega*, har. *zēga* "pauvre", amh. *zeggä* "être sujet". **-¶.** v. aussi s. ZND. **-1.** JOHNSTONE JL 321. **-2.** *zīǧ-* < pers. *zih* ("corde de l'arc, etc.", STEINGASS 630), V. LANE 1274. V. aussi Q. 176 (s. ZWG). - Eth. : CDG 647 qui indique aussi syr. *zīg*. **-3.** PRAETORIUS GALLASPRACHE 24, 49 : < couch. (qab. *zēga*, bil. *ǧiga*, V. EDH 165, CDG 646); GUIDI 629, BAETEMAN 858, COHEN NEEM 194. - Pour le tna. DTE fournit des usages modernes : *zega* "citoyen" (p. 498), *zäyyägä* "naturaliser, nationaliser" (p. 479).

ZYD, 1. CAN. h. *zād* "être enragé contre", *hēzīd* "faire bouillir, s'enorgueillir", *zēd* "audacieux", nh. *hezīd* "préméditer le mal, agir avec préméditation", *zādōn*, ARAM. targ. *zādōnā* "audace, arrogance", bibl. **hazēd* "s'enorgueillir"; CAN. nh. ARAM. *zūd*, *zīd* "bouillir, déborder", targ. *zēdu*, *zīdu* "préméditation, malice", mand. *zida* "colère, malice", *zidana* "furieux". **- ? 2.** AR. *zāda* "augmenter, accroître", *zāyada* "enchérir sur quelqu'un", *tazāda* "naître"; SAR. mh. *zəyūd*, soq. jib. *zed*, ḥars. *zōd* "augmenter, s'accroître", mh. *zōyəd*, jib. ḥars. *zēd* "plus", ETH. te. *zedä* "être plus, plus précieux, exceller", tna. *zayädä* "l'emporter sur, avoir l'avantage", amh. *zäyyädä* "être prudent, habile", amh. gour. *zäde* "manière, méthode". **-3.** OUG. *zd* "sein". **-¶.** v. aussi s. ZWD. **-1.** V. SCHARBERT TWAT II/550, BDB 267, HAL 257, DALMAN 126, JASTROW 391, MD 165; le mand. a formé sur *zidana*, une racine secondaire ZDN fondant un etpa. "devenir enragé", V. MD 162. **-2.** LA III/69, Q. 659, LANE 1275, BELOT 303, FAGNAN 73. En arabe, dans les dialectes orientaux surtout, la deuxième radicale apparaît dans de nombreuses formes comme W : *zawwad* "donner en sus, donner comme augmentation", *dzawwad* "être augmenté"; ces formes ont aussi des valeurs qui procèdent de ZWD, v. s. : par exemple *zawwad* "munir de provisions de voyage", etc., BARTHÉLEMY 325; ég. *ziwāda* "augmentation (de salaire), BADAWI-HINDS 388, iraq. *zād, izūd* "être en excès", MEISSNER MSOS 125, DIA 209; pour l'Arabie, SOCIN DIWAN AUS CENTRAL ARABIEN 274 : *ʾazwad* "plus, davantage", ᶜom. *min zīd* "plus que"; V. aussi DOZY I/611, LANDBERG GLOS 1874, BOCHTOR 324, s. "excès"; ḤAB. 82/8 a un usage adverbial de *zāda* avec la valeur de "encore, plus encore", V. GOITEIN au glossaire 87; dans les parlers tunisiens *zāda* signifie "aussi, de même", BEAUSSIER 450, MARÇAIS TAKROUNA 1729; sar., LESLAU LS 151, JOHNSTONE ML 470, HL 150; éth., GUIDI 66, BAETEMAN 847; la racine semble connaître, en amh., un déplacement de l'élément palatal *y* dans certaines formes nominales, V. COHEN NEEM 66; V. aussi ABBA YOHANNES 662, WTS 504, DTE 498, EDG III/703. **-3.** Sur cette forme attestée dans CTCA 24, v. les remarques s. ZYĐ. **-¶¶.** Les formes tchadiques sur une base **zid-* "augmenter", signalées par HSED 545, sont probablement des emprunts à l'arabe.

ZYĐ, Racine posée théoriquement par GORDON UT 393 n° 818 comme fondement de l'oug. *zd* et des formes en ZYZ qui nomment le "sein" dans de nombreuses langues sémitiques; v. ici s. ZYZ. La reconstruction, à partir de l'oug., d'une telle forme de la racine ne s'impose pas, en raison des formes arabes en ZYZ; on ne peut que constater l'alternance Z/D pour un vocable qui a toute chance d'être, comme dans le cas de DD(D) ou de ŦD, v. s, de mots enfantins et iconiques; v. s. DD(D) où sont cités également d'autres radicaux formés de dentales dans des langues chamito-sémitiques et extérieures à cette famille.

ZYW, v. ZYM.

ZYZ, 1. AK. *zīz-*, CAN. h. *zīz*, AR. magh. *zīza, zīzza* "pis, mamelle, sein". **-2.** AK. *zizān-* : espèce de sauterelle, CAN. h. *zīz* "vermine", nh. "mite", ARAM. targ. *zīzā* "ver", AR. *zīz-* "cigale". **-3.** AK. *zīz-, ezizz-* : espèce d'oignon, ARAM. syr. *zīzānā* "mauvaise herbe", ṭur. *zizōnō*, ? mand. *zaza* "feuillage, feuille" (?), AR. *zīz-* : espèce d'oignon. **-4.** CAN.

nh. *zīz*, ARAM. targ. *zīzā*, syr. *zīzē* "corniche, avancée d'un toit". **-5.** AR. magh. *zāz* "saisir quelque chose à quelqu'un". **-6.** malt. *zeyz* "gazouillis", *zeyyez* "gazouiller, pépier", maroc. *ẓeyyəẓ* "produire un bruit strident"; ETH. te. *ziz belä* "crier", *ziz* "bruit, clameur", tna. *zizz bälä* "bourdonner". **-¶. 1.** Ak., CAD 21/149, AHW 1534; sur l'h., hapax (Es. 66/11), COHEN HAPAX 46; Ar., DOZY I/619, BEAUSSIER 451, COLIN 762. - Sur les différentes formes radicales prises par le nom du "sein" en sémitique, V. HOLMA KT 48, NÖLDEKE NBSS 121; et v. s. ṮD, DD(D), ZYḎ, et peut-être aussi BZZ 3 (**bizz*), où l'on peut ajouter les formes ar. dial., maroc. *bzīza*, COLIN 84, ég. *bizza* BADAWI-HINDS 72, etc. **-2.** V. LK FAUNA 123, LÖW FLORA II/450, MACUCH-PANOUSSI 51; ar. : DOZY I/619. **-3.** Pour CAD 21/149, *zīz* serait une variante de *ezziz-*; on y voit généralement un emprunt sum. désignant une variété de céréale. V. HROZNY GETREIDE 59, AHW 1534. Pour le syr., BROCKELMANN LEX. 195, V. LÖW AP n° 92. Le rapprochement avec le mand. est suggéré interrogativement par MD 158. **-4.** BROCKELMANN LEX. 195, DALMAN WB 127, JASTROW 393. **-5.** LENTIN 121. **-6.** Origine probablement onomatopéique; selon Q., les jinns font *zī-zī*; v. aussi s. ZHZG; le rapport entre malt. te et tna, peut être fortuit, v. s. ZZZ. - AQUILINA 1607, COLIN 762, WTS 503, DTE 497.

ZYZY, 1. AR., *zayzā(ʾ-)*, *zīzāʾ-*, *zāziyat-* "inégalité du terrain; extrémités des plumes". **-2.** *zayāziyat-* "hâte". **-3.** or. *dzāza (mən)* "être choqué (par la vue de)". **-4.** ETH. gour. *ziza*, *zīza* "froid, frais, humide", *žäžžä* "être froid". **-¶. 1.-2.** LA III/70, Q. 462, KAZIMIRSKI I/1032, BELOT 304. **-3.** BARTHÉLEMY 326; < ZʾZʾ, (v. s.) ? **-4.** EDG III/724.

ZYZN, 1. AR. magh. *zayzan* "faire durcir au feu (une poterie)". **-2.** maroc. *ẓēẓōn*, *ẓənẓōn* "muet, sourd-muet". **-¶.** v. aussi s. ZYZ, ZN. **-1.** BEAUSSIER 452. **-2.** COLIN 762, LOUBIGNAC 450; CORRIENTE dans VOCABULISTA 142 propose d'y voir un "euphémisme roman : *sin son*".

ZYZƐ, AR. magh. (zaër) "secouer, ébranler". **-¶.** v. les renvois s. Zʾ/Ɛ. - LOUBIGNAC ZAËR 450.

ZYZP, AR. *zayzafūn-* "rapide". **-¶.** V. KAZIMIRSKI I/1032, BELOT 404. - Comp. s. ZYZ, ZYP.

ZYZQ, AR. lib. *zēzaq* "grincer (chaussure neuve, etc.)". **-¶.** FRAY. 78. - Formation onomatopéique, comp. et v. les renvois s. ZQZ, ZQZQ.

ZYḤ, 1. AR. *ʾazāḥa* "restaurer un édifice". **-2.** or. Syr. *zīḥ* "ligne, raie, trace". **-3.** ETH. te. *zəyäḥ* "veau pas encore né; large lance". **-¶.** v. aussi s. ZW/YḤ/Ḫ. **-1.** FAGNAN 73. **-2.** BARTHÉLEMY 325. **-3.** WTS 504.

ZYḪ, v. s. ZW/YḤ/Ḫ.

ZYṬ, 1. AR. *zāṭa* "crier, pousser des cris, quereller"; magh. *zāyāṭ* "bourrasque", maroc. *ẓeyyeṭ* "produire un bruit strident", maroc. *ẓāṭ* "faire l'important". **-2.** ḥass. *zeyyaṭ* "fuir", maraz. *zāṭ* "être dégagé de tout souci", *zayyəṭ* "être impuissant de naissance". **-3.** iraq. *zīṭa* : sorte de grive. **-4.** palest. *zyūṭ* "tabac à priser". **-¶.** v. aussi s. ZWṬ. **-1.** LA 70, Q. 602, FARHAT 307, KAZIMIRSKI I/1032, BELOT 304, BEAUSSIER 452, COLIN 762-3. **-2.** TAINE-CHEIKH 941, BORIS 258. **-3.** DIA 209. **-4.** LÖHR 144. **-¶¶. 1.** Pour le magh., aussi en berb. kab. *azayaḍ* "bourrasque avec pluie, grêle ou neige", DALLET 965.

ZYY, v. s. ZYM.

ZYK, 1. AR. *zayyaka* "aller et venir plusieurs fois; orner en rond", *zīk-* : rangée de petites pierres autour d'une grande qui forme le chaton d'une bague. ? SAR. mh., jib. or. *zəkt* : espèce de coquillage. **-2.** lib. *zayyak* "placer dans un endroit étroit; traiter avec dureté". **-¶. 1.** Comp. s. ZW/YK. - KAZIMIRSKI I/1033, DOZY I/619. **-2.** Comp. *ḏayyaq* ? - V. FRAY. 78, DENIZEAU 233.

ZYL, 1. AR. palest. *zīl* "cymbale"; ? ARAM. ṭur. *zīl*, *zil* "bouton de sonnette". **-2.** SAR. soq. *zyl* "être joyeux". **-3.** ETH. gour. *želä* "ôter la cire de la ruche". **-¶.** v. aussi s. ZL, ZW/YL, ZLL. **-1.** DENIZEAU 232, RITTER 584. - Aram. < ar. ? **-2.** LS 152 qui rapproche ṢHL, v. s.. **-3.** EDG III/721; v. GNʾ/W/YN (ar. dial. *ǧanā*).

ZYLL, ETH. gour. *želälä*, *žēlälä* "fleurir", *žel*, *žēl* "fleur". **-¶.** Emprunt couchitique, V. EDG III/721.

ZYLƐ, AR. lib. *zēlaɛ* "convoiter". **-¶.** FRAY. 78.

ZYLP, 1. AR. magh. *zaylaf* "brûler, griller (la végétation, soleil), hâler". **-2.** *ẓayləf*, *ẓēləf* "donner le frisson et la chair de poule (surtout : de dégoût)". **-¶. 1.** v. aussi s. ZLP. **-2.** MARÇAIS TAKROUNA 1687.

ZYM, 1. AK. *zīm-* "apparence, éclat; aspect, trait du visage; rayonnement (d'une étoile)", CAN. nh. *zīw*, ARAM. targ. *zīwā* "éclat, fraîcheur", syr. "beauté, splendeur", mand *ziw*, *ziwa* "éclat, lumière, rayonnement", AR. *zayy-* "extérieur, aspect, forme, costume", *zayyā* "revêtir d'une forme, d'un habit"; soud. *zai*, *zē* "ressemblance", tchad. *zay*, ég. *zayy*, maroc. *ziyy*, maraz. *zay* "comme, comme si". - CAN. h. *ziw*, nh. *zīw*, npun. *zyb*, ARAM. targ. *zīwā* : nom de mois. **-2.** AR. *zāma* "fermer la bouche à quelqu'un", *tazayyama* "se séparer, se détacher; être agglomérées ou séparées (chairs)", *zīmat-* "troupe, bande de chameaux". **-3.** AR. soud. *zīm* "cris", magh. *zām* "mugir, grogner (sanglier), roucouler (pigeonneau)", ETH. g. *zemā* "son, mélodie, chant", tna. amh.

gour. *zema* "chant", amh. *ʾazemä* "chanter". -¶. **1.-2.** Ak., AHW 1528, CAD 21/119, ARM 15/280; nh., aram. DALMAN WB. 126, JASTROW 392; ar., LA III/73, Q. 1009, FARHAT 616, KAZIMIRSKI I/1034, DOZY I/616, BOCHTOR 165, BELOT 304, LPAT 210, BADAWI-HINDS 390, COLIN 766. - Le mot en ouest-sém. serait un emprunt ak., V. HOLMA KT 2, ZIMMERN 38, 47, BROCKELMANN LEX. 195, MD 166, mais V. aussi NÖLDEKE MG XXXI 2 : < pers. *zeb* (*zīb*, *zeb* "ornement, élégance, beauté", STEINGASS 632) par l'intermédiaire d'ar. *zayy-*; V. aussi FRAENKEL 55. - Le nom de mois *zīw*, attaché à la notion de "lumière" et de "splendeur", apparaît, en hébreu (repris par le targum) dans le système biblique le plus ancien, comme celui du "2ème mois" (1R 6/1), correspondant à avril-mai, pour le npun., V. HARRIS GRAM. 98, HAL 255, TOMBACK 93. **-2.** v. ZMZM, ZMM. Ar., v. s. 1. - L'inscription sar. Q 687 où une forme *zm* est, sur la base de l'arabe *zīmat-*, rendue par "troupeau", RICKS 59, est d'une interprétation fort douteuse. **-3.** QLS 514, COLIN 764, CDG 638; pour une hypothèse d'étymologie couchitique, PRAETORIUS GALLASPRACHE 49; v. aussi s. ZMZM, ZMM.

ZYN, 1. AK. *zānu*, *zaʾānu(m)* "recouvrir de métal ou de pierres précieuses, décorer, embellir, munir de", AR. *zāna* "orner, embellir, parer"; yém. *zāna* "métier de tisserand"; ég. soud. *zayyan* "raser, couper les cheveux", soud. *zīne* "richesse, propriété", magh. zaër *zyāna* "circoncision", ḥass. *zyāne* "circoncision, excision clitoridienne"; SAR. mh. ḥars. *azyīn*, jib. *ezyin,* soq. *zen* "embellir, parer", ḥars. *zēn* "bon", soq. *əzyən* "belle (femme)", ETH. g. *zena* "décorer", *zayyana* "couper les cheveux", *mazayyən* "barbier", amh. *täzäyyänä* "être beau, brave, fort". - ? AK. *ziyanāt-* : sorte de couverture; ? *zīn-* : pierre précieuse. - ? AR. hisp. *tazyīn* "étable". **-2.** AR. *zāna* "pousser devant soi", *zāyana* "chasser, éloigner quelqu'un". **-3.** *zānat-* "indigestion". **-4.** ARAM. Emp. *zyn*, syr. talm. mand. nsyr. *zaynā* "arme, armure", *zayyēn* "armer"; AR. yém. *zāna* "munitions de guerre". **-5.** ARAM. Emp. *zyny*, jp. *zəyānā*, ṭur. *zyōno* "dommage, perte"; **-6.** nsyr. *zīna* "marais, marécage". -¶. **1.** Sur l'ak., V. THUREAU-DANGIN RA 22 (1925) 174 n. 5; CAD 21/149, 110, AHW 1499; pour *zin-*, IBID. 1529; *ziyanāt-*, V. SPEISER AASOR 10/37, FEIGIN AJSL 51/26, SPEISER ORIENT 25 (1956) 2, n. 2; ar, LA III/73, Q. 1085, LANE 1279, LANDBERG GLOS. 1881, KAZIMIRSKI I/1034, BELOT 305, QLS 514, LPAT 209, 212; sar. JOHNSTONE JL 322, LESLAU 152; éth., DILLMANN LEX. 1063, BAETEMAN 847. - Sur l'ar. hisp., ALCALA 147/14 s. *cobre de bestias*. Comp. aussi s. ZNN. **-2. -3.** v. les réf. ar. s. 1. **-4.** < pers. *zaena*, V. LAGARDE GA 43 n. 110, NYBERG MANUAL OF PAHLAVI 231, DISO 75, DALMAN 127, JASTROW 393, MAC LEAN 86, MD 158. **-5.** DALMAN, JASTROW IBID.; RITTER 589. - < iran. *ziyān*, TELEGDI JA 1935, 242,

NYBERG MANUAL OF PAHLAVI 231; DOZY I/619, cite *ziyān* "avarie". **-6.** TSERETELI 71.

ZYNW, ETH. g. *zenawa* "annoncer", *zenā, zenāwi* "annonciateur", te. *zena* "bonne réputation, gloire", *zenät*, tna. *zena* "informations, nouvelles", amh. *zənna, zena* "histoire, renommée", gour. *zena* "réputation; histoire, nouvelle". **-¶.** Pour des hypothèses étymologiques, V. DILLMANN LEX. 1064 (< sémitique. **ʾuḏn-* "oreille"), GVG I/169 (ṮNY "répéter" avec assimilation anticipatrice de sonorité), V. aussi les commentaires de CDG 641. - te., WTS 504, tna., DTE 498, DTF 102 qui fournissent *zanta* "récit, conte, histoire", g., GUIDI 620 (qui considère *zenā* comme une forme littéraire), amh., BAETEMAN 858 (qui ne connaît pas *zənna*), GANKIN (qui distingue *zena* "nouvelle", 655, de *zənna*, "gloire, renommée", 657), gour., EDG III/710.

ZYNN, AR. magh. *zaynan, zēnən* "grincer, faire un bruit de frottement, bourdonner", ḥass. *ẓeynen* "grogner, pleurnicher; miauler". **-¶.** Comp. s. ZNN, ZNZN. - BEAUSSIER 453, COLIN 766, TAINE-CHEIKH 945; le mot relevé en Algérie *zynwnt ʾl-karmūs* est pour DOZY I/620 "cigale", mais pour KAZIMIRSKI 1034 "guêpe".

ZYG, v. s. ZW/YG.

ZYP, 1. AK. *zeʾp-, zīp-* : étiquette d'argile portant une empreinte de sceau; moule pour objets en métal; monnaie; CAN. nh. *ziyyēp* "falsifier, tromper", ARAM. jp. *zīpā*, syr. *zībā* "fourreau, boîte", *zēpā* "faux; mensonge, fraude", *zayep* "falsifier"; mand. *zipa* "fraude, falsification", AR. *zāfa* "être de mauvais aloi; adultérer, falsifier", *zayf-* "mauvaise monnaie", magh. *ziyyəf* "essuyer, envelopper avec un torchon", *zīf* "torchon, serviette". **- ? 2.** *zāfa* "marcher avec fierté; marcher vite; s'habiller avec une extrême recherche, faire la roue devant la femelle (pigeon mâle)"; or. *zāf* "sortir des limites de la modération; être en chaleur (pigeonne), en rut (femelle)", ḥass. *zeyve* "indécence, lubricité". **-3.** *zayf-* : angle, partie saillante du mur, *zīf-* "bordure, bande, garniture"; lib. *zāf* "petit mur, ourlet", hisp. *zīf* "traîne de robe, pan, queue d'habit". **-4.** soud. *zīfa* : vent froid d'hiver amenant des pluies. **-5.** malt. *zief* "cesser (pluie)". **-¶. 1.** V. CAD 21/87, LANDSBERGER OLZ 1923/73. L'aram. et l'ar. seraient des emprunts à l'ak., V. ZIMMERN 27, BROCKELMANN LEX. 194, LA III/71, Q. 736, LENTIN 121, COLIN 764. **-2.** Comp. s. Zʾ P, ZW/YP. FARHAT 367, LANE 1278, BELOT 304, DOZY I/619, FRAY. 78. **-3.** LANE IBID., ALCALA 157/26, 271/1, 373/14. **-4.** QLS 498, LPAT 211 d'après Hillelson. **-5.** AQUILINA 1617 propose une formation à partir de *bi-z-zāf* "beaucoup", v. s. ZʾP.

ZYPṬ, AR. magh. *zayfaṭ* "frapper; envoyer". **-¶.** BEAUSSIER 452; v. ṢYPṬ/T;

comp. s. ZBṬ, ZHṬ, ZḤṬ.

ZYQ, 1. AK. *zīqt-, zīq-* "torche", CAN. h. *zīqōt, zīqqīm* (pl.) "flèches incendiaires". **-2.** AR. *tazayyaqa* "être paré; avoir du collyre sur les paupières", *zīq-* "col de chemise"; or. *zīq* "bord, lisière", magh. "bande (de couleur)"; or. *zayyaq* "s'effranger sur les bords (habit)", zaër *ẓiyyəg* "se déchirer de part en part"; magh. *zayyaq* "paraître, se lever (jour), poindre (aurore)". **-3.** AR. ég. *zayyaᵓ* "grincer, craquer", syr. *zīq* : interjection "reproduisant le bruit d'une porte qui grince", iraq. *zīg* : bruit fait avec la bouche ayant valeur de dérision. **-4.** *zīq, zāqa* "dé (à jouer)". **-5.** ETH. g. *ᵓazeqa* "éprouver une démangeaison". **-¶.** v. aussi s. ZW/YQ. **-1.** CAD 21/33, AHW 1532. **-2.** DOZY I/619, VÊTEMENTS 282, BARTHÉLEMY 326, BEAUSSIER 452, LENTIN 121, LOUBIGNAC 450. **-3.** SPIRO 261, BOCHTOR 665 ("racleur de violon" = *zayyāq*), BARTHÉLEMY 326, DIA 209. **-4.** IBID. 225, KAZIMIRSKI I/1027. **-5.** CDG 647.

ZYR, ETH. te. *zayrotat* (plur.) "beautés". **-¶.** v. aussi s. ZW/YR. - WTS 504. - Pour sar. min. *zyr* : terme d'architecture (clôture ?), v. s. ZRR.

ZYŠ, AR. magh. *zāš* "être troublé, en désordre (marché)". **-¶.** BEAUSSIER 451.

ZYRQ, v. s. ZRQ.

ZYT, 1. OUG. *zt* "olive", CAN. h. *zayit*, ARAM. Emp. *zyt*, targ. syr. mand. naram. *zaytā* "olive, olivier", AR. *zayt-* "huile", *zaytūn-* "olivier", SAR. mh. *zaytūn*, jib. *zetun* "olive, olivier", soq. *zeyt* "huile d'olive", ETH. g. *zayt*, te. *zet*, tna. *zäyti*, amh. gour. har. *zäyt* "olive, olivier; huile d'olive". **-2.** AR. mérid. *ziyyit* "craquer (chaussure)". **-3.** ETH. gour. *zīt, zit, zitänä* "malade possédé par un esprit". **-¶. 1.** V. LAGARDE MITT. III/214, Ü. 219, HOMMEL AA 99, LÖW AP 136 n° 95; V. GORDON UT 393, HAL 257 avec références, l'attestation en phén. (RES 1526, KAI 51/6) prise en compte par HARRIS GRAM. 99, TOMBACK 93, semble très douteuse; aram., DISO 80, DALMAN WB 157, BERGSTRÄSSER 106, BROCKELMANN LEX. 195, MD 158, LA III/11, Q. 140, LESLAU LS 152, JOHNSTONE JL 322, ML 491, WTS 500, DTE 488, EDG III/719, BAETEMAN 848 qui indique que le mot ne désigne, en amh., que l'huile produite à l'extérieur; l'ar. et l'éth., emprunts à l'aram., V. FRAENKEL 148, NÖLDEKE NBSS 42, LESLAU BSOAS 19/235. APPLEYARD AFROASIATIC LINGUISTICS 5,2/30 se demande s'il ne s'agit pas d'un terme commun hérité. **-2.** LANDBERG GLOS. 1879. **-3.** EDG III/716; V. sur ce type de possession, LESLAU ETH. DOC. : GURAGE 167. **-¶¶. 1.** Emprunt sémitique en égyptien, V. DELC 325.

-ZK-, des racines, surtout arabes, fondées sur cette base expriment une démarche à petits pas rapprochés liée surtout à la faiblesse; elle peut s'accompagner de mouvements marqués du corps, déhanchement, agitation de la queue, etc.; V. ZWZK, ZWK, ZW/YK, ZWRK, ZKZK, ZKK; des valeurs analogues sont exprimées par des racines en (W)Z(W) : WZWZ, ZWZY, v. s. -WZ-; LA III/35.

ZKʾ, AR. *zakaʾa* "frapper quelqu'un, payer promptement; mettre bas (chamelle); cohabiter avec une femme; se réfugier chez quelqu'un". **-¶.** LA III/35, Q. 41, LANE 1239, KAZIMIRSKI I/1000, BELOT 294.

ZKB, AR. *zakaba* "accoucher sans peine; cohabiter avec une femme; remplir un vase", *zakbat-* "sperme; enfant; chose vile", *zakībat-* "sac, sacoche". **-¶.** LA III/35, Q. 88, KAZIMIRSKI I/1000, BELOT 294.

ZKW/Y, 1. AR. *zakā*, *zakiya* "croître, grandir, prospérer, être pur, probe"; magh. *zkā* "gonfler en cuisant (couscous)". **-2.** *zakiya* "avoir soif". **-¶.** v. aussi ZKY. **-1.** v. Đ/ZKW/Y/K. - V. LA III/36, Q. 1163, LANE 1240-1, BELOT 294, LENTIN 116. **-2.** LA, Q., LANE IBID.

ZKZK, 1. AR. *zakzaka* "marcher à pas rapprochés (en remuant le corps)", *zukāzik-* "petit, chétif", *zukzāk-* "laid, difforme, regardé avec dédain", ETH. amh. *zäkäzzäkä* "trotter, trottiner". - AR. or. *zakzak* "être trop serré, trop ajusté sur"; ? ARAM. nsyr. *zakzik* "pâlir, jaunir (du fait de la maladie, la peur, etc.)". **- ? 2.** AR. *zakzaka* "chatouiller"; ? lib. *zakzek* "gazouiller". **-3.** AR. *tazakzaka* "prendre les armes, s'armer". **-4.** ETH. amh. *zähazzäha* "renverser, vider à terre". **-¶.** Pour la plupart de ses valeurs, cette racine apparaît comme un doublet de ZKK, v. s. et v. -ZK-. **-1.** LA III/35, Q. 847; BAETEMAN 846; pour les valeurs "petit, chétif", comp. s. ZKK, ZMK. Le nsyr. (TSERETELI 70) dépend vraisemblablement des racines ar. en -ZK- : idée de faiblesse, etc. **-2.** Comp. ZKK. - V. DOZY I/597, BELOT 294, BARTHÉLEMY 316, DENIZEAU 224. **-3.** Références s. 1. **-4.** Comp. s. ZQZQ. - BAETEMAN 846; *h* note ici un ancien *k*; sur l'échange *k*~*h*, V. COHEN EEM 392, NEEM 37.

ZKṬ, v. s. ZQṬ.

ZKY, SAR. soq. *zeke* "baisser les yeux, être triste". **-¶.** LESLAU LS 152. v. aussi s. Đ/ZK/W/Y/K, ZKW/Y.

ZKK, 1. AR. *zakka* "marcher à pas rapprochés, courir, traîner la queue en éventail et tourner autour de la femelle; rendre les excréments, remplir une outre; introduire, jeter dans", *zukka* "être affaibli (par la maladie, la vieillesse)", *zakk-* "maigre, amaigri", or. *zakk* "trop juste, étroit (vêtement)". - AR. *zakka* "affliger, tromper (dans une vente, un contrat)", *zukkat-* "colère, tristesse"; maroc. *zəkkək* "écornifler". - magh. *zukk*, *zəkk*, ḥass. *zəkk* "anus, cul", tak. *zukk* "vagin, anus", magh. *zəkk* "fienter (oiseau)", ḥass. *zekzek* "sodomiser".

- ? **2.** AR. *zikkat-* "armes". **-3.** *zakkaka* "chatouiller". **-4.** ég. *zakk* "ruer". **-5.** soud. *zakkak* "laisser les bestiaux au pâturage jusqu'à ce qu'ils soient rassasiés". **-6.** SAR. soq. *zkk* "enrouler, entortiller". **-¶.** Pour sar. mh. *zak,* ḥars. *zek,* v. s. ZKM. **1.** v. s. -ZK-, comp. aussi s. ZRKK, ZQQ. - V. LA III/35, Q. 847, KAZIMIRSKI I/1000, BELOT 294, COLIN 723, BEAUSSIER 437, MARÇAIS TAKROUNA 1683, TAINE-CHEIKH 902, 903. **-2.** Références s. 1. **-3.** Comp. s. ZKZK; DOZY I/596. **-4.** BOCHTOR 731, SPIRO 252. **-5.** Rapport avec ĐKK ? v. s. Đ/ZKW/Y/K; V. QLS 500; comp. s. ZKT. **-6.** LESLAU LS 152. **-¶¶. 1.** En berb. mzab., *zəkk* "fienter (oiseau)".

ZKM, 1. AR. *zakama* "remplir une outre en peau, jeter dehors, vomir; émettre (sperme ou mucus nasal); donner naissance", *zakmat-* "descendance"; *zakima* "être enrhumé", *zakama* "donner le rhume"; *zukām-, zakmat-* "coryza, rhume", magh. *zkəm*, ḥass. *zawkem* "s'enrhumer", magh. *məzkūm* "qui a le nez bouché (et parle avec difficulté)", SAR. mh. *zəkēm*, *zak*, ḥars. *zek* "rhume"; AR. mérid. *zakma* "puanteur". - **? 2.** magh. *zəkmi* "taciturne, silencieux", *zkīm* "grave, sérieux". **-3.** AR. *zukmat-* "ver du bois, termite". **-¶. 1.** Un rapport avec ZKB, v. s., est signalé par des lexicographes classiques, V. LA III/36; V. aussi Q. 1008, LANE 1239, KAZIMIRSKI I/1001, BELOT 294 BEAUSSIER 437, TAINE-CHEIKH 904, LENTIN 116; JOHNSTONE ML 467, HL 149; sar < ar. ? **-2.** < 1 "avoir le nez bouché, etc." ? v. aussi s. ZKMM. - BEAUSSIER IBID. **-3.** LA, KAZIMIRSKI, IBID.

ZKMM, AR. ḥass. *mzekmem* "constipation très forte, douloureuse". **-¶.** v. aussi s. ZKM. - V. TAINE-CHEIKH 904.

ZKN, 1. AR. *zakina* "apprendre, connaître, se douter de; juger, penser, croire", *zakkana* "dissimuler à l'égard de quelqu'un", *zākana* "être assis tout près de quelqu'un", lib. *zkēne* "traître, perfide sous des apparences de sincérité", yém. *zakkan* "enjoindre avec force"; SAR. mh. *zəkayn*, ḥars. *zēken* "effronté, hardi". **-2.** AK. *zakān-* : sorte de construction. **-3.** SAR. soq. *ziknen* "gros". **-¶.** v. aussi s. [ZKWN]. **-1.** Comp. s. ZRKN. - LA III/36, Q. 1084, KAZIMIRSKI I/1001, BELOT 294, JOHNSTONE ML 467, HL 149. **-2.** Sens incertain, ARM VI, 43/6; origine inconnue, V. CAD 21/15, AHW 1505. **-3.** LESLAU LS 152.

≈≈ **[ZKWN],** ETH. amh. *zähon*, *zəhon*, arg. *zähon*, har. *doẖon*, gour. *žäẖWänä*, *žäẖWärä* "éléphant". **-¶.** DILLMANN LEX. 685 s. *nage*, GUIDI 603, BAETEMAN 859, EDG III/721. REINISCH SOMALI SPRACHE WB 105 signale tna. *zəhol* (?). - Sur l'échange *k~h*, V. COHEN NEEM 37. **-¶¶.** Emprunt couchitique en sémitique éthiopien : v. CERULLI dans LEVI DELLA VIDA LINGUISTICA SEMITICA 141 reconstruit une forme couchitique **zkWr/n*, V. aussi CERULLI GLECS II/85, SIDAMO 198; DOLGOPOL'SKIJ 107 pose aussi *zk^{w}n*, (avec, interrogativement, une variante **znk^{w}r*). Des formes apparentées existent en tchad. : sokoro *dogol*, bana *thogna*; HSED 150 reconstruit une forme **dan(g)* "éléphant", avec une dérivée **dangol* signifiant aussi "trompe".

ZKNK, v. ZQNQ.

ZKP, 1. AR. magh. *zukfa* "gorgée (de liquide)", maroc. *zgəf* "avaler par petites gorgées". **-2.** *zkəf* "être glacé". **-¶.** v. aussi s. SKP. **-1.** BEAUSSIER 437, COLIN 726. **-2.** LENTIN 116. **-¶¶. 1.** COLIN IBID. comp. berb. ZKF "boire en humant". V. chl. *zk^{w}əf*, DESTAING 154, kab. *əskəf*, DALLET 767, to. *əskəf*, *əzgəf*, FOUCAULD 1951, mzab. *əsčəf*, DELHEURE 183.

ZKR, 1. AR. *zakara* "remplir", *zakkara* "être gonflé de nourriture (ventre), gros, arrondi", *zukrat-* "petite outre, nombril"; ETH. g. *zəkr* "récipient, petite outre de peau". ? ARAM. naram. *zekra* "gorge". **-2.** AR. *zakariyy-*, *zikriyy-* "très rouge (chèvre)", liḥ. *zkr* "rouge". **-3.** magh. *zəkkər* "nier, s'inscrire en faux, tromper", *zkāṛa* "mal fait intentionnellement". **-4.** *zokra* : sorte de hautbois. **-¶. 1.** v. aussi s. ÐKR, BELOT 294; éth. < ar. **-2.** LA III/37, Q. 361, LANE 1239, CASKEL 86 (sens très douteux). Naram., BERGSTRÄSSER NARAM 105; < ar. ? **-3.** BEAUSSIER 437, COLIN 723. **-4.** BEAUSSIER IBID. - v. aussi s. ZQR.

ZKRM/N, AR. magh. *zakram* "verrouiller", *zəkrūm-* "verrou", ḥass. *ẓakṛan* "enfermer à clef". **-¶.** Lié à magh. *sakkar* "verrouiller" ? v. s. SKR; rapport avec ZKM, ZKMM ? - V. BEAUSSIER 437, LENTIN 116, PIERRET 490, TAINE-CHEIKH 903.

ZKRR, AR. *zakrūrat-* "artère du cou"; or. *zakrūr* "pomme d'Adam". **-¶.** < ZKR, v. s. - DOZY I/597, DENIZEAU 224.

ZKRŚ, AR. ḥass. *muzekreš* "décoré, embelli". **-¶.** TAINE-CHEIKH 902.

ZKRT, ETH. tna. *zäk̄räṭä* "être obèse". **-¶.** ABBA YOHANNES 662 qui renvoie à tna. *zäfṭäṭä* de même sens. Formation à *za-* préfixé ? Peut-être lié à tna. amh. *karṭit* "sac, poche". Mais comparer ar. *zakkara* "être gonflé de nourriture (ventre)", *zukrat-* "petite outre, etc.", v. s. ZKR; aussi ar. ZKT, v. s.

ZKT, 1. AR. *zakata* "raconter, aider la mémoire de quelqu'un". **-2.** "remplir une outre"; soud. *zakat* "manger à satiété". **-3.** ETH. tna. *zäk̄ätä* "enfermer, bloquer, ajouter, saupoudrer". **-4.** ETH. gour. *začat* : morceau de viande de la cuisse. **-5.** *zäkt*, *zäktä* "plaine, champ, prairie". **-6.** *zikt-* "bière non-filtrée". **-¶. 1.** Comp. s. ZKR. **-1. -2.** LA III/35, Q. 140, KAZIMIRSKI I/1000, BELOT 294, QLS 500, comp. s. ZKK. **-3.** V. les renvois sous -ZG/K-. ABBA YOHANNES 661, MHRT. **-4.** EDG III/702. **-5. -6.** IBID. 706.

ZKTM, ETH. tna. *zäktam* "orphelin". **-¶.** ABBA YOHANNES 661.

-ZL-, 1. On peut rapprocher comme développements d'une base biconsonantique ZL, **a.** une racine comportant un élargissement ᵓ- à l'initiale : par exemple, CAN. h. *ᵓāzal*, ARAM. *ᵓᵃzal*, syr. *ᵓezal*, nsyr. **āzil*, naram. *zalle*, mand. *azal* "s'en aller, aller; disparaître, mourir", AR. *ᵓazal-*, *ᵓazalīyat-* "éternité"; **b.** une racine à *-w-* médial; par exemple, AR. *zāla* "passer; cesser; périr"; - CAN. h. *zūlā* "outre, excepté"; **c.** une racine à gémination de la seconde radicale : par exemple AR. *zalla* "passer, s'écouler (vie)"; **d.** peut-être aussi des racines à insertion comme AR. *zaḥala* "se déplacer" ? **-2.** Certains verbes en ar., comportant ces deux radicales, accompagnées le plus souvent d'une troisième, en position médiane, laryngale ou pharyngale, expriment, entre autres valeurs, la notion de "rapidité, agilité", souvent liée à celle de "glisser" (et conjointement de "lisse, poli, brillant"); ces racines expressives apparaissent parfois augmentées d'une 4ème radicale vélaire ou post-palatale : v. s. ZLG, ZLHM, ZLḪ, ZLṬ, ZLL; ZLQ, etc. et les renvois s. -ZH-. **-¶. 1.** V. NOELDEKE NBSS 96, BARTH OLZ 15/11, ES 18, FRAENKEL BEITRÄGE 3/70, CERULLI-PENNACCHIETTI 58, BERGSTRÄSSER NARAM. 105. V. les développements s. ZWL. - Pour ZḤL dépendant de cette base, voir des indications dans LA III/15. **-¶¶.** Une base ZL, "courir" est bien représentée en berbère : chleuh, tamaz., kab., chawia, Ghat *azzəl*, Ghadamès *əzzəl*, Timbuktu *ašəl* et, avec passage de *z* à *h* normal en touareg, *ahəl* (DESTAING 78, TAÏFI 801, DALLET 940, MASQUERAY 29, NEHLIL 146, LANFRY 424, FOUCAULD 553); V. aussi PRASSE H 51 qui pose une racine HZL dont l'initiale ne serait plus représentée dans l'ensemble du berbère. Comp. également m-ég. *sny* (*zny*) "passer" (FAULKNER 229) ? V. HSED 545 qui propose aussi une forme tchad. *zulu* "suivre".

ZL, 1. ETH. g. *zal* "peur". **-2.** te. *zala* "terre haute et venteuse", tna. "terrasse". **-3.** amh. *zala* "épi; beauté, agencement, ordre". **-4.** *zal* "cuisseau". **-¶.** Ces formes comportent étymologiquement, selon toute vraisemblance des radicales "laryngales" dont les traces se retrouvent dans le timbre *a* (non *ä*) de la voyelle. - v. aussi s. ZḤL. **-1.** GRÉBAUT 437; sans doute forme amharisée reliée à la racine ÐḤL, v.s.. **-2.** WTS 493 d'après d'Abbadie, DTE 495; v. aussi s. ZWL. **-3. -4.** GUIDI 603, BAETEMAN 855.

ZLᵓ, ARAM. mand. *azla* "verser, renverser" (?). **-¶.** MD 168 rattache interrogativement à ZLḤ. - L'analyse de la forme comme un dérivé à préfixe ᵓ- d'un verbe hypothétique **zla* est incertaine et la valeur n'est pas assurée.

ZLB, 1. AR. *zalaba* "s'attacher à sa mère

(enfant), en être inséparable". **-2.** mér. *zalib* "difficile d'accès (chemin, montagne), lourde (charge), courageux (homme)". **-3.** ARAM. syr. *zūlbānā*, *zᵊlūbānā* "verge (du cerf ou du cheval)", nsyr. *zilbānā* "pénis d'animal ou d'homme", ? AR. *zulbat-* "flèche". **-4.** ARAM. syr. *zᵊlābyā*, naram. *zallobiye*, AR. *zalābiyat-* : sorte de gâteau. **-5.** ETH. amh. *zäläbät* "boucle, anneau". **-¶. 1.** LA III/37, Q. 88, suivis par BELOT 295; pour KAZIMIRSKI I/1003, simplement : "s'attacher à une personne". **-2.** LANDBERG GLOS. 1848. **-3.** BROCKELMANN LEX. 197, MAC LEAN 86; AR., S. 1. **-4.** aram. < ar. < pers. *zalībiyā*, V. BROCKELMANN LEX. 197, STEINGASS 620; ar., FARHAT 616, KAZIMIRSKI I/1003, BELOT 295. **-5.** GUIDI 606, BAETEMAN 822. - Mot propre au Choa selon GUIDI 606. COHEN COUPLETS... DU CHOA 50 suggère un rapprochement avec *zollabayne* "verroterie" (< **zallo* "sautant", v. s. ZLL + *b-ayn-e* "dans-mon-œil").

ZLBD, ETH. amh. *zäläbabda* "caméléon". **-¶.** GUIDI 606, BAETEMAN 822.

ZLBḤ, AR. magh. *zalbaḥa* "tromper". **-¶.** DOZY I/598, BEAUSSIER 438.

ZLG, 1. AK. *mazlag-* "trident", CAN. h. nh. *mazlēg*, *malgēz* "fourchette", ? AR. *mizlāǧ-* : sorte de verrou. **-2.** CAN. nh. *zālag*, ARAM. targ. *zəlag* "couler, dégoutter", AR. *zalaǧa* "courir avec légèreté, glisser, patiner", *zulaǧ-* "pierres lisses", *zalūǧ-* "rapide à la course"; *zalāǧ-* "graisse", *tazallaǧa* "être visqueux, gluant"; mér. *zaliǧ* "avaler sans mâcher", *muzallaǧ-* "faible en quantité, mesquin (don), avare, parasite"; ETH. g. *zalaga* "couler, dégoutter", tna. *zälägg bälä*, amh. *täzlägälläga* "couler". - **? 3.** ARAM. syr. *zelgā* "éclat, splendeur", *ʾazleg* "briller, resplendir", AR. malt. *zileǧ* "faire briller en frottant, polir". **-4.** AR. hisp. magh. *zullayž/ǧ*, magh. *zəlliž/ǧ*, *ǧəllīz*, *zəllīz* (coll.) "carreaux de céramique vernissée". **-5.** AR. yém. *zalaga* "brûler (la peau)". **-6.** ETH. tna. *zälägg* "mince, élancé", gour. *zələgləg balä* "être mince, élancé", amh. *zälägg alä*, *zälägläg alä* "croître, devenir grand et beau". **-¶.** Pour nombre de ses emplois ZLG apparaît comme un doublet de ZLQ, v. s. - Les valeurs s. 1, 2 et 3, peut-être 4, peuvent être liées, v. ci-dessous. - Il faut également noter que des dictionnaires ar. glosent *zalǧ-* : "action de lever le bras le plus haut pour lancer le plus loin possible", V. par exemple KAZIMIRSKI I/1003; pour d'autres, c'est *zalḫ-* qui aurait cette valeur, v. s. ZLḪ. **-1.** V. LEWY ORIENT. 19 (1950) 15, FRAENKEL 18 : h. < ak. ? - V. aussi AHW 637, HAL 536, DALMAN WB 229, 237, JASTROW 755, 787. - Le terme arabe, défini comme une sorte de loquet ou de verrou glissant, est rapporté par les lexicographes au verbe ar. dans son sens de "glisser rapidement, patiner, etc."; il désigne la fermeture de porte qui ne nécessite pas l'usage d'une clef, par opposition à *miglāq-* (*galaqa* "fermer"); comp. *mizlāḫ-*, *mizlāq-*, synonymes de *mizlağ-*, dérivés respectivement de *zalaḫa* et *zaliqa* "glisser"; V. LA III/37, Q. 185, LANE 1244, KAZIMIRSKI I/1003, BELOT 295, DOZY I/58. - Au Maghrib, *zarrāz* "serrure en bois" relève étymologiquement de cette racine (**zlž* > **zlz* > *zrz*), V. MARÇAIS TAKROUNA 1660. **-2.** - Références s. 1. - Comp. s. ZLQ et v. les renvois s. -ZL-. **-3.** BROCKELMANN LEX. 197; AQUILINA 1620 qui fait dépendre de l'ar. *zalağa* "glisser"; sur les rapports entre "glisser" et "lisse", v. les renvois s. -ZH-, -ZḤ-, -ZL-. **-4.** Le mot est présent dans la péninsule ibérique : castillan, portugais (*azulejo*), arabe hispanique; et dans l'arabe maghrébin. Etymologie incertaine. Selon DOZY I/598, formation espagnole sur *azul*, lui-même dérivé du persan *lāzuward* "lapis-lazuli", *azulejo* aurait été emprunté par l'arabe; aussi SIMONET 623; mais V. COROMINAS BREVE DICCIONARIO ETIMOLOGICO DE LA LENGUA CASTELLANA 77, origine arabe possible. - En tout cas, le rapport avec la notion de "lisse" s. 2, n'est pas à exclure. - V. aussi COLIN 729. **-5.** SELWI 104. **-6.** ABBA YOHANNES 653, DTE 472, EDG III/707, GUIDI 607, BAETEMAN 823.

ZLGS, ETH. g. *zalgasa*, amh. *zälägg^{w}äsä* "être atteint de la lèpre ou de l'éléphantiasis", g. *zelgasē* "lèpre, éléphantiasis, maladie de la peau". **-¶.** CDG 637. Étymologie obscure, malgré diverses tentatives d'explication : < ar. *sulaε-* "lèpre", DILLMANN LEX. 1035; élément suffixé *-s* (?), HURWITZ 53; préfixation de *z-*, PRAETORIUS BA 1/23, RUNDGREN BILD. 183, sur la base de différentes racines.

ZLDB, AR. *zaldaba* "avaler". **-¶.** Q. 89; forme douteuse selon LA III/38.

ZLH, 1. AR. *zalh-* "étonnement, stupéfaction", *zalah-* "chagrin, souci". **-2.** *zalh-* "éclat, variété de couleur de fleurs". **-¶.** LA III/43, Q. 1122, KAZIMIRSKI I/1008.

ZLHB, AR. *zalhab-* "qui a peu de barbe et peu de chair". **-¶.** Forme à métathèse de *zahlab-*, v. s. ZHLB. - V. Q. 88 et 89, FARHAT 33. Absent de LA et des autres documents consultés.

ZLHG, AR. or. *zalhağ* "tomber en charpie (légumes, salade, etc.); se couper aux plis de la chair (personne grasse)". **-¶.** BARTHÉLEMY 318.

ZLHZ, ARAM. syr. *zalhēz* "abréger, diminuer", *zūlhāzā* "pénurie, manque, trouble, agitation". **-¶.** BROCKELMANN LEX. 197 propose une dérivation < **zallēz* < **zalzēl* à partir de ZLL, v. s..

ZLHM, AR. *muzlahim-* "rapide, agile à la course". **-¶.** v. les renvois s. -ZL-. V. LA III/43, Q. 1008, KAZIMIRSKI I/1008.

ZLW, 1. ETH. te. *zälo* : godet pour puiser l'eau de la citerne, ? gour. *zalä*, *zalo* "grande jarre pour conserver la bière". **-2.** tna. *zäläw bälä* "descendre, être tiré vers le bas". **-3.** "devenir meilleur, plus important". **-¶. 1.** v. aussi s. ZYL, ZLW, ZLḤ, ZLƐ. - WTS 493, EDG III/707. Te. en rapport avec (ou influencé par) ar. *dalw* ? **-2. -3.** ABBA YOHANNES 653. **-¶¶. 1.** Pour des formes apparentées en couchitique, V. EDG IBID.

ZLWḤ, AR. soud. *zəlwaḥ* "s'éloigner du chemin par la ruse et la tromperie". **-¶.** < ZWḤ, v. s. Comp. aussi s. ĐWḤ. - QLS 502.

ZLWƐ, AR. soud. *zalwaε* "jeter le trouble, inquiéter". **-¶.** QLS 503.

ZLZ, 1. AR. *zaliza* "être inquiet, s'agiter continuellement". **-2.** *zalaz-* "meubles, effets et ustensiles, affaires". **-¶.** v. les remarques s. -ZL-. **-1.-2.** LA III/38, Q. 461, KAZIMIRSKI I/1004. **-2.** Une forme *zalazil-* donnée souvent pour synonyme est condamnée par des lexicographes classiques, V. LA IBID. **-¶¶. 1.** Berb. to. *məzəlzəl* "être préoccupé", NICOLAS ANTHROPOS XLVI (1951) 783, V. PRASSE H 53.

ZLZL, 1. ARAM. syr. *ʾzdanzal* "être secoué, trembler", *zunzālā* "tremblement, turpitude, honte", AR. *zalzala* "faire trembler, secouer, agiter", *zalzāl-*, "tremblement (des membres)", *zalzalat-*, or. *zanzale*, hisp. *zérzel*, magh. *zəlzla*, *zənzla*, SAR. ḥars. *zəlzāl*, jib. or. *zelzelt* "tremblement de terre". ? ETH. tna. *zälzäl bälä* "ballotter (chose accrochée)". **-2.** CAN. h. *zalzallīm* (pl.) "pousses de vigne". **-3.** ARAM. talm. *zīlzūlā* "mépris, dédain", *zalzīlā* "débauché, prodigue", *zalzəlānā* "glouton, vorace". **-4.** ETH. te. *zärzärä*, tna. *zälzälä*, amh. arg. *zäläzzälä*, gour. *zəläzälä* "découper la viande en lanières". **-5.** te. *zəlzale* "abeille". **-6.** *zälzal* "gonflé, bouffant, trop ample", ? amh. *ʾažäläžžälä* "être immense, innombrable". **-7.** gour. *zəläzälä* "faire du petit commerce". **-¶.** v. aussi s. ZLZ; noter en particulier une forme *zalazil-* synonyme de *zalaz-* "meubles, ustensiles". **-1.** Quelques formes présentent une dissimilation *l* > *n* (occasionnellement *r*); V. RŮŽIČKA KD 48; *zalzāl-* dans QOR. 33/11, V. Q. 909, FAGNAN 71, BARTHÉLEMY 320, ALCALA 412/36, 270/9, BEAUSSIER 443, JOHNSTONE HL 149, ABBA YOHANNES 654. - La base est ZLZL (et avec dissimilation ZNZL), formation à redoublement sur ZL, avec divers phénomènes de dissimilation; v. aussi s. ZLL. **-2.** Hapax : Is. 18/5; v. DALMAN ASP IV/301. - LESLAU CONTRIB. 18 propose un rapprochement avec des formes éth. de racine ZLL, v. s. : g. *mazlal*, tna. *zäläla* "grappes de raisin". **-3.** DALMAN WB 129, JASTROW 394; v. aussi ZWL, ZLL. **-4.** DTE 472, GUIDI 606, BAETEMAN 823, EDG III/707. **-5.** WTS 494. **-6.** DTE 472, BAETEMAN 865 **-7.** EDG IBID. **-¶¶. 4.** Emprunts au sémitique dans quelques langues couchitiques, V. EDG IBID. **-6.** La racine existe aussi en couchitique, par exemple kam. *zazállo* (< *zalzallo*), qab.

*zazállo*ʾ, etc. "commerce", IBID.

ZLZQ, ARAM. ṭur. *zilzaqōye* "balançoire; fête de l'ascension". **-¶.** Comp. ZMZQ et v. s. -ZL/M/NQ-.

ZLḤ, 1. ARAM. targ. syr. *zəlaḥ*, mand. *zhl*, *zlh* "asperger, répandre", *zahlia* "trempages, lavages", AR. *zalaḥa* "goûter, déguster", magh. *zləḥ* "effleurer, écorcher légèrement"; ETH. g. *zalḥa*, *zalləḥa* "puiser, épuiser; presser, exprimer; couler d'en haut", tna. *zälḥe* "brasser la bière". - ARAM. syr. *zᵊlīḥē* (pl.) : sorte de plat, AR. *zalḥat-* : vase large et peu profond, *zuluḥ-* "grandes écuelles", mérid. *mezelaḥ* "récipient en bois pour puiser l'eau". **-2.** *zalḥ-* "vanité, mensonge (?)". **-¶. 1.** DALMANN WB 129, BROCKELMANN LEX. 197. Le syr. *zᵊlīḥē* (héb. *nəquddōt*, Cant. 1/11) est rendu par "lamelle" dans COSTAZ 88. - Sur les formes mand., MD 168 qui rattache à cet ensemble une forme d'un radical hypothétique ZLʾ, v. s. - Ar., LA III/37, Q. 202, KAZIMIRSKI I/1004, BELOT 295, BEAUSSIER 438, RHODOKANAKIS II/24. Eth., MAGGIORA 468, CDG 637, ABBA YOHANNES 653. - Comp. ZLW, ZLƐ, ZLL; BROCKELMANN LEX. 197 rapproche ak. *salāḫu* "asperger". - Pour un rapport avec ḎLḤ, V. RABIN MÉL. COHEN 292. **-2.** Références ar. s. 1. LA et Q. donnent sans autre précision : *al-bāṭil-* que KAZIMIRSKI traduit par "désoeuvré". **-¶¶.** V. aussi VYCICHL DELC 326 qui comp. ég. *ğlḥ* "puiser".

ZLḤB, AR. *tazalḥaba* "glisser de dessus quelque chose", *zalḥab-* "loup". **-¶.** v. les renvois s. -ZḤ-, -ZL-. - V. Q. 89, KAZIMIRSKI I/1004.

ZLḤṬ, AR. lib. *tzalḥaṭ* "marcher rapidement", ETH. te. *ʾanğälḥatä* "glisser, chanceler", tna. *zälḥaṭ bälä* "rester en arrière, traîner; se détacher en glissant (objet visqueux)", har. *täzlāḥaṭa* "glisser, vaciller", gour. *azlaläṭä* "être glissant", amh. *anzälaṭṭaṭa* "faire glisser". **-¶.** v. ZLṬ, ZLḪ, ZLL, et les renvois s. -ZḤ-, -ZL-. Ar., FLEISCH VERBES À ALLONGEMENT 380 : < ZLṬ; éth., EDH 166, EDG III/707, ABBA YOHANNES 653, DTE 472, WTS 546.

ZLḤLḤ, AR. *zalaḥlaḥ-* "léger; peu profond (cours d'eau)". **-¶.** LA III/37 s. ZLḤ, Q. 202, KAZIMIRSKI I/1004.

ZLḤM, AR. lib. *zalḥam* "avoir très soif (?)". **-¶.** Tel est le sens fourni par FRAY. 74, mais il semble que le terme, probablement dérivé de ZḤM, comme il est suggéré IBID., signifie plutôt "oppressé" et s'emploie complété par le mot qui signifie "soif".

ZLḤP, 1. AR. *zalḥafa* "déplacer, ôter de sa place", *ʾizlaḥaffa* "s'écarter, reculer". **-2.** or. *zilḥifa* "tortue". **-3.** palest. *zulḥafe* "corne à poudre à fusil". **-¶. 1.** Comp. la forme métathétique ZḤLP, LA III/37, Q. 735, BELOT 295. **-2.** Et aussi *ziḥlifa*, forme dialectale de *suluḥfāt-*, BELOT IBID. - Aram. ṭur. *zálḥafe* "tortue" (RITTER 563) est emprunté à l'ar., v. s. ZḤLP, SLḤP. **-3.** DALMAN VI/15, DENIZEAU 224.

ZLḪ, 1. AR. *zalaḫa* "glisser, se précipiter d'en haut (eau); se hâter; percer avec une lance", *mizlaḫ-* "loquet", *zaliḫa* "devenir gras", *zallaḫa* "lisser" *muzallaḫ-* "bas, sordide (homme), insuffisant (don, etc.)", yém. *zalḫ* "boiteux". **-2.** AK. *zalḫ-* "or". **-¶.** Comp. s. ZLG, ZLQ et v. les renvois s. -ZH-, -ZḤ-, -ZL-. V. LA III/38, Q. 229, LANE 1244, KAZIMIRSKI I/1004, BELOT 295, SELWI 104; plusieurs philologues donnent en premier lieu, le substantif *zalḫ-* avec le sens, apparemment peu attesté de "action de lever le bras pour lancer une flèche le plus loin possible" ou "point le plus éloigné que peut atteindre une flèche", LA, LANE IBID. **-2.** Emprunt d'origine inconnue; CAD 21/33, AHW 1507.

ZLṬ, 1. AR. *zalaṭa* "marcher avec rapidité", mér. *zalaṭ* "avaler sans mâcher"; tchad. *zalaṭ* "glisser". **- ? 2.** AR. *zalṭat-* "caillou, pierraille", soud. *zalaṭ* (coll) "pierres qui servent à paver les routes", or. *zalṭa* "petit caillou lisse", yém. *zalaṭ* (coll.) "billon"; AR. *zalṭ-* "nu et lisse", or. *zulṭ* "nudité, nu", or. *zallaṭ* "dépouiller quelqu'un de ses vêtements", mér. *mzllṭ* "nu, mendiant", magh. *zlaṭ* "devenir pauvre", *əzləṭ*, tun. *zunṭ* "dépouillé, nu", maroc. *ẓəlṭ* "dénuement", hisp. **anzalaṭ* "s'appauvrir". - ARAM. ṭur. *zalūṭo* "(os) sans chair, nu", *zalṭōno* "nu", naram. *b-zalṭa, b-zelṭe* "nu". - AR. *zalīṭat-* "bouchée qui tombe avant qu'on la porte à la bouche", *zulayṭat-* "bouillie épaisse", lib. *zəllayṭ* "lait caillé". **- ? 3.** ETH. te. *zällaṭ* "insouciant, qui ne s'en fait pas". **-4.** AR. magh. *zləṭ* "s'échauder, se brûler". **-5.** AR. magh. *zallāṭ*, *zullāṭ* "baguette, bâton". **-¶.** V. aussi s. -ZL-, ZḤLṬ. **-1.-2.** La répartition des formes et des valeurs en deux groupes (1 et 2) ne doit pas occulter le fait qu'en arabe, peut-être de manière générale dans les langues sud-sémitiques, les notions de "rapidité", de "glissement" et de "lisse" sont très souvent liées dans les mêmes racines; v. s. -ZḤ-, -ZL-. Ici en outre, la valeur de "lisse" se métaphorise en celle de "dépouillement" et de "pauvreté". - V. LA III/38, Q. 601, DOZY I/599, KAZIMIRSKI I/1005, BELOT 295, HAB. GLOS. 87, FRAY. 74, DENIZEAU 224, QLS 501, ALCALA 213 l. 34, s. "enpobrecerse", 351 l. 23 s. "pobre" et l. 24 s. "pobreza", STUMME GTA 167. - Pour les "pierres lisses", comp. s. ZLL. - Aram., BERGSTRÄSSER 105, RITTER 563; les formes aram. sont vraisemblablement des constructions sur des emprunts à l'ar. - Pour le te., WTS 494, qui compare ar. *zulīṭ* (pour *zulayṭ*, cité par DOZY IBID.) "homme de néant". **-3.** WTS IBID. **-4.** BEAUSSIER 438, BORIS 249. **-5.** DOZY IBID.

ZLṮM, AR. *zalḏ̣ūm-* "boutoir de sanglier, groin". **-¶.** DOZY I/599.

ZLY, AR. magh. *zlā* "cingler (vent, pluie),

tomber dru". -¶. BEAUSSIER 439.

ZLK, ARAM. nsyr. *zālik* "crever les yeux; déchirer". -¶. MAC LEAN 86. Rapport avec ZLG ?

ZLL, 1. CAN. h. *nāzollū* (niph. pl.) "être ébranlé (montagnes)", ARAM. targ. *zəlal* "être de peu de valeur", syr. *zall* "monter (plateau de la balance), manquer de poids"; mand. *zlila* "de peu d'importance", nsyr. *zil* "glissade", AR. *zalla* "glisser, trébucher, commettre une faute; passer, s'écouler (temps); marcher vite, courir çà et là, errer", *zallat-* "faute, péché; bienfait, don; noces", *zillat-* "pierres lisses", hisp. *zall* "paillarder, commettre la fornication", maroc. *ẓəḷḷəḷ* "courir les femmes", SAR. sab. *zlt* "plaque votive", sab. min. "escaliers (?)", mh. ḥars. *zəl* "attaquer, faire du tort à", jib. *zell* "insulter, attaquer; tomber de haut", *ezlel* "assurer quelqu'un qu'on fera quelque chose", mh. *azlīl* "faire avancer un animal en mettant de la nourriture devant lui", ETH. g. *zalala* "être secoué, agité", tna. *zəla*, tna. har. *zäläla*, amh. gour. arg. *zälläla* "sauter, bondir", amh. *aläl zäläll alä* "vagabonder". - ? **2.** AR. *zalla* "verser doucement (de l'eau)", *zulāl-* "pure, limpide (eau)", lib. *zall* "filtrer", *zall* "graisse fondue (de la queue du mouton)"; ? ETH. g. *zalala* "presser, exprimer", tna. *zälläla* "diluer, ajouter de l'eau en faisant de la bière", amh. *täzälläla* "mélanger, préparer le grain pour la bière". **-3.** ARAM. syr. *zalā*, *zālā* "roseau, jonc", nsyr. *zīlā* "roseau, calame", AR. *zall-* : espèce de roseau. **-4.** ETH. tna. amh. *zäläla* "grappe", ? te. *zəlala* "multicolore, bariolé". **-5.** g. *mazlal*, *məzlāl*, amh. *məzlal* "perche". **-6.** har. *zulli* "gris, terne". -¶. v. aussi Ð/ZLL, ZLZL. **-1.** v. ZLZL et les renvois s. -ZL-. Sur la forme h., V. BAUER-LEANDER HIST. GRAM. 431. - Aram., DALMAN WB 129, JASTROW 402, MD 159; nsyr., MAC LEAN 86 < ar. ?. - Ar., LA III/40, Q. 909, LANE 1241, DOZY I/597, BELOT 294, BARTHÉLEMY 318. Pour le sab., V. BEESTON MUS. 91 (1978) 198; un terme homographe pourrait désigner une "plate-forme d'écoulement", V. DIC. SAB. 170; pour *zlt* "escaliers", V. ROBIN CRAI (1993) 489; éth. CDG 638, DTE 499, EDG III/707. - Amh. *aläl zäläll*, BAETEMAN 821; sur cette expression paronomastique, V. COHEN NEEM 300; aussi BROCKELMANN ZS 6, 1/22. **-2.** Comp. s. ZLL, ṢLL. - V. DOZY I/597, FRAY. 73, MAGGIORA 468, ABBA YOHANNES 652, DTE 472 **-3.** LÖW AP 55 n° 30e, BROCKELMANN LEX. 196, TSERETELI 70, PAYNE SMITH 1125. **-4.** DTE IBID. WTS 493, BAETEMAN IBID. **-5.** CDG 378, BELOT 295. **-6.** EDH 165 rapproche interrogativement d'oromo *zulli*, comp. néanmoins s. Ð/ZLL. -¶¶. **1.** Berbère tamaz. *zəl* "(se) perdre, (s'égarer)" (TAÏFI 802), mzab. *əzla* "mettre à part, en dehors, nier" paraissent des emprunts à l'ar. - Couchitique qem. *zäläl* "sauter, danser", CONTI ROSSINI KEMANT 273, est peut-être aussi un emprunt au sémitique.

ZLM, 1. ARAM. syr. *zəlam* "induire en erreur", AR. *zalama* "se tromper, commettre une erreur", malt. *zilem* "être tordu, bouclé", *zelliem* "qui fait des nœuds, qui commet des erreurs (par distraction)", **-2.** AR. *zalama* "couper, trancher, mutiler", *zallama* "lisser, arrondir, égaliser, tailler (flèche, meule, etc.), réduire au maximum (un présent); gâter, détériorer (un mets)", *ʾazlam-* "qui a l'extrémité des oreilles coupée (chameau marqué)", *zalam-* "flèche utilisée pour la divination", *zalamat-* "proportion, conformation, physionomie", ḥass. *zellem* "trouer". **-3.** AR. *zalamat-* "corne du pied fendu (des ruminants), caroncule du pied (des brebis et des chèvres)", *muzlaʾimm-* "passant, voyageur", *ʾizdalama*, or. *tazallam* "marcher à pied", *zalame* "piéton, homme, individu". **-4.** AR. *zalama* "remplir (un récipient)". **-5.** or. magh. *zallūma* "trompe d'éléphant". **-6.** or. "bec de gargoulette". **-7.** magh. *zəllūm* "corde de laine". **-8.** ETH. tna. *ǧələm bälä* "pleuvoir violemment", te. *ǧäläm belä* "couler (eau, larmes)". **-9.** amh. *wäläm zäläm alä* "être inconstant". **-¶.** De **1.** à **-4.**, LA III/42, Q. 1008, LANE 1247, KAZIMIRSKI I/1007, BELOT 296. **-1.** CHEIKH-TAINE 908, AQUILINA 1620, HUART JA 1883/20; pour l'ar. or. *zalame*, BARTHÉLEMY 318. **-2.-3.** Comp. s. ZNM qui semble un doublet partiel de cette racine. **-3.** Le rapport entre la marche du piéton et le nom de l'homme, comme celui qu'illustre l'or. *zalāme* n'est pas exceptionnel. C'est le cas de *rağul-* en rapport avec *riğl-* "pied, jambe", *rāğil-* "piéton", etc., v. s. RGL; c'est aussi celui du magh. *tərrās* "piéton, homme"; v. aussi les remarques s. ZW/YL; v. aussi "caroncule" s. ZNM. **-5.** Comp. à la forme classique *zalɛūmat-*, v. s. ZLƐM. **-6.** Forme à métathèse de *zammūla* ? v. s. ZML. - V. BARTHÉLEMY 318, BEAUSSIER 439. **-7.** BEAUSSIER IBID. **-8.** A rapprocher probablement de g. *zənām* "pluie", v. s. ĐN/RB/M/N. **-9.** GUIDI 604. Sur ces expressions paronomastiques, V. BROCKELMANN ZS 6, 1/22, 30. V. pour l'amh. COHEN NEEM 300. **-¶¶. 7.** Le mot semble un emprunt au berbère; comp. mzab. *azəllum* (DELHEURE 251), Sous, *tazəllumt*, to. *ahəllum* : corde faite de brins de laine de mouton et de poils de chèvre (PRASSE H 55).

ZLMṬ, AR. ḥass. *ẓalmaṭ* "cacher, dissimuler, faire disparaître". **-¶.** TAINE-CHEIKH 909 qui suggère interrogativement une origine berbère; comp. kab. *ẓẓalmeḍ* "se mettre à gauche, tourner à gauche" (DALLET 944), d'une racine bien attestée en berb. : mzab. *zəlməḍ* (DELHEURE 251), Sous, Ghadamès *azəlmaḍ* "gauche", to. *həlməḍ* "être gaucher" (FOUCAULD 595).

ZLN, 1. ETH. tna. *zällan* "bergers vivant à l'extérieur", amh. "pasteurs, nomades vivant de leur beurre". **-2.** *zəlləñ* "qui ne porte pas de pantalon sous la toge". **-¶. 1.** ABBA YOHANNES 653, MHRT, BAETEMAN 824. **-2.** GUIDI 606.

ZLNBƐ, AR. *zilinbāɛ-* "qui parle trop rapidement, de façon précipitée". **-¶.** Forme expressive peut-être en rapport avec le nom de l'ouragan, v. s. ZBƐ. - V. LA III/43, Q.653.

ZLNṬḤ, AR. ég. *zalanṭaḥi* "vagabond, clochard", soud. "agissant de manière irréfléchie". **-¶.** DOZY I/600, BADAWI-HINDS 378, QLS 502. Rapports avec ZLM et avec ṬWḤ "errer, rôder", ṬYḤ "se perdre, s'en aller", v. s.

ZLNṬL, *zälänṭälä* "être éparpillé, dispersé". **-¶.** voir les renvois sous -ZR-. - ABBA YOHANNES 653.

ZLNQḤ, AR. *zalanqaḥ-* "d'un naturel mauvais". **-¶.** La forme est citée dans LA III/43, d'ap. al-Azharī; V. aussi Q. 202; FARHAT 98 présente une forme probablement fautive : *zalanfaḥ-*.

ZLS, ETH. g. *zalasa* "jeter à terre", amh. *zälläsä* "tomber à terre; couper entièrement, couper à la racine, déboiser"; *zällasa* "courbe, recourbé". **-¶.** GUIDI 604, BAETEMAN 822, CDG 638.

ZLƐ, 1. ARAM. syr. *zəlaɛ* "puiser, épuiser", Emp. *zlwɛ*, jp. syr. *zəlūɛa* : sorte de vase ou de coupe, AR. ég. *zalɛat-* : petite jarre en argile. **-2.** *zaliɛa* "être gercée, crevassée (peau), être en mauvais état, tourner mal (blessure)", hisp. *tazallaɛ* "se corrompre, se putréfier", maraz. *zlaɛ* "écorcher la peau (chaussure, etc.)", lib. maroc. *zəllaɛ* "déchirer, briser", lib. *zalɛa* : raisin foulé, entassé et écrasé. - ARAM. nsyr. *zāle* "se crevasser". **- ? 3.** AR. *zalaɛa* "prendre par ruse, léser, brûler avec le feu", hisp. *zallaɛ* "faire une quête pour une cause déshonnête, vivre d'écornifleries", *zulāɛ* "vagabond, flatteur"; ? SAR. mh. *zūla*, jib. *zelaɛ* "pousser". **-4.** AR. *zaylaɛ-* : sorte de mulot. **-5.** or. *zalaɛ* "avaler sans mâcher", soud. *ʾinzalaɛ* "avaler avec avidité". **-¶.** v. aussi s. ZLḤ, SLƐ. **-1.** à **4.** LA III/38, Q. 652, KAZIMIRSKI I/1005, BELOT 295, FRAY. 74. **-1.** BROCKELMANN LEX. 198, DISO 78. **-2.** FAGNAN 71, COLIN 730, BORIS 249, MAC LEAN 87; nsyr. < ar. **-3.** < 2 ? (= "mettre en mauvais état, léser" ?). V. DOZY I/599, VOCABULISTA 139, ALCALA 211/2, 408/25, 311/29, 382/18; JOHNSTONE ML 467, JL 319. **-5.** Comp. s. ZLƐM. - V. BARTHÉLEMY 317, QLS 501 (< syr. *zəlaɛ*); V. aussi DOZY I/599.

ZLƐB, AR. *ʾizlaɛabba* "s'entrechoquer, se heurter (vagues); être très épais (nuage)". **-¶.** Rapport avec ZƐB ? - V. LA III/38, Q. 89, LANE 1244, KAZIMIRSKI I/1005, BELOT 295.

ZLƐṬN, AR. *zalɛaṭan* "cancre, crabe". **-¶.** BOCHTOR 120, 214, DOZY I/599.

ZLƐM, AR. *zalɛūmat-* "trompe d'éléphant", *zalɛūm-* "gorge, gosier"; or. *zalɛam* "avaler sans mâcher, s'étrangler; prendre quelqu'un à la gorge, étrangler"; lib. "pousser des cris"; ARAM. naram. *zalɛūmča* "pomme d'Adam". -¶. v. s. ZLƐ dont l'élargissement ici par *-m*, est peut-être dû à l'influence de *zalɛūmat-*; cependant, les parallélismes de composition entre cette paire de formes et celles que constituent ZLƐ : ZLƐM, BLƐ : BLƐM, ḤLQ : ḤLQM, ZLQ : ZLQM, ZRD : ZRDM permet de poser à titre d'hypothèse la présence ici d'un augment spécifique (v. s. M); celui-ci peut avoir une valeur purement expressive, mais il n'est pas exclu qu'il s'agisse d'un suffixe instrumental analogue en quelque mesure à (*ā*)*n*, v. ci-dessus, t. II, p. XIII. - V. DOZY I/599, WEHR 442, FAGNAN 71, BELOT 295, BARTHÉLEMY 317; FRAY. 74, DENIZEAU 225, naram. (formé à partir de l'ar.), BERGSTRÄSSER NARAM 105. Pour "trompe" v. aussi s. ZLLM.

ZLƐP, 1. CAN. h. *zilɛāpōt* (pl.) "tempête". **-2.** ETH. tna. *zälɛafä* "trancher, couper en tranches (lard par exemple)". **¶. 1.** < ZƐP, V. RŮŽIČKA KD 232; mais aussi comp. s. ZLƐB. **-2.** ABBA YOHANNES 653.

ZLƓ, AR. *zalaga* "se lever (soleil), flamber (feu); frapper". **-¶.** Sens peu assuré. D'autres valeurs citées concernent ZLƐ, V. LA III/38; aussi Q. 704, KAZIMIRSKI I/1005, BELOT 295.

ZLƓB, AR. *zalgaba* "se couvrir de plumes (oiseau); repousser après avoir été rasé (cheveux, poils)". **-¶.** Comp. ZƓB. - V. LA 39, Q. 89, LANE 1245, KAZIMIRSKI I/1005, BELOT 295.

ZLƓṬ, AR. dial. *zalgaṭ* "faire retentir des trilles de joie". **-¶.** Comp. les formes à métathèse de la liquide et de la vélaire, s. ZḪ/ƓRD/T/Ṭ. - V. LANDBERG GLOS. 1850.

ZLP, 1. CAN. nh. *zālap*, ARAM. jp. *zᵊlap* "couler goutte à goutte, asperger", syr. "épuiser", *zelptā* "coquillage", AR. yém. *zalaf* "boire avec avidité"; magh. *zallaf* "lécher", maraz. *zlef* "s'échapper des mains", soud. tchad. *zalaf* "faillir, avoir un écart de conduite", AR. *zalafat-* "citerne; grand vase peu profond", yém. *zalafa*, magh. *zalfa* "écuelle, plat en bois", ḥass. *zlave* "pot sans anse", palest. *zalafi* "cuiller", ETH. g. *zalafa* "couler goutte à goutte"; AR. *zalafat* "pierre plate et lisse; conque, nacre; pré, jardin", ? ETH. g. *zəluf* : pierre précieuse. **-2.** AR. *zalafa* "être près; approcher, s'avancer", *zalf-* "degré, rang, dignité"; **-3.** *zallafa* "agiter, inquiéter; exagérer", magh. tun. *ẓayləf*, *ẓēləf* "donner le frisson et la chair de poule", ? magh. *zləf* "être brûlé", *zalləf* "griller, flamber", ḥass. *zellev* "cuire très peu"; *zlev* "se hâter". **-4.** ARAM. syr. *zᵊlap* "orner", AR. lib. *zallef* "orner, embellir". ? ARAM. ṭur. *zilf* "enveloppe (lettre)". **-5.** lib. *zalaf* "tailler en biseau", *mazlūf* "épine tranchante, écharde", soud. "tailler (le calame)". **-6.** magh. *əzləf* "qui a les pieds tournés en dehors, cagneux (cheval)". **-7.** ETH. g. *ʾazlafa, ʾazallafa* "continuer, persévérer, persister", *zəluf* "continu, obstiné, audacieux", *zalf* "temps perpétuel". **-8.** tna. *zälläfä, zännäfä* "humilier, déprécier", amh. *zälläfä* "pencher d'un côté, incliner", *zalaf alä* "se replier", *zäläfälläfä* "être doux (au toucher)", *täzlafälläfä*, tna. *zäläff bälä* "être épuisé; boitiller", gour. *zələfləf balä* "être difficile, malaisé". **-¶. 1.-2.** DALMAN 129, JASTROW 402, BROCKELMANN LEX. 198, LA III/38, Q. 735, KAZIMIRSKI I/1005, BELOT 295, LANDBERG GLOS. 1851, BORIS 249, DILLMANN LEX. 1035. **-1.** SELWI 104, DENIZEAU 225, QLS 502, LPAT 207, MAGGIORA 475. - Pour éth. *zəluf* "pierre précieuse", rapprochement très douteux; CDG 637 mettrait plutôt en rapport avec "orner, embellir", s. 4. **-3.** MARÇAIS TAKROUNA 1687. **-4.** Ar. < aram. ? Mais comp. s. 2 : *zallafa* "exagérer". - Ṭur., RITTER 584. **-5.** FRAY. 74, DENIZEAU 225, QLS 502. **-6.** BEAUSSIER 439, TAINE-CHEIKH 906. **-7.** CDG 636, EDG IBID., MAGGIORA 469. - V. aussi pour une discussion étymologique, RUNDGREN BILD. 70. **-8.** ABBA YOHANNES 653, GUIDI 607, BAETEMAN 824, EDG III 707. - CDG 637 rapproche de l'ar. *zallafa* "inquiéter", v. s. 2. - V. aussi ABBA YOHANNES 653, DTE 472, EDG III/722.

ZLQ, 1. AR. *zaliqa* "glisser", *zalaqa* "glisser, faire glisser; raser", *zallaqa* "raser; oindre; rendre lisse, glissant", *mazlaq-* "fœtus abortif", *zaliq-* "visqueux, gluant", *zalq-* : sorte de dysenterie, *mizlāq-* : ce qui sert à fermer une porte (sans clef), maroc. *zləg* "entraîner hors du droit chemin"; ARAM. ṭur. *zalqōi* "somnolent, qui ne travaille pas bien"; naram. *zallōqča* "support de pierre utilisé dans la cuisson". SAR. ḥars. *zelōq* "glisser; manquer, être perdu", ETH. tna. *zäläq̣ä, zälaläq̣ä* "relâcher, desserrer", *zäläq̣läq̣ bälä* "devenir mou, peureux", amh. *zəlqəq alä* "être lâche, relâché", *zälläqä* "franchir, traverser, se déplacer"; *zələqləq* "jalousie, fenêtre en treillis". **- ? 2.** ARAM. targ. (plur.) *zᵊlīqē* "étincelles ?, flammes ?", syr. *zalīqā* "éclat, rayon", mand. *zaliqa*, ṭur. *zālīqō* "rayon de soleil", ? nsyr. *zāliq* "contempler, regarder avec envie". **-3.** AR. or. *zallaq* "inspirer du courage à", *zalāqa* "courage". **-4.** SAR. soq. *zəloq* "puiser de l'eau", mh. *məzəwqāt*, jib. *mizelṣ̌ot* : noix de coco utilisée comme récipient. **-¶.** Pour nombre de ses emplois, la racine apparaît comme un doublet de ZLG. - L'ak. présente une forme *zalaqt-* "éclat, brillant", qui, selon CAD 21/33, est une forme "artificielle probablement fabriquée par le scribe..."; par ailleurs *zalāq-* : sorte de pierre est un emprunt au sum.; V. aussi AHW 1507. **-1.** Ar., LA III/40, Q. 802, BELOT 296, DOZY I/600, FAGNAN 71, COLIN 731; sur *mizlaq-*, v. les commentaires s. ZLG et comp. s. ZLQṬ; sar., JOHNSTONE HL 149; éth., ABBA YOHANNES 653, DTE 472, GUIDI 605, BAETEMAN 822, PRAETORIUS AMS 72. - Pour les dialectes aram. mod. (probablement < ar.), V. BERGSTRÄSSER NARAM. 105 (*zalloqča*, RITTER 579). **-2.** v. ZLG. Sur un lien entre "briller" et "glisser", v. s. ZL. - Aram. targ.,

Prov. 16/27. - Aram., V. DALMAN WB 129, JASTROW 401, BROCKELMANN LEX. 198, MD 159, RITTER 589, MAC LEAN 87. **-3.** V. BARTHÉLEMY 317, DENIZEAU 225. **-4.** LESLAU LS 153 (qui rapproche de ZLG, ZLḤ), JOHNSTONE JL 319, ML 467.

-ZL/M/N/Q-, Z + Q + liquide (L, M, N) constituent la base de radicaux quadri-consonantiques ayant la valeur de "balancer"; il s'agit vraisemblablement de radicaux iconiques qui peuvent dépendre les uns des autres par métathèse ou échange de phonèmes apparentés; v. s. ZLZQ, ZMZQ, ZNQL, ZLQP, ZQLP.

ZLQṬ, 1. AR. iraq. *zalgaṭ* "verrouiller". **-2.** Syr. *zəlᵊʾṭa* "guêpe". **-¶. 1.** Formé sur ZLQ, v. s. - V. DIA 205. **-2.** DENIZEAU 225, et v. s. ZRQṬ, ZNBṬ.

ZLQLQ, voir s. ZLQ.

ZLQM, 1. AR. *zalqama* "avaler (une bouchée)", *zulqūm-* "trachée-artère, gosier". **-2.** *zalqamat-* "large étendue, ampleur". **-3.** ETH. tna. *zälqämqämä* "dire des obscénités, tenir des propos futiles". **-¶. 1.** Dissimilation de *zaqqūm-*, RŮŽIČKA KD 214 ? < de ZQM par analogie avec *ḥalqūm*, FRAENKEL BEITRÄGE 23 ? Croisement de ZLQ et LQM, LANDBERG GLOS. 1851 ? de LQM et ZQM, v. s. ? Mais v. aussi les commentaires s. ZLƐM. - V. LA III/30 (qui indique que *zulqūm-* est une forme dialectale pour *ḥulqūm-*, v. s. ḤLQM), Q. 1008, LANE 1247. **-2.** Certains lexicographes donnent à *zulqum-* le sens de "mer" qui serait en rapport avec *zalqamat-* "étendue, ampleur". Il semble qu'il s'agisse plutôt d'une métathèse de *Qulzum*, l'ancienne ville qui a donné son nom à la mer Rouge : baḥr al-Qulzum. **-3.** ABBA YOHANNES 653.

ZLQP, AR. maroc. *zəlqəf* "être lancé d'une main à l'autre, être ballotté". **-¶.** Aussi ZQLP; rapport avec ZLQ ? ZQP ? Comp. aussi ZLZQ, ZMZQ, ZNQL. - V. COLIN 732.

ZLQQ, ETH. amh. *zəlqəq alä* "être fat; être lâche, relâché". **-¶.** BAETEMAN 880; GUIDI 606.

-ZM/N-, base onomatopéique de racines nommant des bruits continus, surtout sourds, graves : bourdonner, vrombir, etc. V. ZʾM, ZWM, ZMM, ZMZM, ZMT, ZNN, ZNZN.

ZM, 1. ETH. te. *zam* "tour de rôle". **-2.** amh. *ǧäma* "fleuve, eau courante; très généreux". **-¶.** v. aussi s. ZƐM. **-1.** WTS 494. **-2.** BAETEMAN 865.

ZMʾT, v. s. ZMT.

ZMB, ETH. amh. *ǧəmba ǧəmbo täsäkkämä* : se mettre à deux pour porter un fardeau à l'aide d'une perche. **-¶.** Rapport avec GNB "côté, etc.", v. s. ? - V. BAETEMAN 870.

ZMBB, ETH. amh. gour. *zämbäbä* "palmier". **-¶.** < couch., V. EDG III/708; STRELCYN II/184 n°133.

ZMBR, v. ZN/MBR.

ZMG, 1. AR. *zamağa* "remplir; (avec *ɛalā*) entrer sans permission (chez); (avec *bayna*) semer la discorde (entre)"; *zamiğa* "être en colère", *zamağ-* "colère", *zummağ-* : espèce d'oiseau de proie; magh. *zməğ* "dépasser, ne faire que passer, paraître et disparaître aussitôt". **-2.** iraq. *zimiğ* : boue alluviale utilisée comme fertilisateur. **-¶. 1.** v. aussi s. Zʾ B/MG. - Doublet partiel de ZMK; comp. aussi s. Zʾ G; v. aussi pour le nom de l'oiseau de proie, s. ZMḤ. - V. LA III/43, Q. 175, BELOT 297, BEAUSSIER 440. **-2.** DIA 206.

ZMGL, AR. *zimğīl-* : sorte de panthère. **-¶.** Q. 910.

ZMGR, AR. *zamğara* "gronder (tonnerre, lion)", *zimğar-* "vacarme, cris", *zamğarat-* "cris confus; flûte, son de flûte". **-¶.** Analogies sémantiques nombreuses avec ZMḪR, v. s.; v. aussi s. ZMR, ƐḎMR. - V. LA III/43, Q 362, FARHAT 189, BELOT 297.

ZMD, 1. ETH. g. *zamada* "associer, relier", tna. *täzamädä*, amh. gour. *täzammädä* "se lier, s'apparenter", *zamad*, te. tna. amh. gour. *zämäd* "genre, espèce, famille", *zänd* "avec". **-2.** har. *zämäda*, gour. *zämädä* "tirer". **-¶. 1.** Pour la forme *zänd*, V. PRAETORIUS AMS 59 § 35c. V. CDG 638, DTE 473, WTS 495, BAETEMAN 828, EDG III/708 **-2.** EDH 166, EDG IBID.

ZMHL, AR. *ʾizmahalla* "tomber (pluie); couler (larmes, neige après sa fonte)", *muzmahill-* "claire, limpide (eau); ? dressé, qui se tient debout". **-¶.** LA III/49, Q. 910, KAZIMIRSKI I/1014; *muzmahill-* "dressé", d'après les éditions de Q.

ZMHR, AR. *zamhara* "être rouge, étinceler de colère (yeux)", *ʾizmaharra* "être sévère (visage); être très froid (temps); briller (étoiles), renfrogner, contracter (le visage), être d'un froid intense (temps)", *zamharīr-* "froid intense; (Ṭayyiʾ) lune"; *muzmahirr-* "en colère, qui rit", lib. *zamhar* "s'enflammer, se tuméfier, faire une auréole rouge (blessure)"; magh. *zməhri* "froid intense". **-¶.** Des rapports sont évidents avec ZHR et ZMR, v. s. - Le mot *muzmahirr-* ("en colère, riant") est donné pour énantiosémique; ses valeurs, apparemment opposées, semblent dépendre de celle de "contraction" des traits du visage. - BROCKELMANN LEX. 199 cite *zamhᵊrān* : nom d'un poison, comme rendant une forme arabe *zmhrn* dans la traduction syriaque de *Kalilah wa-Dimnah*. - EDH 165 fournit har. *zihmirīra* "frisson (causé par le froid ou la fièvre)" qui est un emprunt à l'ar. - V. LA III/49, Q. 362, DOZY I/604, BELOT 298, FRAY. 75, BEAUSSIER 441.

ZMW, 1. AK. *zummū* "manquer, être privé de, priver de". **-2.** *zamū* : terme d'architecture (concernant un mur de temple ou de maison), **-3.** ETH. g. *zammawa*, tna. *zämmäwä*, amh. *zämma* "forniquer, commettre l'adultère". **-4.** g. *zemā*, tna. amh. gour. *zema* "mélodie, chant". **-¶. 1.** CAD 21/157, ARM 15/280, AHW 1536. **-2.** CAD 21/41 : peut-être *ṣamū* ? AHW 1509 propose interrogativement "angle, pilier d'angle" et comp. ar. *zāwiya* "angle, coin" (v. s. ZWY), V. aussi OR. NS 16 (1947) 448. **-3.** Comp. héb. *zimmā* "vilenie, mauvaise conduite" (v. s. ÐMM) ?, PRAETORIUS BA 1/32; ou rattacher à ZNW/Y ?, DILLMANN 1041, NÖLDEKE ZDMG 40/155, BROCKELMANN LEX. 200, COHEN BSL 30/144. V. CDG 640, DILLMANN LEX. 1042, PRAETORIUS AS 242, BAETEMAN 828. **-4.** Comp. s. ZMZM, ZMM. V. CDG 638.

ZMZY, AR. magh. *zəmzā* "pierre, caillou". **-¶.** BEAUSSIER 440.

ZMZL, AR. magh. *zəmzāl* "furoncle". **-¶.** v. aussi s. ZMZM. - BEAUSSIER 440.

ZMZM, 1. AR. *zamzama* "produire un murmure; retentir; marmotter; produire un bruit lointain, continu, des sons confus", *tazamzama* "barrir (chameau)", *zimzimat-* "troupe, bande", maraz. *zamzūma* "tache, silhouette massive apparaissant comme un bloc dont on n'arrive pas à reconnaître les éléments", *zumzūm-* "masse, amas, grande quantité"; SAR. soq. *zemizhim* "troupe, bande", ETH. amh. *zämäzzämä* "mettre en lingot". - ARAM. nsyr. *zamzūm* "bourdonner, murmurer", ṭur. *zimzím* "bruit du coup sur un instrument de percussion". **-2.** AR. *zamzām-* "saumâtre, légèrement salée (eau)", *zamzamat-*, *zamzam-* "abondante (eau)", iraq. ég. soud. *zamzamiyya* : récipient à eau (en métal ou en toile). **-3.** ETH. gour. *zəmäzzämä* "être mouillé, humide". **-4.** AK. *zimzimm-* "échalote (?)". **-¶. 1.** Le nom de *zamāzimat-* (plur.) donné aux "adorateurs du feu" proviendrait des sons articulés tout bas par eux au moment de leurs repas, LANE 1248 d'après le *Ṣiḥāḥ*; V. aussi LA III/48, Q.; CDG 640 signale syr. *məzamzəmāne*, même sens, et, d'après TAYYE, une forme g., qui semble apparentée : *zəmzəmyāhu*, pour désigner les "sorciers musulmans". Dans le dialecte de Constantine, une forme *zamzām* correspond au magh. *zəmzāl* "furoncle", v. s. ZMZL. - Les formes nsyr. et ṭur. peuvent procéder d'emprunts à l'ar., mais il n'est pas exclu qu'il s'agisse de formations onomatopéiques autonomes, comme le pensent MACUCH-PANOUSSI 51; V. aussi RITTER 584. - Q. 1008, BORIS 251, LESLAU LS 153, BAETEMAN 827. **-2.** v. aussi s. ZMM. - Le nom de la source sacrée de Zemzem à la Mecque est rattaché par certains des lexicographes à la notion d'abondance, d'autres la relient à *zamzām-* "saumâtre", LANE 1249 avec références. Ce nom a donné naissance à diverses expressions dialectales basées sur un verbe *zəmzəm* "laver avec l'eau de Zemzem", par exemple *m(u)zəmzəm* "(personne) particulièrement méritante", V. BEAUSSIER 440, TAINE-CHEIKH 912. Peut-être aussi faut-il reconnaître la même origine à l'or. *zamzam* "tremper ses lèvres (dans une coupe) avant de l'offrir", V. BARTHÉLEMY 318. - Sur le mot nommant un récipient, DIA 206, HINDS-BADAWI 379, QLS 505 (qui rapporte à un verbe *zamzam* qui serait en usage en Syrie). **-3.** Le radical avec -M- pour 2ème consonne ne caractérise qu'une partie des dialectes; d'autres procèdent d'une racine ZBZB, v. s. et V. EDG III/709. **-4.** V. MEISSNER ZA 6 (1891) 292, CAD 21/122, AHW 1529.

ZMZQ, 1. ARAM. syr. *zamzīqā* "balançoire". **-2.** AR. or. *zamzaq* "gazouiller". **-¶. 1.** Comp. s. ZLZQ et v. s. -ZL/M/NQ-. - V. BROCKELMANN 199. **-2.** Comp. s. ZQZQ. - V. BARTHÉLEMY 318.

ZMZR, 1. AR. *zamzara* "agiter une outre (pour la mettre sous l'aisselle) ou un sac (pour le tasser)". **-2.** magh. *zamzar* (*fī*) "huer, honnir". **-¶. 1.** Q. 362, KAZIMIRSKI I/1011. **-2.** DOZY I/603.

ZMḤ, AR. *zummaḥ-, zūmaḥ-* "faible, débile; noir, hideux"; magh. *zəmmāḥ* "anus, cul", magh. *zawmaḥ* "marcher en tortillant le derrière". **-¶.** LA III/44, Q. 202, KAZIMIRSKI I/1009, BEAUSSIER 440, 448, BORIS 251, 257, COLIN 734. Des lexicographes (dont LA) mentionnent aussi *zammāḥ-*, oiseau de proie objet de légendes diverses.

ZMḪ, AR. *zamaḫa* "être haut, élevé; être fier, orgueilleux", *zamūḫ-* "difficile, lointain", magh. *zammāḫ* "vantard". **-¶.** LA III/44, Q. 229, KAZIMIRSKI I/1009, BELOT 297, LENTIN 117.

ZMḪN, AR. *zimaḫn-* "d'un mauvais naturel". **-¶.** Développement de ZMḪ. - LA III/44.

ZMḪR, AR. *zamḫara* "être fort, violent, rugir (tigre); retentir fortement (son)". *zamḫar-* "flûte; bois de flèche mince"; *zamḫariyy-* "long, creux"; *zamḫara* "bourgeonner (plante)", *zamḫar-* "touffu, à branches entrelacées (arbre)". **-¶.** La racine double, pour l'essentiel, ZMGR, v. s. - V. LA III/44, Q. 362, KAZIMIRSKI I/1010, BELOT 297.

ZMṬ, 1. AR. or. *zamaṭ, ẓamaṭ* "se glisser, s'échapper"; lib. *zamīṭ* "(il est sorti) les mains vides", hisp. *zummāṭī* "libéré, dégagé", soud. *zammaṭ* "avaler". **-2.** or. *zamaṭ* "se réjouir", *zammaṭ* "se vanter", ʿom. *zāmaṭ* "parier". **-3.** ég. *zamaṭ*, magh. *zməṭ* "serrer, appuyer"; maroc. "oppresser (chaleur écrasante)". ARAM. nsyr. *zāmiṭ* "remplir jusqu'aux bords". **-¶. 1.** Sur le rapport "glisser" : "avaler", comp. s. ZLG, ZLQ. - V. DOZY I/603, BELOT 297, LANDBERG GLOS. 1856, BARTHÉLEMY 503, DENIZEAU 226, VOCABULISTA 139, QLS 505. **-2.** LAND-

BERG IBID. **-3.** BADAWI-HINDS 379, BEAUSSIER 440, COLIN 733; MAC LEAN 87.

ZMY, 1. AR. dat. *zammā* "sentir mauvais". **-2.** ETH. te. tna. *zäma* "beau-frère", gour. *zämmi* "frère". **-3.** ARAM. syr. *zəmāytā* "neige, gelée blanche". **-4.** *zymyʾ*, *zʾmyʾ* "peine, amende", jp. syr. *ʾezdamī* "être puni". **-¶. 1.** LANDBERG GLOS. 1865. **-2.** WTS 494, DTE 473, EDG III/707. V. PRAETORIUS AMS 515 § 28 pour qui *zämmi* = *zä-əmm* "celui de la mère"; contre : EDG < couch. (qem. *zan*, kham. *zin* "frère"). **-3.** BROCKELMANN LEX. 199 qui suggère interrogativement une étymologie pers. : *zam* "froid"; v. aussi s. ZMT. **-4.** < gr. *zēmía*, BROCKELMANN IBID.

ZMK, 1. AR. *zamaka* "irriter, mettre en colère; remplir une outre; imbiber, imprégner, incruster", *zamak-* "colère", *zamakat-* "emporté; stupide; petit de taille"; *zammaka* "ajuster (un vêtement)", *mazmūk-* "pressé", lib. *zməkk* (injure) "mauvais, méchant", magh. *zmək* "presser, hâter", maroc. *ẓmək* "serrer, lier très serré", or. *zamk* "trop juste, étroit". - ARAM. nsyr. *zāmik* "être maussade". **-2.** AR. or. *zammak* "tracer, peindre des raies de différentes couleurs (sur une étoffe, un panneau de bois, etc.)". **-3.** ARAM. syr. *mazməkā* "lampe à huile". **-¶.** Voir aussi s. ZM(/)NK. **-1.** Doublet partiel de ZMG, V. LA III/45; V. aussi FARHAT 420, Q. 847, BELOT 298, KAZIMIRSKI I/1012, DOZY I/603, FRAY. 75, BEAUSSIER 440; pour or. *zamk*, comp. *zakk* s. ZKZK, ZKK; BARTHÉLEMY 316. - Nsyr. < ar., MAC LEAN 87. **-2.** BARTHÉLEMY 319. **-3.** < arm. *bazmak*, V. LAGARDE GA 63, n. 160, HÜBSCHMANN AG 114, 189, BROCKELMANN LEX. 199.

ZM(/)NK, AR. *zamak-* "queue d'oiseau", magh. *ẓanka*, *zbənka*, *zmənka* "croupion d'oiseau, postérieur, cul", ? *ẓannək* "se tenir recroquevillé, accoudé, le postérieur sorti et la tête baissée", ḥass. *ẓnek* "donner un coup de derrière". **-¶.** Les formes verbales pourraient être des dénominatifs de *ẓanka* qui existe bien dans des parlers tunisiens, V. MARÇAIS TAKROUNA 1697, mais qui ne semble pas avoir été relevé ailleurs. Cependant des formes comme *zbənka*, IBID., *zmənka*, BEAUSSIER 441 semblent bien être des développements expressifs de la racine, elle-même reliée probablement à ZKK, v. s. - V. aussi TAINE-CHEIKH 922.

ZML, 1. AR. *zamala* "courir en portant une charge; prendre en croupe; s'adjoindre quelqu'un ", *zammala* "envelopper dans ses vêtements, cacher; entrer en campagne", *zamlat-* "troupe de voyageurs", *zāmilat-* "bête de somme, sac à provisions", *ʾazmalat-* "bagages et ustensiles; famille, maison", *zamīl-* "compagnon de voyage", ḍof. *zámǝl* "selle, housse (de cheval)", soud. *zammal* "rassembler ses vêtements", yém. *zāmil* "chant de marche, de guerre", iraq. *zmāl* "âne", hisp. *zāmil* "rosse", maraz. *zāməl* "chameau de charge", ḥass. *zāməl (əl ḫeyl)* "cheval", maraz. *zmäl* "redresser d'un coup d'épaule une charge qu'on porte sur le dos", *zämmäl* "porter sur le dos", *zemlä* : dune haute et largement écartée, ḥass. *zemla* "grande dune ronde, colline", magh. *zəmməl* "faire une expédition, camper (tribu)", *zmāla*; SAR. mh. *zəmūl*, ḥars. *zəmōl,* jib. *zōl* "mettre une sangle à un chameau; entonner un chant", soq. *zomil* "seller, bâter", mh. *məzməlēt*, jib. *zẽl* : sac rempli d'herbe utilisé comme bât de chameau. - ? AR. *zamala* "bêler". **- ? 2.** AR. maroc. *zāməl* "jeune homosexuel passif", *zmāla* "prostitution". **-3.** AK. *zamalt-* (pl.) : ustensile ménager". **-4.** AR. *muzammalat-* : cruchon en terre pour rafraîchir l'eau, or. *mzammale* "jarre", *zammūle* "bec de gargoulette, de cafetière". **-5.** ḥass. *zāməl* "clitoris". **-6.** lib. *zamal* "tailler la pierre au ciseau". **- ? 7.** ARAM. syr. *zmalyā*, *zmelyā* "scalpel". **-¶.** Comp. aussi s. Zʾ B, ZBB, ZBY, ZBL, ZHML. **-1.** LA III/46, Q. 909, LANE 1252, KAZIMIRSKI I/1013, BELOT 298, LANDBERG GLOS. 1861, DIA 206, VOCABULISTA 139, ALCALA 96/9, QLS 505, BORIS 252. - Le sens "bêler" pour *zamala* est donné par Ibn Ǧanāḥ, V. DOZY I/603. - En ar. soud. *zamūl* "hippopotame", FAGNAN 72, aussi ḥass *zāmūl*, synonyme de *zāməl ləbaḥr* "cheval de la mer", TAINE-CHEIKH 914. **-2.** COLIN 735. **-3.** V. CAD 21/34. - Rapport avec 4 ? **-4.** BELOT 298, CANTINEAU PALM. II/49; v. aussi s. ZML. **-5.** Comp. s. Z(ʾ/W)BR. - V. TAINE-CHEIKH 914. **-6.** FRAYHA 75. **-7.** < gr. *smílē*, BROCKELMANN LEX. 199.

ZMLṬ, AR. *zamlaṭa* "glisser". **-¶.** Comp. s. ZLṬ, ZMṬ et v. les renvois s. -ZL-. - DOZY I/604.

ZMLQ, AR. *zamaliq-* "gras", *zumlūq-* "léger, actif, rapide"; *muzamlaq-* "glissant"; *zumaliq-* "qui émet la semence avant la pénétration". **-¶.** Comp. s. ZLQ. - Q. 802, LANE 1253; DOZY I/604.

ZMM, 1. ARAM. syr. *zam* "lier la vigne", *zᵊmāmā* "lien, mors, bride", jp. *zᵊmam* "mettre un mors", AR. *zamma* "lier, attacher; brider une monture; exercer un contrôle", *zimām-* "longe, bride, courroie; contrôle", or. lib. *zamm* "se rassembler, se contracter", Syr. palest. "porter, emporter", hisp. *zemém* "rétrécir, endurer, supporter", soud. *mazamm* "rétrécissement du chemin", malt. *zamm* "tenir, retenir, empêcher", magh. *zəmm* "fermer la bouche", hisp. *zimīm* "livre de comptes", *zemmén* "enregistrer", magh. *zmām* "registre, cahier", *zəmməm* "enregistrer, inscrire", ḥass. *zemmem* "calculer, compter", maroc. *zəmmāmāt* (plur.) "muscles qui serrent le sphincter", maraz. *zamm* "soulever en un seul bloc par en dessous et emporter (quelque chose de lourd)", *zammam* "être aride (région)", ? AR. *zamma* (*bi*) "relever (la tête), se glorifier", SAR. mh. ḥars. *zem*, jib. *zimm* "soulever quelqu'un dans ses bras", ETH. g. *zamama*, tna. *zäm-*

mämä "brider, attacher avec une corde la mâchoire inférieure d'une bête, être troublé, perturbé", *zəmām* "mors aux narines, lien", te. amh. *zəmam* "anneau de nez". - ? amh. *ǧəmmat* "nerfs, veines, muscles, tendons; cordes de lyre". - g. *zəmmāme* "silence, tranquillité", amh. *zəmm ʾalä* "être tranquille, silencieux", *zəm* "chut !". **-2.** ARAM. mand., syr. *zam* "susurrer, résonner"; AR. *zamīm-* "bourdonnement". **-3.** ARAM. cp. *zemmā*, syr. *zᵊmtā*, mand. *zimta* "cheveux". **4.** AR. *zamma* "remplir, être rempli", maroc. *ẓəmma* "gros derrière"; SAR. sab. *zm* "alimentation en eau". **-5.** jib. *ziũt* "perdrix". **-6.** ETH. g. *zəmmāme*, tna. amh. *zəmmama* : manière de rythmer le chant, amh. *zämmämä* "battre la mesure en frappant le sol avec un bâton; ? pencher, tituber, chanceler", ? tna. *zämämä* "être prêt (pour la guerre), être en ligne". **-¶. 1.** V. NÖLDEKE NBSS 41 : aram. > ar.; sans doute aussi ar. > éth. - Aram., BROCKELMANN LEX. 198, MD 169, LA III/47, Q. 1008, LANE 1248, KAZIMIRSKI I/1008, BELOT 296, QLS 503, BARTHÉLEMY 319, DENIZEAU 225, ALCALA 212/38, AQUILINA 1593, BEAUSSIER 439, TAINE-CHEIKH 910, BORIS 250, COLIN 736; la valeur "relever (la tête), se glorifier" est expliquée par les lexicographes arabes d'après le mouvement de la bête qui hausse la tête quand on tire la bride, V. entre autres Q., LANE IBID.; sar., JOHNSTONE ML 468, HL 149, JL 319; éth. CDG 638, MAGGIORA 469, WTS 495, GUIDI 608, BAETEMAN 869, COHEN COUPLETS... DU CHOA 17; la forme de ce mot, qui apparemment désigne toujours une collection d'objets, semble bien celle d'un pluriel archaïque en *-at*, sur lequel V. COHEN TRAITÉ 71. **-2.** V. ĐMM. - Aram., BROCKELMANN 192, MD 169, ar., DOZY I/802; éth., CDG 638 où est expliqué le lien entre les diverses valeurs de *zamala*; pour l'amh., V. AMS § 228e, 331e. **-3.** V. aussi s. ZPY. - V. SCHULTHESS 133, BROCKELMANN 199, MD 167. **-4.** Comp. s. ZMZM. - V. DIC. SAB. 170. **-5.** JOHNSTONE JL 319. **-6.** Amh., BAETEMAN 824, tna., ABBA YOHANNES 654, V. aussi les réf. éth. s. 1. **¶¶.** En berbère (tamazight), on relève *tazməmt* : piquet auquel est attachée la corde qui fixe la tente; cordeau de tirage de la charrue, *azmam* "tendon, jarret", TAÏFI 806.

ZMN, 1. **zaman-* : temps déterminé. - CAN. h., ARAM. bibl. *zᵊmān*, palm. *zbn*, nab. *zmn*, *zbn*, cp. *zᵊbān*, syr. *zabnā*, mand. *zban*, ṭur. *zabno*, naram. (plur.) *zibnō*, nsyr. *zōnā*, AR. *zaman-*, *zamān-*, SAR. mh. *zebōn*, jib. *ziũn*, soq. *zem*, ETH. g. *zaman*, tna. amh. *zämän*, har. *zäman*, gour. *zämän*, *zämär*, *zān*, te. tna. amh. arg. *zäbän*, "temps, époque, période", te. *təzäbbänä* "être opportun, coutumier"; CAN. h. **mᵊzumman* "déterminé (temps)", ARAM. bibl. **hizdᵊman*, **hizdammēn* "convenir de, fixer", syr. *zammen* "inviter, préparer", *zᵊmīnā* "invité, convive", mand. **zamin* "convoquer", AR. *zamina* "être atteint d'une maladie chronique", *zamān-* "vicissitudes du temps, destin, malheur", SAR. jib. *ezmin* "être au début de la mousson"; - ? **2.** AR. ḥass. *zmān* "campement; richesses, équipement, mobilier". **-3.** Ar. *zamana* "enflammer la colère". **-¶.** v. s. ZBN certaines formes présentant un *m* pour le *b* en sar. jib. **1.** Les formes h., ar. et éth. seraient des emprunts à l'aram., V. NÖLDEKE NBSS 44, WAGNER 48. On a proposé que l'aram. soit lui-même emprunté à l'ak. *simān-* "moment (juste), temps" (qui dériverait de *wasāmu*, v.s., selon LANDSBERGER JNES 8/256, V. AHW 1044), ZIMMERN 63, BROCKELMANN GVG I/170, 230, LANDSBERGER JNES 8 (1949) 256, KAUFMAN 91; autre hypothèse : < vpers. *ǧamāna*, mpers. *zamān*, comp. sogd. *zmn*, NÖLDEKE MG 152 (avec réserves, V. NBSS 44 n. 3), TELEGDI JA (1935) 242; V. aussi BROCKELMANN GVG I/170, RŮŽIČKA KD 92, JOÜON MUSJ 6/157, historique et bibliographie dans WAGNER ARAM. 49 n° 78. - Les formes en ZBN dominent en araméen non biblique; en mand. *zaman* se trouve dans des expressions arabes, MD 159; mais il existe des formes dérivées de ZMN de structure araméenne comme *zamanta*, *zamanuta*, etc. "convocation, invitation". En ar., certaines des dérivations sémantiques sont dues à l'influence de *dahr-*, V. LA III/48, LANE 1253. et v. s. DHR. Bibliog. : h., HAL 262, aram DALMAN 130, JASTROW 404, SCHULTHESS 36, MD 165, BERGSTRÄSSER 104, ML 83, Ar., LA IBID., Q. 1084, LANE IBID., KAZIMIRSKI I/1014, BELOT 298, LANDBERG GLOS. 1865, DOZY I/604; sar. LESLAU LS 153, JOHNSTONE ML 463, JL 319; éth. CDG 638, WTS 499, DTE 473, DTF 100, BAETEMAN 826, EDG III/701. **-2.** Sans doute en rapport avec or. *sāmān* "équipement, bagages", v. s. SMN. Peut-être lié à 1 : "ce qui est imparti, déterminé par le destin"; ou bien à ZMM : "ce qu'on emporte, etc.". - V. TAINE-CHEIKH 915. **-¶¶. 1.** Représenté en couch., béd. *demān*, ᶜaf. bil. *daban* "temps", REINISCH BEDJA 67, AFAR 43, BILIN 96; COHEN ESSAI 144 n° 302 rapproche également ag. bil. *sīna* "moment, temps", sa. *sanā* "temps passé". Ces formes, si elles sont bien en rapport avec cette racine, seraient vraisemblablement des emprunts.

ZMNK, voir sous ZM/NK.

ZMƐ, 1. AR. *zamiεa* "être stupéfait, rester interdit", *zamaεa* "être agile, rapide; courir à petits pas; marcher lentement", *zammaεa*, *ʾazmaεa* "être résolu, décider", *zamaε-* "tremblement de frayeur", ḥass. *zmāε* : troubles cérébraux des chameaux et autres animaux caractérisés par des accès de violence. **-2.** AR. *zamaεat-* : excroissance, nodosité : callosité au bas du pied de certains animaux, excroissance à la main qui ressemble à un doigt supplémentaire, etc., palest. *zimεa* : pointe, bout inférieur de la gourde. **-¶. 1.** Le verbe est souvent donné pour un terme énantiosémique "être agile" : marcher lentement; peut-être la base de cette dernière valeur est-elle liée à la notion de courir à petits pas ? V. LANE 1251 s. *zamūε-*. **-1.-2.** V. LA III/45, Q. 653, KAZIMIRSKI I/1011, LANE IBID., BELOT 297, DOZY I/603, DALMAN ASP IV/252, MONTEIL ESSAI SUR LE CHAMEAU, TAINE-CHEIKH 912.

ZMƓ, AR. or. *zamag* "étourdir, abasourdir". **-¶.** Comp. s. ZMƐ. - V. BARTHÉLEMY 318.

ZMPR, AR. ḥass. *zemvāre* : outil de forgeron-bijoutier. **-¶.** V. JACQUES-MEUNIÉ, CITÉS ANCIENNES DE MAURITANIE 150 : bol percé diffusant l'air des soufflets dans la braise.

ZMQ, 1. AR. *zamaqa* "arracher le poil de la barbe"; *zamaqat-* "petite, infime quantité". **-2.** *zamaqa* "ouvrir une serrure"; mérid. or. *zamaq* "se glisser, s'évader", magh. *zməq* "s'échapper"; ? ḥass. *ẓməg* "être privé de quelque chose"; **-3.** AR. *zamaqa* "se mettre en colère", palest. *zammaq* "ennuyer", ḥass. *ẓamməg* (*εle*) "insulter". **-4.** ḥass. *zəmmeyge* "girouette, toupie". **-¶. 1.** La racine apparaît ici comme un doublet de ZBQ, v. s. et V. LA III/45. **-1.-2.** V. Q. 802, KAZIMIRSKI I/1012, BELOT 297, TAINE-CHEIKH 913. **-2.** < ZLQ ? (v. s.). CORRIENTE ALCALA 88 a rapporté à ZMQ la forme ar. hisp. **zumaqāt,* sa lecture du mot *çumaquĭt* "jets (pour un faucon)", ALCALA 350/25; la forme est ambiguë en raison de la polyvalence phonétique de *qu* et de *ç*, mais ce dernier est la représentation normale du *s* arabe et non du *z*; or le terme de fauconnerie ar. qui désigne ces entraves est *sibāq*; c'est de lui qu'on peut donc rapprocher **sumaqāt*. - V. BELOT 297, BARTHÉLEMY 318, DOZY I/603, d'après Hélot. **-3.** BAUER WB 202. **-4.** TAINE-CHEIKH IBID.

ZMR, 1. AK. *zamāru* "chanter", CAN. h. *zimmer* "chanter, célébrer; jouer d'un instrument", ARAM. targ. *zammēr*, targ. syr., mand. *zᵊmar*, nsyr. *zāmir* "chanter", AR. *zamara* "souffler dans un roseau, jouer de la flûte, divulguer, trahir un secret, exciter les uns contre les autres, crier (autruche)", hisp. *zamár* "siffler, jouer de la musique", *zummāra* "gosier; panse des ruminants", ? *zamara* "remplir (une outre)", ? *zumrat-* "bande, troupe d'hommes"; ETH. g. *zammara*, te. amh. *zämmärä*, tna. *zämärä* "chanter, psalmodier, réciter des psaumes", te. *ʾazzamärä*, tna. *ʾazmärä* "se glorifier, se vanter", gour. *azämärä* "chanter des chants guerriers, célébrer la louange", *žämmärä* "mugir, meugler", AK. *zamār-, zimr-,* CAN. h. *zāmīr, zimrāh*, ARAM. jp. *zᵊmīrā, zīmrā*, bibl. syr. *zᵊmārā* "chant mélodique, musique", AR. *zammārat-* : espèce de flûte, CAN. h. *mizmōr*, ARAM. syr. *mazmūrā*, AR. *mazmūr-*, ETH. g. *mazmur* "psaume, cantique". **-2.** OUG. *ʾazmr* "branchages" (?), CAN. h. **zāmar* "tailler la vigne", *zᵊmorāh* "vrilles de la vigne", ? ETH. g. *zammara* "faire la récolte", *ʾazmarā*, amh. *ʾazmära* "récolte", *ʾazäm-*

märä "cultiver un champ". **-3.** AR. *zamira* "avoir peu de cheveux, peu de laine; avoir peu de virilité", *zamir-*, *zamīr-* "beau de visage (enfant, jeune homme imberbe), petit de taille", *ʾistazmara* "maigrir et avoir le corps contracté". **-4.** CAN. h. *zemer* : sorte de gazelle, AR. *zamara* "s'enfuir (gazelle)". **-5.** AK. *zumr-, zurr-* "corps (d'un humain, d'un animal, d'un objet)". **-6.** *zamar* "rapidement, en hâte", *zamar ... zamar* "aussitôt que". **-7.** *zamr-*: sorte d'arbre ou de buisson. - AR. ḥass. *zmaṛ* "fabagelle". **-8.** *zemmer* "atteindre un état d'extrême prospérité (chameau)". **-9.** ETH. g. *zammara*, tna. amh. *žämmärä*, *ǧämmärä*, arg. *ǧämmära*, gour. *ǧämmärä* "commencer". **-10.** ARAM. syr. *zamrā* "bleu (œil)". -¶. v. aussi s. ZMRR. **-1.** La racine en éth. serait un emprunt au syr., V. NÖLDEKE NBSS 36. - Pour le nom arabe du Psautier *zabūr-*, V. JEFFERY 148. - Ak., CAD 21/35, AHW 1508; h., HAL 262, aram., DALMAN 130, JASTROW I/405, BROCKELMANN LEX. 200; ar., LA III/44, Q. 361, LANE 1250, KAZIMIRSKI I/1010, BELOT 297, ALCALA 260/34, 239/10, 386/16; éth. CDG 639, WTS 495, GUIDI 609, PRAETORIUS 210 § 168, EDG III/709, 722. - TA citant des philologues ar. explique *zumrat-* "bande, troupe" par le "son", le bruit que fait un rassemblement d'hommes, V. LANE IBID.; la notion de "remplir une outre" peut être liée à "gosier" ou "panse". - Comp. ZMGR ? **-2.** L'oug., KTU 1.41/51, de sens douteux, d'après TO II/158. V. aussi DE MOOR UF 1 (1969), 177, XELLA 69. Le can. déjà dans le calendrier de Gezer, KAI 182/6. V. aussi DALMAN PEF, 1909/118, RÜTHY 60, HAL 262. - L'éth. est peut-être indépendant, g. < amh., V. CDG 639; V. aussi BAETEMAN 825. - v. Z(ʾ/W)BR, ZWMR. **-3.** V. références ar. s. 1. **-5.** AHW 1537, ARM 15/280; peut-être mot étranger ou logogramme, V. CAD 21/34. - V. aussi AHW 1508. **-6.** CAD 16/157. **-7.** Peut-être à identifier comme *Zizyphus Spina Christi*, V. EBELING ORIENT. 21 (1952) 141 et CAD 21/40. - Sur le terme ḥass., V. les références dans MONTEIL FLORE DU SAHARA OCCIDENTAL I/90, II/88. **-8.** TAINE-CHEIKH 912 suggère, avec vraisemblance, une origine berbère, comparant kab. *tazmert* "force, santé", DALLET 947; la racine. est représentée dans l'ensemble du berbère avec les valeurs de "force, pouvoir (physique)", y compris en zenaga; *əžmər* "pouvoir", V. BASSET MISSION AU SÉNÉGAL 213. **-9.** La forme g., fournie par le seul KW n'est pas très assurée; il peut s'agir d'un amharisme, V. CDG 639. - Rapport de l'amh. avec g. *damara* "ajouter, insérer" (v. s. DMR) ?, V. PRAETORIUS AMS 86; avec g. *ʾagmara* "compléter" (v. s. GMR) ?, V. ULLENDORFF 71; rapprochements que rien ne paraît étayer. V. ausi DTE 534, GUIDI 635, BAETEMAN 865. **-10.** BROCKELMANN LEX 200. **-¶¶.** Comp. ég. *zbʾ* "jouer de la flûte", HWB 144; COHEN ESSAI 300 p. 144 propose aussi djandjero *sur* et d'autres formes couchitiques avec métathèse de la labiale et de la liquide : oro. sid. *sirb*, som. *širb* "chanter, danser".

≈≈ **a. [ZMRGD],** CAN. nh. *ʾizmaragd*, ARAM. syr. *zamargᵊda*, AR. *zabarǧad-*, ETH. g. *zamaragd*. **- b. [ZMRD]** ARAM. jp. *zᵊmōrad*, *ʾizmōrad*, syr. *zumrud*, AR. *zumurrud-*, ETH. g. *zamrud* "émeraude". **-¶. a.** < gr. σμάραγδος smaragdos, V. LAGARDE GA 44/111, KRAUS 248. Une autre étymologie propose la dérivation inverse, du sémitique au grec (ak. *barraqt-*, h. *bareqet*, etc., racine BRQ, v. s., "briller"), V. récemment DICT. HIST. DE LA LANGUE FRANÇ. 678; mais v. ci-dessus s. BRQ : étym. par le skr. *marakatam*; pour ZIMMERN (v. s. BRQ), et aujourd'hui selon XAVIER TREMBLAY (communication personnelle), skr. *marak(a)tam* est au contraire un emprunt ancien au sém., de même que le grec σμάραγδος est un emprunt plus récent, à moins que le sanskrit ne soit un archaïsme savant fondé sur le prâkrit emprunté au grec; ajouter, pour les références, GARBE D. IND. MINERALIEN 76, HOFFMAN ETYMOL. WBCH D. GRIESCH. SPR. 322, CHANTRAINE, DICT. ÉTYM. DE LA LANGUE GR. 1026, MAYRHOFER, KURZGEFASSTE ETYMOL. WBCH D. ALTIND. II/587, et SPRACHE VII (1961) 187 *sq*; pour *s/z* initial, VASSMER RUSSISCHES ETYMOL WBCH. s. *izmaragd* : v. ind. *açma marakatam*, mais selon TREMBLAY le recours à ce syntagme est inutile, d'après la manière dont le grec reflète les phonèmes empruntés : σμ < *b*, V. KLÍMA, ARCHIV ORIENTÁLNÍ XXVIII (1961) 305 n. 3. **- b.** D'après BROCKELMANN ZDMG 65 (1911) 146, ce terme dériverait du précédent. CDG 639 indique une origine perse; mais pour STEINGASS 621, *zumurrud* est d'origine arabe. - V. BROCKELMANN LEX. 200, LA III/7, Q. 658, LANE 1212, KAZIMIRSKI I/971, BELOT 284, 297.

≈≈ **[ZMRD],** v. s. [ZMRGD].

ZMRD, AR. soud. *zamrad* "tournoyer, errer". **-¶.** QLS 504.

ZMRR, AR. *zimirr-* "violent, dur, inhumain", *ʾizmaʾarra* "avoir les yeux rouges de colère", malt. *zmarr* "grossier, fruste". **-¶.** v. aussi s. ZMR. - La forme maltaise dériverait selon AQUILINA 1622 de *zmargass* "fanfaron, arrogant" < it. *smargiasso*. - V. aussi Q. 362, KAZIMIRSKI I/1010, BELOT 297, s. ZMR.

ZMT, 1. AR. *zamuta* "être grave et plein de dignité"; magh. *zmət* "lâcher la bride à un cheval", *zəmmət* "crisper de douleur"; maraz. *zmat* "gronder sans ouvrir la bouche (chameau)"; ? ḥass. *zmət* "étouffer par manque d'air (par grande chaleur)". **-2.** *zummat-* : nom d'un oiseau multicolore, *ʾizmaʾatta* "être multicolore, avoir un plumage changeant (oiseau)". **-3.** or. *zamat* "être très froid (vent)", *zammāta* "gelée blanche, givre". **-4.** ETH. g. *zamata*, te. *zämtä*, tna. *zämätä*, amh. arg. *zämmätä*, gour. *zämäča* "faire une expédition guerrière, piller", tna. amh. *zämmäča* "guerre".

-**5.** AR. magh. *zmīta* : pâte faite de farine d'orge ou de froment. -**¶.** v. aussi s. ZMM. -**1.** LA III/42, Q. 140, LANE 1250, BELOT 296, BEAUSSIER 440, TAINE-CHEIKH 910. -**2.** LA, Q. IBID. -**3.** Sans doute emprunt au syriaque *zᵊmāytā* "neige, givre, gelée", v. s. ZMY et V. BARTHÉLEMY 318, FRAY 74. -**4.** Sur le nom, V. PRAETORIUS AMS § 132b, p. 171. Emprunt au couchitique ? V. CONTI ROSSINI KEMANT 205 : *jīmī* "expédition militaire", *jimät* "aller en expédition militaire". - V. aussi CDG 639, WTS 495, ABBA YOHANNES 654, DTE 473, 500, GUIDI 609, BAETEMAN 825, EDG III/709. -**5.** DOZY I/602, BEAUSSIER 440.

ZMTR, AR. maraz. *zamtar* "gronder (coups de feu), tempêter". -**¶.** BORIS 250.

-ZN-, Base de racines iconiques ZNN, ZNZN, ZYZN nommant des bruits comme le bourdonnement, ou des mouvements : tourbillonnements, etc.; v. s. ZN.

ZN, 1. OUG. *mznm* "plateaux (de balance)", *mzn* "poids", CAN. h. *ʾizzēn* "peser", *moʾznayim*, ARAM. targ. *mōdnā*, plur. *mōʾdnīn*, *modnāwān*, *mōzanyā*, plur. *mōznāwān* "plateau(x) (de balance), balance", AR. *wazana* "peser", *wazn-* "poids", *zanat-* "pesée", *mīzān-* "balance", or. *wazen*, *zān* "peser", SAR. mh. *wəzūn*, ḥars. *wezōn*, jib. *ezún*, soq. *zen*, ETH. g. *mazzana*, te. amh. gour. *mäzzänä*, te. *mezänä*, tna *mäzänä*, har. *mēzäna* "peser", g. *mizān*, te. tna. amh. *mizan* "balance, plateaux". -**2.** AK. *zunzun-* : sorte de sauterelle. - AR. magh. *zann* "bourdonner (abeilles)", *zannan* "vibrer", ḥass. *zenn* "courir (humain)", *zzennen* "tourbillonner, voltiger", *zənnāne* "guêpe, hanneton", *zenzen* "bourdonner, vrombir (insectes)", ḥass. *zeyzane*, *zenzyāne*, "guêpe"; malt. *zanzan, zenzen* "siffler (oreilles)", maraz. *ẓanẓan* "murmurer (marmite où cuit une soupe)"; ETH. tna. *zanzan täbahalä* "discuter, se disputer", gour. *zännä* "discussion, animosité". -**3.** te. *təzänzänä*, *təzänazänä* "tourner autour", tna. *zunzun bälä* "retourner, revenir souvent". -**¶. 1.** Il semble bien que la racine soit WZN, selon l'attestation de l'ar. Pour l'oug. GORDON 392, n° 801; le v. hébreu *ʾizzēn* est un hapax (Eccl. 12/9) dont le sens n'est pas totalement assuré; on a pu le rendre par "entendre, écouter" (racine ʾḎN racine de h. *ʾozen* "oreille"), suivant la leçon de la Septante qui traduit : *oûs*; *mo(ʾ)znayim* semble, par son vocalisme, conserver la trace de *w-*, à moins qu'il ne soit dû à l'influence de *ʾoznayim* "oreilles", V. GORDON IBID.; il en est de même dans des formes aram. dont la radicale alternante *d* est difficile à expliquer FRAENKEL ZDMG 59/252; V. BLAU PSEUDO-CORRECTIONS 48 n. 9 qui y voit une sorte de suraramaïcisation; V. aussi DALMAN WB 226, 227, JASTROW I/722, 740; v. ci-dessous pour l'égyptien; en sar., dans un seul dialecte soq., le radical semble dépourvu de *w*, V. JOHNSTONE ML 435; pour les autres dialectes, HL 138, JL 295; en éthiopien, il s'agit d'emprunts de formes nominales dans lesquelles *w* initial est normalement non représenté ou représenté par un autre phonème; elles sont construites sur un radical MZN extrait de *mizān* "balance" emprunté à l'ar. *mīzān-*, V. CDG 379. L'ar. oriental atteste un radical ZYN : *zān* "peser avec toute autre balance que la romaine", participe actif *zēyen*, à côté de WZN : *wazen*, BELOT 305, BARTHÉLEMY 326. **-2.** Formes, pour la plupart sans parenté directe, qui semblent être fondées sur la valeur onomatopéique de ce radical. - V. CAD 21/163, AHW 1538; BEAUSSIER 441, TAINE-CHEIKH 916, BORIS 252. **-¶¶. 1.** Cham.-sém. ? COHEN ESSAI 198 n° 507 compare, après ERMAN-GRAPOW ÄG 43, sémitique *wzn* à l'ég. *wdn* "être lourd, charger". Comp. aussi Mzab. *ẓun* (DELHEURE 252), to. *ouẓan* (FOUCAULD II/1972) "partager, répartir, diviser" ? **-2.** Cette racine onomatopéique se trouve aussi en berb., sans qu'il soit possible d'affirmer autre chose qu'une rencontre : Ghadamès *zənzən* "résonner", LANFRY 428, mzab. *zzənzən* "bourdonner, vibrer", *bu-zənzən* "guêpe, frelon", DELHEURE 252, kab. *zzənzən* "bourdonner", *ẓẓənẓən* "résonner, vrombir", *zuzən* "bercer". Comp. aussi s. ZMM.

≈≈ **[ZN],** CAN. h. ARAM. bibl. *zān*, Emp. *zn*, syr. mand. *zᵊnā* "genre, espèce, sorte". **-¶.** < vpers. *zana* (< skr. *jána*), V. WAGNER 49, n° 79, TELEGDI JA 226 (1935) 242, WINDENGREN 104. - Aram. > héb. - V. aussi HAL 263, DISO 78. - Faut-il reconnaître le vocable dans l'inscription npun. KAI 161/7 : *tznam* = plur. de *zn* précédé d'une marque d'accusatif ? La lecture est incertaine selon DNS 1203. V. KAI II/152. FÉVRIER RA 45/145, DISO 78 : *znm* (plur.) "parfums (?)".

ZNʾ, AR. *zanaʾa* "gravir une montagne, chercher refuge; être resserré, étroit; être court, diminuer". **-¶.** v. aussi s. ZNN. V. LA III/49, Q. 41, LANE 1255, BELOT 298.

ZNB, 1. AR. *zaniba* "être gras". **-2.** *zaynab-* "peureux, timide", ETH. tna. *zänäbä* "empêcher, interdire", *zənub* "ahuri, interdit, distrait". **-3.** AR. *zunābat-* "scorpion". **-4.** yém. *zanb* "noyau de datte", ? ḥass. *ẓanbībe* "essence, nature". **-5.** ETH. amh. *zänäb* "antichambre". **-¶.** v. aussi s. ĐN/RB/M/N. **1.-2.** LA III/49, Q. 89, KAZIMIRSKI I/1015, BELOT 299. **-2.** ABBA YOḤANNES 660, DTE 506. **-3.** LA, Q. IBID. **-4.** GOITEIN 75/14 (GLOS. 87), TAINE-CHEIKH 917. **-5.** BAETEMAN 840. **-¶¶.** Ar. soud. *zumba* "fer affilé qui permet de percer le fer, etc." (QLS 504) et magh. *zānba* "emporte-pièce" (BEAUSSIER 441) < turc *zinba* (aussi vulg. *zimba*) "perforateur, emporte-pièce", REDHOUSE 1013.

ZNBB, v. s. ZNB.

ZNBG, v. s. ZBG.

ZNBḤ, 1. AR. ḥass. *zəmbāḥa* (pl. *znābīḥ*) "queue d'oiseau; gros ventre"; malt. *zzembaḥ* "gonfler, s'enfler". **-2.** ETH. g. *zanbəḥa* "secouer, agiter". **-¶. 1.** Comp. s. ZNB, ZNBḪ, ZNPḪ. - V. TAINE-CHEIKH 917, AQUILINA 1632. **-2.** Recueilli par LESLAU CDG 640.

ZNBḪ, AR. maroc. *zənbōḫ* "gros, gonflé de graisse et d'orgueil". **-¶.** Comp. s. ZNB, ZNBḤ et ZNPḪ. - COLIN 738.

ZNBṬ, AR. lib. *zanbūṭ* "tige, pousse, germe", magh. *zanbaṭ* "bourgeonner", *zanbūṭ* "frelon, guêpe". **-¶.** DENIZEAU 227, DOZY I/605; v. s. ZRQṬ, ZLQṬ.

ZNBL, v. s. ZBL.

ZNBS, ETH. g. *zanbasa* "casser"; *ʾazanbasa* "incliner, pencher, baisser". **-¶.** CDG 640; pour *ʾazanbasa*, MAKONNEN 168.

ZNBƐ, 1. AR. *zanbaεa* "être si pleine que l'eau s'en échappe par le bec (aiguière)"; palest. *zambūεa* "bec de gargoulette", magh. *mzənbəε* "saillant, qui fait bosse", mér. *zümbeεa* "petite barbe"; ARAM. naram. *zambōεa* "bec de cafetière". - **? 2.** soud. *zanbaε*, *zambaε* "marcher rapidement en avançant le cou". - **? 3.** ETH. tna. *zämbäεa* "dévier, gauchir", *zənbaε* "faussé, inexact". **-4.** AR. hisp. magh. *zənbūε* (coll.) "cédrat, bigarade". **-¶. 1.** Naram. < ar., BERGSTRÄSSER 105. - DOZY I/605, ELIHAI, DICT. DE L'AR. PALEST. 63, BEAUSSIER 441. **-2.** QLS 507. **-3.** DTE 500, 507. Comp. s. ZNBL ? **-4.** Le mot désigne l'un ou l'autre des deux fruits, selon les régions; ALCALA 416/25 : "toronjo", BEAUSSIER IBID. : cédrat, poncire, COLIN 738 "oranges amères". Le mot existe en berbère tamazight (TAÏFI 809 : *zzənbuε* "oranges"), mais il s'agit vraisemblablement d'un emprunt à l'ar. (et non l'inverse comme le pense DOZY IBID.). Selon F. AUBAILE-SALLENAVE, "ZAMBÔ'A, UN CITRUS ...", CIENCIAS DE LA NATURALEZA EN AL-ANDALUS, 2, 1992, 111-132, le mot vient du sanskrit *jambūla* par l'intermédiaire du malais *jambūwa*.

ZNBQ, AR. *zanbaq-* "lilas blanc, lis, essence de jasmin; flûte". **-¶.** LA III/50, Q. 802, LANE 1256, DOZY I/605, KAZIMIRSKI I/1015, BELOT 299. - BARTHÉLEMY 320 cite pehl. *zanbak*; V. STEINGASS 623, 624 : pers. *zanba* "rose blanche" > ar. *zanbaq* > pers. *zambaq* "lis, etc.". - v. aussi s. [Zʾ BQ].

ZN/MBR, 1. AK. *zambūr-*, ARAM. syr. *zambūrā*, *zanbūrā*, *zabbūrā* "thym". - AR. *zanbūr-* : sorte de figue. **-2.** *tazanbara* "se comporter de manière hautaine, prendre un air renfrogné", *zunbur-* "petit, jeune, léger", *zanbariyy-* "grand, volumineux, lourd". **-3.** lib. *zanbūr*, soud. *zumbāra* "flûte en roseau", *zambar* "siffler, jouer de la flûte". **-4.** AR. tchad. *zambīre* : sorte de petit sac. **-5.** ETH. amh. *žämbär* "disque du soleil", gour. *zämbʷärä* : grand disque de bois ou d'argile. **-¶.** La racine est formée souvent par dissimilation à partir de ZMR, v. s. (et pour le nom de la "guêpe", etc., aussi s. DBR, ĐBR, Z(ʾ/W)BR); de manière générale, *-m-* < *-n-* devant labiale. - Comp. s. ZBTR, ZBNTL, ZBNTR ? **-1.** Ak. > aram. V. MEISSNER ZA (1891) 294, ZIMMERN 56, LÖW FLORA II/105; V. aussi BROCKELMANN LEX. 188, AHW 1508. Ar., Q 362, FARHAT 189. **-2.** LA III/50, Q. IBID., LANE 1255, LANDBERG GLOS. 1866. BELOT 299. **-3.** Formes constituées par dissimilation à partir de ZMR, v. s. - V. QLS 504 qui fournit aussi *zambarīṭa* "cris et agitation", LPAT 207. **-4.** < *zanbīl* ? v. s. ZBL - V. LPAT 207, d'après Lethem. **-5.** BAETEMAN 866, EDG III/708.

ZNBRK, AR. *zanbarak-, zunburuk-* "ressort métallique; chien de fusil", *zanbūrak-* "arbalète; petit canon portatif". **-¶.** DOZY I/605.

ZNG, 1. ARAM. mand. *zanga*, syr. *zənāgā* "tintement, bruit; chœur", AR. *zinǧ-* "tambour". **-2.** AR. *zanaǧ-* "soif violente", *zaniǧa* "souffrir durement de la soif". **-3.** *zānaǧa* "rétribuer quelqu'un, le payer". ? *muzannaǧ-* "peu considérable, insignifiant". **-4.** SAR. soq. *zinog* "mettre quelque chose dans un panier et le porter sur le dos". **-5.** ETH. te. *zängät*, tna. *zängi*, amh. *zäng*, gour. *zägäd* "long bâton pointu", *zänǧ* "mesure de terrain". **-6.** amh. *zanga* "châtré (bœuf, cheval)". **-¶.** En ar., *zanǧ-* ou *zinǧ-* désigne des populations de l'Est de l'Afrique. **-1.** Plusieurs formes de racine ZGG, v. s., nommant des bruits sont sans doute liées étymologiquement à celles-ci qui, pour cette raison, y sont également citées. - Emprunt au persan (*zang*, STEINGASS 626), V. LAGARDE GA 41, n.103, BROCKELMANN LEX. 188, JASTROW 383; DOZY I/605, LANDBERG GLOS. 1823. **-2.** Comp. s. ZND. - V. Q. 175, KAZIMIRSKI I/1015, BELOT 299. **-3.** LA III/50, FARHAT 84, KAZIMIRSKI IBID., BELOT 299. **-4.** LESLAU LS 154. **-5.** Amh. *zang* est aussi le montant du *kerar*, sorte de lyre, V. COHEN COUPLETS... DU CHOA 17. - Sur l'utilisation de ce bâton comme mesure, EDG III/722. - V. aussi ABBA YOHANNES 661, WTS 501, DTE 477, BAETEMAN 844. - EDG III/704 pose avec vraisemblance gour. *zägäd* "bâton pointu" < *zängät*. **-6.** GUIDI 623.

ZNGʾ/Ɛ, ETH. g. *zangəɛa* "être fou, insensé; parler d'abondance, de manière incontrôlée", tna. *zängəɛe*, *zänägagəɛe* amh. *zänägga*, *zänäggaga* gaf. *zänäggä* "être faible d'esprit, oublier", amh. *ʾazanägga* "troubler quelqu'un", tna. ? gour. *zənäggʾa* "parler", *zänga* "affaire, discussion". **-¶.** Sur le causatif en amh., V. PRAETORIUS AMS § 169; gour, EDG III/711 qui signale des variantes *zərägg'ä*, *zənekkä*. Pour le rapprochement dubitatif avec le gour., V. MÜLLER ZDMG 131 (1981) 403 qui invoque le parallèle ar. *haraǧa* "parler de manière incohérente" et mh. *herūg* "parler". - V. aussi DILLMANN LEX. 1055 qui propose, entre autres rapprochements phonétiquement très difficiles, celui de la racine sémitique ŠGƐ (comp. h. *mᵊšuggaɛ* "fou" par exemple), repris par RABIN ERETZ ISRAEL 9/154. - V. CDG 640, ABBA YOHANNES 660 DTE 303, 478, 507, BAETEMAN 841, LESLAU GAFAT 250, EDG III/711. Remarquer en tna. et amh., les formes à redoublement porteuses d'une valeur atténuative : "commencer à radoter, etc.".

ZNGB, 1. AR. *zanǧab-, zanǧabān-* "ceinture". **-2.** ETH. amh. *zanigaba* "appentis, balcon, petite hutte adossée à un mur". **-3.** *zangoba* "poix". **-¶. 1.** LA III/50, KAZIMIRSKI I/1016. **-2.** BAETEMAN 858. **-3.** GUIDI 624.

≈≈ **[ZNGBL],** ARAM. syr. *zangᵊbīl*, AR. *zanǧabīl-*, ETH. amh. *zənǧi/əbəl*, te. *ǧänǧäbil*, tna. *zənǧəbäl* "gingembre". **-¶.** < skr. *çr̥ngavera*, V. JEFFERY 153, BROCKELMANN LEX. 201; V. aussi LÖW AP n° 96, LA III/50, Q. 910, BELOT 299; QOR. 76/17-18 est sans doute à l'origine du sens "vin" reconnu au mot par des lexicographes arabes, V. LANE 1256. Rapport avec pers. *zang* "vin" ? - Sur l'éth., STRELCYN MÉDECINE I/52, WTS 554, DTE 507.

ZNGG, ETH. g. *zangʷagʷa* "murmurer, moquer, ridiculiser", amh. *zəngʷagʷe* "moquerie, insulte voilée". **-¶.** DILLMANN LEX. 1058 (qui rapproche d'ar. *zagzaga* "se moquer de"), CDG 640.

ZNGD, 1. ETH. te. *zəngada*, tna *zängäda*, amh. *zängada* : sorte de céréale qui entre dans la préparation de la bière. **-2.** gour. *zängʷäd, zängʷät* "fesses, fond de quelque chose". **-¶. 1.** STRELCYN MÉDECINE II/241, WTS 502, ABBA YOHANNES 660, GUIDI 624. **-2.** EDG III/711.

ZNGṬ, AR. iraq. *zunguṭa* "bouton, tache (sur la peau)". **-¶.** DIA 207. Rapport avec *nuqṭat-*, racine NQṬ ?

ZNGL, 1. AR. *zanǧīl-, zinǧīl-* "faible, débile, infirme"; *zanǧalat-* "sébile de mendiant". **-2.** hisp. *zinǧīl* : sorte d'olive longue; lie de l'huile d'olive. **-3.** ETH. amh. *täzänaggʷälä* "être intercalé, encastré, mélangé". **-4.** *zingəl* : espèce de joug pour dresser les jeunes bœufs. **-5.** ARAM. naram. *zengīlay* "riche". **-¶.** v. aussi s. ZNGR. **-1.** Comp. s. Zᵓ GL : *ziᵓǧīl-*, LA III/51, qui cite aussi Al-Farrāᵓ pour qui *zinǧīl-* est différent de *ziᵓǧīl-* et signifie "fort et gros". - KAZIMIRSKI I/975, FAGNAN 72. **-2.** ALCALA 290/30, 99/17, DOZY I/606. **-3.** Comp. s. ZNKL, v. aussi ZGL. - V. GUIDI 623, BAETEMAN 841. **-4.** GUIDI 638. **-5.** < turc *zangin*, BERGSTRÄSSER 105, V. REDHOUSE 1017; v. aussi s. ZNGN.

ZNGN, 1. AR. iraq. *zangan* "accorder la richesse, enrichir". **-2.** ETH. gour. *zängən, zängər* : paroi de bois. **-¶. 1.** v. aussi s. ZNGL. - < turc *zangin*, V. REDHOUSE 1017. - V. DIA 207. **-2.** EDG III/710.

≈≈ **[ZNGPR],** ARAM. syr. *zngwpr*, AR.

zunǧufr- "cinabre, vermillon". **-¶.** < pers. *šangarf*, BROCKELMANN LEX. 201, STEINGASS 763; Q. 362, LANE 1257, BELOT 299.

ZNGR, 1. ARAM. syr. mand. *zangārā* "rouille", AR. *zinǧār-* "rouille, vert-de-gris". **-2.** *zanǧara* "claquer des doigts", *zinǧīr* "chiquenaude". **-3.** ETH. te. *zəngərgər* "bariolé", amh. *zänägg*ʷ*ärä* "être bariolé", gour. *zəngdärdär* : vêtement multicolore. **-4.** te. *zəngər* "famille". **-5.** tna. *zängar* "maigre, aux longues jambes". **-6.** amh. *zəngäro*, *ǧənǧäro*, arg. *ǧinǧäro*, gaf. *ǧənǧərä*, har. *zagäru*, gour. *zangärä* "babouin". **-7.** gaf. *azänäggärä* "descendre". **-8.** ARAM. nsyr. *zanǧil* "chaîne", AR. *zinǧīr-* "chaîne", ETH. te. *ǧängär* "entrave pour les pieds", tna. *ǧanǧär* "chaîne de fer", amh. *zanǧär* "cangue, carcan". **-9.** ARAM. nsyr. *zangūrē* "sonner". **-10.** ETH. amh. *zängərir* "vase en terre", tna. *zəngərir* "bonbonne, cruche", **-¶. 1.** < persan, V. BROCKELMANN LEX. 201 *zangār*, V. STEINGASS 626. KAZIMIRSKI I/1016, BELOT 299. **-2.** LA III/50, LANE 1256 : emprunt. - KAZIMIRSKI IBID., BELOT IBID. **-3.** PRAETORIUS AMS 134, § 99c, WTS 501, EDG III/710. **-5.** DTE 477 (préfixe *z-* ?). **-6.** < couch., V. CERULLI HARAR 280, GIANGERO 89 s. zañau, EDG III/711. DOLGOPOL'SKIJ 107 reconstruit une forme proto-couchitique **zakyar*. **-7.** LESLAU GAF. 250. **-8.** < pers. MAC LEAN 87, V. STEINGASS 624 : *zinǧīr*, *zanǧīr*; v. s. GNDR, GNZR. **-9.** MACUCH-PANOUSSI 52. Emprunt au pers. *zangul* "cloche". **-10.** AMS § 99b, DTE 507. Aussi en couch. qem., CONTI ROSSINI KEMANT 273.

ZND, 1. ARAM. syr. *zənad* "priver", AR. *zannada* "rendre étroit; remplir; punir trop sévèrement; mentir", *muzannad* "bâtard", SAR. mh. *zənūd* "protéger", ARAM. syr. *zendā* "manipule (de célébrant)", nsyr. *zandā* "poignet", AR. *zand-* "poignet, avant-bras", soud. *zannad* "couper les ailes d'un oiseau", SAR. mh. ḥars. *zənd*, jib *zand* "avant-bras", ETH. te. *zänd* "muscle, biceps", *zännädä* "bander (une blessure)", amh. *zänd* "côté, voisinage"; AR. *zand-* "briquet", tchad *zinād*, SAR. soq. *zinad*, ETH. amh. *zənad* "briquet (fait de deux bâtons)", SAR. jib. *zand*, *mizned* "culasse". **-2.** AR. *zanida* "avoir soif". **- ? 3.** ETH. te. *zandäyt* "préférence, majorité". **4.** ETH. amh. *zändo* "treillis circulaire du toit; poutre transversale". **-5.** amh. arg. *zändo*, gour. *zəndo* "python". **-¶.** On rattache habituellement à cette racine une forme *zdh* dans l'inscription h. du canal de Siloé (KAI 189/3), avec le sens de "fente, fissure", V. BLAKE JAOS 22, 1901, 49, LIDZBARSKI EPHEM. I/30. Discussion et références dans DISO 72. **-1.** LA III/51, Q. 258, LANE 1257, QLS 506, LPAT 208, JOHNSTONE ML 468, HL 149, JL 320, WTS 501, BAETEMAN 861. Le nsyr. *zandā* est apparemment un emprunt à l'ar. par l'intermédiaire du kurde. - V. MAC LEAN 87. - Le briquet primitif est constitué de deux baguettes (ar. *zand-* et *zandat-*) analogues aux os de l'avant-bras. - "Bras" est employé métaphoriquement pour "force, contrainte" : soud. *bi-z-zind*, *zindiyya* "par force", "par contrainte", QLS 506. En amh. *zänd* s'emploie aussi comme préposition "à côté de" ou conjonction "afin que"; sur l'usage de *zänd* avec l'imparfait, COHEN TRAITÉ 168; sur une forme *žig*, de même sens, chez LUDOLF (V. PRAETORIUS AS VII, 274, 367), COHEN NEMM 309 suggère interrogativement un croisement de *zänd* avec *-ge*, *-ga* signifiant "du côté de". **-2.** Comp. s. ZNG. **-3.** WTS 501. **-4.** BAETEMAN 843. **-5.** EDG III/710, mais PRAETORIUS 175 § 135f : "serpent venimeux". **-¶¶. 5.** Le mot existe en couch. qem., CONTI ROSSINI KEMANT 273.

ZNDB, ETH. amh. *zändəb* "grand de taille, svelte". **-¶.** BAETEMAN 843.

ZNDḪ, AR. magh. *zandaḫ* "s'enrhumer". **-¶.** DOZY I/606; BEAUSSIER 442.

ZNDL, AR. zaër *zəndəl* "frapper d'un mauvais coup". **-¶.** v. aussi s. ZNDN. LOUBIGNAC 448.

ZNDN, ARAM. ṭur. *zindān* "prison", AR. iraq. *zinzāna*, soud. *zindāna*, *zanzāna* "cellule de prison"; maraz. *zendāla* "prison", magh. *zəndāna* "cave, souterrain". **-¶.** RITTER 585, QLS 507, BORIS 253, BEAUSSIER 443. - Emprunté au turc < pers. *zindān*; V. REEDHOUSE 1016, STEINGASS 625.

ZNDQ, AR. *zandaq-* "avare", *zindīq-* "dualiste, manichéen; libre penseur, athée"; soud. *tzandaq* "se révolter, manifester de la colère", magh. *tzəndəq* "devenir mauvais sujet". **-¶.** < iran. *zandīk* "gnostique, hérétique", MASSIGNON EI[1] 1228, NYBERG MANUAL OF PAHLAVI. 229; V. LA III/51, FARHAT 398, QLS 507, BEAUSSIER 442.

ZNDR, 1. ETH. amh. *zändəro*, gour. *zädrä*, *zänderä* "cette année". **-2.** amh. *žəngär* "four à briques". **-¶. 1.** < *zə* (dém.) + *dərä* ("année"). V. EDG III/710. **-2.** GUIDI 637.

ZNHR, AR. *zanhara* "regarder quelqu'un les yeux fixes, écarquillés". **-¶.** FARHAT 189, KAZIMIRSKI I/1018. - DOZY I/608 cite pers. *zinhar* "protection" employé comme interjection pouvant exprimer l'émerveillement, etc.

ZNW, v. ZNW/Y.

ZNW/Y, 1. AK. *zenū* "être en colère". **- ? 2.** AR. *zanā* (*w*) "être resserré, étroit". **-3.** CAN. h. *zānāh*, ARAM. jp. *zənā*, mand. *zna*, AR. *zanā* (*y*), SAR. mh. *zənū*, jib. *zini*, ḥars. *zenō*, ETH. g. *zanaya,* te. amh. *zänna* "commettre l'adultère, forniquer", ARAM. syr. *zanī* "être débauché, déshonorer", ETH. g. *zanawa* "être sale, impur"; CAN. h. *zonāh*, ARAM. palm. *znytʾ*, nsyr. *zanītā*, "prostituée". **-4.** ETH. g. *zenawa*, tna. *zänäyä* "annoncer, informer, raconter, dire", te. tna. amh. gour. *zena* "histoire, nouvelles, renommée", amh. *zenna* "renommée". -5. ETH. har. *zā-ña*, arg. gour. *zañña* "poindre (aurore)", gour. *zaññät* "aube". **-6.** AK. *zinu/i* "côte, nervure (de feuille de palmier)". **-¶. 1.** CAD 21/85, AHW 1519, ARM 15/280. - On a voulu expliquer par l'ak. une forme h. *wattizneh* (Jg 19, 2), V. DRIVER WO 1 (1947) 29. **-2.** LA III/54, Q. 1163, LANE 1260, KAZIMIRSKI I/1018. **-3.** V. BROCKELMANN GVG I/232, LAGARDE AS § 1360, MITT. II/368, HAL 264, DISO 79, MD 169, TSERETELI 71, LA, Q. IBID., BELOT 300, LANDBERG GLOS. 1868, LESLAU CONTRIB. 19, WTS 501, PRAETORIUS BA I/32, CDG 642. V. aussi s. ZMW, DILLMANN 1055. **-4.** Hypothèses rapprochant d'une racine ṮNY (ar. *tannā* "répéter, dire") : PRAETORIUS BA I/33, BROCKELMANN GVG I/169, BARTH ES 51 conduisant à poser éth. *zenawa* < **senawa*, V. CDG 641, ABBA YOHANNES 660. **-5.** EDG III/712. - La palatalisation de *n* peut permettre de poser une 3ème radicale Y; mais la première voyelle fait penser à une ancienne 2ème radicale faucale. **-6.** CAD 21/123; AHW suggère une origine sum.; V. aussi BOTTÉRO ARM 7/359 § 89 pour un usage comme terme d'orfévrerie. **-¶¶. 3.** Couchitique af. *sannaw*, saho *zanaw* "forniquer" sont des emprunts au sémitique. **-4.** Comp. berb. mzab. kab. *azən, yuzən* "envoyer". **-5.** Aussi en couch., EDG IBID.

ZNZY, magh. *zanza* "offenser". **-¶.** BEAUSSIER 443.

ZNZL, AR. lib. *zanzūle* : morceau de pain qui reste collé au four. **-¶.** v. aussi ZLZL. - V. FRAYHA 76.

ZNZLḪ, AR. or. *zanzalaḫt* "lilas de Perse, azédarac". **-¶.** BELOT 299, BARTHÉLEMY 320, SPIRO 257.

ZNZLQ, AK. *zanzaliqq-* : espèce d'arbre. **-¶.** V. CAD 21/49 : le rapprochement (RŮŽIČKA BA 6,4/48) avec ar. *zanzalaḫt*, v. s. ZNZLḪ, est improbable. V. LÖW FLORA II/251.

ZNZN, 1. AR. malt. *zanzan*, *zenzen* "utiliser, porter des vêtements pour la première fois". **-2.** ETH. amh. gour. *zänäzänä*, amh. *zänana*, "pilon de mortier". **-3.** amh. *zänäzänä*, gour. *zänzäna* "tuyau de pipe". **-4.** AK. *zunzunnat-* : sorte de chaussure. **-¶.** v. aussi s. ZYZN, ZN, ZNDN. **-1.** AQUILINA 1596. **-2.** Voir aussi s. ZYZN, ZNN nommant des mouvements auxquels pourrait être lié le nom du "pilon"; V. COHEN NEEM 290, BAETEMAN 841, EDG III/712. **-3.** Selon DTW 501, terme en rapport avec un arbre nommé *zänäzänä*, V. EDG IBID. **-4.** CAD 21/163, AHW 1538.

ZNZP, AR. ḥass. *zenzev* "envoyer dans les airs". **-¶.** TAINE-CHEIKH 919.

ZNZR, 1. AR. magh. *zənzīr* "chaîne de navire". **-2.** ḥass. *zenzaṛ* "bourgeonner sous la peau, pousser en grand nombre (boutons); devenir très chaud (jour)".

-**3.** ETH. tna. *zänzärä* "disperser". -**¶.** v. aussi s. ZRZR. -**1.** < ZNGR, v. s. - V. BEAUSSIER 443. -**2.** TAINE-CHEIKH 919. Voir aussi s. ZRZR. -**3.** voir les renvois s. -ZR-; ABBA YOHANNES 660.

ZN/RZR, AK. *zanzīr-*, ARAM. jp. *zarzīr*, syr. *zarzīrā*, *zanzūrā*, AR. *zarzūr- zurzūr-* "étourneau", hisp. *zorzál* "grive". -**¶.** V. NÖLDEKE BSS 111. L'ak. est un emprunt à l'aram., CAD 21/49 DOZY I/585, ALCALA 415/22, 399/30.

ZNḤ, 1. CAN. h. *zānaḥ* "repousser, chasser", nh. "détester", AR. *zanaḥa* "pousser, repousser; presser quelqu'un, tourmenter; boire avec avidité, coup sur coup". -**2.** "louer, combler d'éloges", *tazannaḥa* "s'enorgueillir, se mettre au-dessus de sa condition". -**3.** SAR. soq. *zanḥ* "giron". -**¶. 1.** V. BARTH WU 14 : rapport avec ZNḪ; LA III/51, FARHAT 98, KAZIMIRSKI I/1016, BELOT 299. -**2.** Probablement *zanaḫa* < *tazannaḫa*, v. s. ZNḪ, avec rétroaction sur *zanaḥa*. -**3.** LESLAU LS 154.

ZNḪ, 1. CAN. h. **hizniḥ* "devenir fétide (eau)", AR. *zaniḫa* "être rance (huile), être gâté et sentir mauvais", or. *zanaḫ* "prendre une odeur de vase". -**2.** "redresser la tête (agneau qui s'étrangle en tétant ou à cause du tarissement de la mamelle)", *tazannaḫa* "être fier, orgueilleux", *zaniḫat-* "ayant le ventre retréci pour avoir eu soif fréquemment (chameaux)". -**¶. 1.** v. s. SNḪ, ṢNḪ, V. PALACHE 65; -**1.** -**2.** V. LA III/51, Q. 229, LANE 1257, KAZIMIRSKI I/1016, BELOT 299, BARTHÉLEMY 320.

ZNḪR, AR. *zanḫara* "faire sortir l'air par les narines". -**¶.** Dérivé de *naḫr-* "narine"; aussi *naḫara* "ronfler", v. s. NḪR. -**¶.** Q. 362, BELOT 299, KAZIMIRSKI I/1016.

ZNṬ, 1. AR. *tazānaṭa* "se presser les uns contre les autres", *zinṭ-*, *zināṭ-* "presse, foule"; mérid. *zanaṭ* "empoigner par le cou, étouffer". -**¶.** v. aussi s. ZLṬ, ZNṬ(Ṭ), ZNṬL, ZNṬP. - V. LA III/52, FARHAT 307, KAZIMIRSKI I/1017.

ZNṬ(Ṭ), 1. AR. magh. *ẓənnēṭa*, *ẓanṭīṭ* "queue", ḥass. *ẓanṭūṭ* "croupion, dernières vertèbres". -**2.** ETH. gour. *zənäṭṭäṭä* "déchirer en mordant". -**¶. 1.** COLIN 740, LOUBIGNAC ZAËR 448, TAINE-CHEIKH 920. DOZY I/607 cite pour le Maroc *zanṭīṭ* "membre viril", relevé au 18ème siècle, et qu'il considère, peu vraisemblablement, comme une "altération" du mot berbère *ažaḥnīṭ*. -**2.** Comp. s. ZNṬL; < ZNṬ ? - V. EDG 712.

ZNṬL, 1. ETH. te. *zänṭälä* "donner". -**2.** tna. *zänṭälä*, amh. *zänäṭṭälä* "arracher en déchirant; faire un trou, percer un abcès; renverser sur l'aire un tas de grain", tna. "blasphémer, injurier". -**¶. 1.** WTS 502. -**2.** Comp. s. ZNṬṬ; < ZNṬ ? DTE 478, BAETEMAN 842, EDG III/712.

ZNṬƐ, AR. palest. *zanṭūε-* : disque de

terre cuite qui sert à la cuisson du pain. -¶. DALMAN ASP IV/73.

ZNṬP, ETH. amh. *zänäṭṭäfä* (Choa) "être collé l'un à l'autre", (Gondar) "enlever, arracher, déchirer". -¶. Comp. ZNṬṬ, ZNṬL; < ZNṬ ? BAETEMAN 842.

ZNṬR, v. ZNT/ṬR.

ZNY, v. ZNW/Y.

ZNK, 1. AR. *zānikiyy-* "habile, filou". **-2.** *zankiyat-* "escabeau pour aider à monter à cheval", *zankawāt* "étrier". **-¶. 1.** Q. 848, DOZY I/607, BELOT 299. **-2.** > ṭur. *zingo*, RITTER 568. - V. KAZIMIRSKI I/1017, BELOT IBID. - v. aussi s. ZM(/)NK.

ZNKL, 1. AR. *zunkalat-* "beignet, crêpe, pâte". **-2.** maraz. *zankal* "devenir violent (vent), se déplacer vivement en un groupe compact". - **? 3.** ETH. amh. *zänäkk^{w}älä*, *ʾazänäkk^{w}ärä* "embrouiller une affaire, confondre". **-¶. 1.** DOZY I/608. **-2.** BORIS 254. **-3.** Comp. s. ZNGL; v. aussi s. ZGL. - BAETEMAN 840.

ZNKR, 1. AR. dat. *zunkura* "crête de coq". **-2.** palest. *zankar* "bourrer, combler". **-¶. 1.** v. ZNKL, ZKR. - V. LANDBERG GLOS. 1868. **-2.** DENIZEAU 229.

ZNKT, ETH. amh. *zänäkkätä* "être bon, bien cuit (pain)". **-¶.** BAETEMAN 840.

ZNM, 1. AR. *zannama* "fendre le bout d'une oreille à une chamelle, marquer", *zanama* "adjoindre aux autres quelqu'un qui n'est pas des leurs", *zanīm-* "intrus, bâtard", hisp. *miznam* "rusé" *zenīmi* "adultérin, bâtard", ? AR. *zunām-* "malheur, calamité". **-2.** *zanmatā al-ʾuḏuni* (duel) : éminences du pavillon de l'oreille, maraz. *zenᵊma* "caroncule (des caprins)". **-¶. 1.** Comp. s. ZLM dont cette racine semble un doublet pour certaines de ses valeurs. - V. LA III/53, Q. 1009, LANE 1259, KAZIMIRSKI I/1018, BELOT 299, ALCALA 115/14. - Pour l'éth. g. *zanma* "pleuvoir", *zənām* "pluie", v. s. ĐN/RB/M/N. **-2.** Q. IBID. qui semble désigner ainsi l'antitragus et l'anthélix, aussi LANE IBID., BORIS 254.

ZNN, 1. AK. *zanān-* "approvisionner, pourvoir de", *zānin-* "fournisseur", *zunnunū* "cadeau de mariage (offert par le père de la fiancée au fiancé)". ? AR. iraq. *zanāna* "qui a rapport aux femmes". **-2.** AR. *zanna* "penser (du bien ou du mal de quelqu'un), se faire une opinion". **-3.** "sécher, se dessécher (nerf)"; *zanan-* "petit, insignifiant", *zinn-* "lentille". **-4.** magh. *zann* "liqueur prostatique, sperme", ḥass. *ẓnīne* "partie interne d'une graine, germe, embryon". **-5.** magh. *zannūn*, malt. *zennuna* "bec (de gargoulette, de cafetière)", *zannāna* "verge". **-6.** yém. *zanna* "veste à manches étroites". **-7.** ETH. g. *zanānā*, amh. *zänana* "pierre attachée au front d'un bœuf (pour l'empêcher de s'enfuir); lourdaud", *azawənt* "gens respectables". **-? 8.** amh. *žännänä* "se pavaner, faire le fier". **-9.** AK. *zann-* : plat fait d'orge fermentée. **-¶.** Pour l'ak. *zanānu(m)* "pleuvoir", *zunn-* "pluie", v. s. ÐN/RB/M/N; v. aussi les renvois s. ZN pour l'expression onomatopéique de divers bruits, comme le bourdonnement par exemple; en éth. tna., une forme *zänänä* est signalée par ABBA YOHANNES 650 comme doublet de *dänänä* "baisser la tête", v. s. DNN. **-1.** Peut-être fondé sur une base biconsonantique ZN, comp. s. ZWN. - CAD 21/43, AHW 1538; DIA 206. **-2. -3.** LA III/54, Q. 1085, LANE 1255, BELOT 298. **-4.-5.** BEAUSSIER 441, TAINE-CHEIKH 916, BORIS 252. **-6.** LANDBERG GLOS. 866. **-7.** BAETEMAN 841, GUIDI 621, surtout COHEN NEEM 190 avec discussion étymologique. Sur le rapport "lourd" : "honorable", comp. par exemple s. KBD. - V. aussi s. ZNZN. **-8.** BAETEMAN 867. **-9.** LANDSBERGER AFO 18/339, CAD 21/47, AHW 1519.

ZNP, 1. AR. *zanifa* "être en colère", maraz. *znaf* "gronder (tonnerre), siffler (vent)", ḥass. *znev* "produire un bruit étouffé avec la bouche et les narines, gémir, geindre", or. *zənnēfe* "aiguillon, dard venimeux". **-2.** AR. *zanf-* "signe". **-3.** *zanf-* "encensoir". **-4.** ETH. g. *tazānafa* "être inégal", amh. gour. *täzannäfä* "être en désordre, être inégal". **-¶.** Voir aussi ZLP. **1.** Q. 735, BELOT 299, KAZIMIRSKI I/1017, BORIS 253, TAINE-CHEIKH 920, BARTHÉLEMY 320. **-2.** Q. IBID. **-3.** V. FAGNAN 72, d'après KREMER SBWA 1883. **-4.** Éth. g. < amh., CDG 640.

ZNPG, AR. *zanfağat-* "malheur, mal". **-¶.** Comp. s. ZNM, ZNPL. Q. 176, KAZIMIRSKI I/1017.

ZNPḪ, AR. maroc. *tzənfəḫ*, ḥass. *zenvaḫ* "s'enfler". **-¶.** COLIN 741, TAINE-CHEIKH 921. Formé sur *nfḫ*, v. s. NPḪ. - Comp. auss ZNBḤ, ZNBḪ.

ZNPL, AR. *zanfala* "se dépêcher, aller vite, marcher comme une personne chargée", *zanfal-* "malheur, calamité", ? hisp. *zinfayl-* "lourdaud, maladroit, negligé". **-¶.** Comp. ar. *nawfal-* "malheur, calamité", KAZIMIRSKI II/1316. - V. LA III/52, Q. 910, DOZY I/607, l'hisp., ALCALA 193/27 "desaliñado", 194/8 "desataviado", pourrait être un romanisme, CORRIENTE 89.

ZNPP, ETH. te. *zänfäfä* "boire trop". **-¶.** WTS 502.

ZNPR, AR. dial. *zanfāra*, *zanfūra*, "groin; museau, hure". **-¶.** Rapport avec NPR "être saillant" ? - Les formes sont signalées pour des dialectes magh. par DOZY I/607, d'après divers auteurs, COLIN 741, BOCHTOR 383.

ZNQ, 1. CAN. h. *ziqqīm* (pl.) "fers, chaîne", ARAM. jp. *ziqqīn*, syr. *zeqqē* "chaîne", *zanqā* "agrafe", *zənaq* "enchaîner", AR. *zināq-* "collier", *zunāq-* "courroie qui passe sous le menton du cheval; entraves", *zanaq-* "endroit où passe la courroie", *zanaqat-* "rue étroite"; magh. *znīga* "allée, ruelle, espace laissé en pâture entre des labours", soud. *zanag* "étrangler", maroc. *ẓnəg* "serrer un débiteur pour le contraindre à payer", *ẓənnəg* "congestionner", ḥass. *muzenneg* "qui est mal à l'aise". - **? 2.** magh. *tazannaq* "s'érailler (sac)", *muzannaq* "éraillé, où il y a un défaut (tissu)", ? malt. *(i)zzennaʾ* "rancir, perdre sa saveur"; **-3.** CAN. h. **zinneq* "bondir", ARAM. syr. *zᵊnaq* "jeter, lancer, rejeter". **-4.** syr. *zanqā* "menton", nsyr. *zānqā* "chair au-dessous du menton, larynx". **-5.** ETH. g. *zanaqa*, amh. *zännäqä* "entremêler, intercaler; finir, épuiser". **-¶. 1.** ZIMMERN 35 dérive ces mots de l'ak. *sanāqu* "lier solidement", V. aussi HAUPT JBL 26/3, BROCKELMANN GVG I/239; ar., LA 52, Q. 802, DOZY I/607, LANE 1258, BELOT 299, QLS 507, LPAT 208, attesté en hisp., ALCALA 135/19, 20; V. aussi VOCABULISTA 141 (avec hypothèse étymologique (pehl.) de CORRIENTE); BEAUSSIER 443, LENTIN 118, COLIN 742, ḥass., TAINE-CHEIKH 921, JACQUES-MEUNIÉ CITÉS ANCIENNES DE MAURITANIE 146 qui cite *zonqanniye* "motif d'angle (décor architectural)" et propose une dérivation à partir de *zowqa* "coin", v. s. ZWQ. **-2.** BEAUSSIER 443, AQUILINA 1632 qui propose le rapprochement. **-3.** GUILLAUME 23 rapproche ar. *nazaqa* "bondir (cheval)". **-4.** < pers. *zanaẖ* (REEDHOUSE 624), V. BROCKELMANN LEX 201, MAC LEAN 88. **-5.** g. < amh., CDG 640; V. aussi BAETEMAN 839.

ZNQḤ, AR. lib. *zanqaḥ* "uriner, couler". **-¶.** FRAYHA 76.

ZNQY, AR. ḥass. *zenge* "contourner en escaladant". **-¶.** Comp. s. ZNQM. - TAINE-CHEIKH 922.

ZNQL, 1. AR. *zanqala* "marcher comme quelqu'un qui porte un faix sur le dos", magh. *zəngəl* "porter quelque chose de lourd, trimbaler", ḥass. *zengel* "pousser, traîner quelque chose de lourd ou d'encombrant"; maraz. *zangal* "être en colère, contrarié"; malt. *zengel* "bercer, balancer le berceau". - lib. *zənqəle* "jabot (de la poule)", *zanqūle* "petit sac"; magh. *zəngīl* "riche". **-2.** ETH. amh. *zänäqqʷälä* "arracher (par exemple : un œil)". **-¶. 1.** Q. 910, KAZIMIRSKI I/1017 donnent *zanqala* pour synonyme de *zanfala*, v. s. ZNPL; V. BEAUSSIER 443, DENIZEAU 229, BORIS 254, COLIN 743, TAINE-CHEIKH 921. - v. aussi s. -ZL/M/N/Q-. **-2.** BAETEMAN 839.

ZNQM, AR. ḥass. *zengem* "contourner". **-¶.** TAINE-CHEIKH 922.

ZNQR, 1. AR. *zinqīr-* "rognure d'ongle; pellicule de datte". **-2.** ḥass. *zengre* "rigole". **-3.** maraz. *zongra* "cime (dune, montagne)". **-4.** malt. *zanqar*, *zangar* "jouer d'un instrument rustique". **-5.** or. *zanqar* "regarder avec colère". **-¶. 1.** Q. 362. **-2.** JACQUES-

MEUNIÉ CITÉS ANCIENNES DE MAURITANIE 145. **-3.** BORIS 253. **-4.** AQUILINA 1596; peut-être dérivation de ZQR, v. s. **-5.** BARTHÉLEMY 320; aussi DOZY I/607 (d'après MUḤIṬ).

ZNR, 1. ARAM. targ. syr. *zōnārā*, naram. *zunnorā*, nsyr. *zūnārā*, AR. *zunnār-*, ETH. g. *zənnār* "ceinture", te. tna. amh. gour. *zənnar* "cartouchière"; AR. *zunnariyy-* "couverture de cheval", palm. *zennēriyye* : vêtement de travail, ? yém. *zinnār* "tresse (de cheveux)". **-2.** ARAM. syr. *zᵊnārā* "rhume de cerveau". **-3.** AR. *zanara* "remplir". **-4.** *zanānir-* "petits cailloux, petites mouches", *tazannara* "être très mince, très fin". **-5.** maroc. *zənnūra* "grand brasier ardent", zaër *zunnīra* "feu". **-6.** AK. *zannar-* : sorte de lyre. **-¶. 1.** à **-4.** Ar., LA III/51, Q. 362, LANE 1258, KAZIMIRSKI I/1017, BELOT 299. **-1.** < gr. *zōnárion*, V. KRAUSS 245, JASTROW 388, BROCKELMANN LEX. 201, BERGSTRÄSSER NARAM. 105, MAC LEAN 85. - V. aussi DOZY VÊTEMENTS 196, FAGNAN 72, CANTINEAU PALM. AR. II/31. V. pour des termes techniques dérivés, DALMAN ASP IV/353. En ar. yém., *zinnār*, mais aussi *zunnār*, *zurnāra*, *zarnūra* désigne les boucles tressées que portaient les Juifs sur les tempes, ROSSI 140, GOITEIN 34/8, GLOS. 87, LANDBERG 1837; éth., DILLMANN LEX. 1054, CDG 641, WTS 500, DTE 506. **-2.** BROCKELMANN IBID. **-3.** à **-5.** COLIN 740, LOUBIGNAC 448. **-6.** Origine hattie d'après CAD 21/46, qui renvoie à LAROCHE RHA 57 (1955) 72.

ZNTP, AR. or. *zantaf* "enfler, être en saillie". **-¶.** FRAYHA 75.

ZNTR, AR. *zantarat-* "gêne", lib. *zantar* "sentir un froid glacial, être gelé", Syr. "avoir le dégoût (de)". **-¶.** Q. 362, BELOT 299, FRAY. 75, DENIZEAU 228.

ZNT/ṬR, AR. *tazantara*, or. *tazantar*, *tazanṭar* "avoir une démarche fière, être orgueilleux", soud. *zanṭīr* "qui prend des airs de supériorité", hisp. *zanṭar* "encourager", magh. *tzanṭar* "devenir très brave; être orgueilleux, insolent", *zunṭār-* "magnifique"; maroc. *ẓənṭəṛ* "bourrer, gonfler le récipient", *tẓənṭəṛ* "s'enfler, se gonfler de manière excessive", zaër *tẓanṭaṛ* "être affalé de tout son long", ḥass. *ẓanṭar* "avoir le ventre plein". **-¶.** Q. 362, BELOT 299, DOZY I/607, QLS 507, LOUBIGNAC ZAËR 448, TAINE-CHEIKH 920; FRAY. 75, DENIZEAU 228.

-ZƐ-, v. s. -Zʾ/Ɛ.

ZƐ, 1. AR. ḥas. *zaɛ* "alezan au poil épais (chameau)". **-2.** ETH. te. *zaɛ*, *zəɛ ʾabälä* "arracher". **-3.** tna. *zaɛ bälä* "couler", *zaɛzaɛta* "rosée, condensation". **-¶.** v. aussi s. Zʾ/Ɛ. **-1.** TAINE-CHEIKH 888. **-2.** WTS 503. **-3.** Le radical sous cette forme est sans doute en relation avec WƉƐ, v. s. - V. ABBA YOHANNES 666, DTE 498.

ZƐB, 1. AR. *zaɛaba* "repousser, éloigner quelqu'un; couper, retrancher, partager; emplir; charger d'un fardeau, charger quelqu'un d'injures; inonder, être inondé, rempli de liquide (outre, etc.)"; *tazaεεaba* "être gai, joyeux, excessif; se mettre en colère", *ʾazεab-*, *zuεbūb-* "court, petit (homme)", malt. *(i)zzie(ε)eb* "mener une vie dissipée", *za(ε)ba* "personne sans importance, sans valeur", ? lib. *zaεbe* "foule, multitude", ? ETH. te. *zäεabä* "faire mal, causer de la douleur". **-2.** AR. *zaεaba* "croasser (corbeau)", *zaεīb-* bourdonnement (abeille)". **-3.** yém. *zoεbāh* : grand sac de peau. **-4.** maraz. *zeεbi* "sédentaire, non nomade". **-5.** SAR. soq. *zaεabi* "plongeur de perles". **-¶. 1.** LA I/23, Q. 88, LANE 1230, KAZIMIRSKI I/989, BELOT 290, DOZY/591 **-** C'est la valeur "injurier" de *zaεaba* qu'invoque AQUILINA 1596 en faveur d'un rattachement à cette racine arabe, FRAY. 72; éth. WTS 503. **-2.** KAZIMIRSKI IBID., Q IBID. **-3.** ROSSI 246, GOITEIN GLOS. 87. **-4.** BORIS 243. **-5.** LESLAU LS 154 qui suggère un rapprochement avec ḏof. *zhāb* "nacre", RHODOKANAKIS II/24. **-¶¶. 1.** Sur la base de diverses formes agaw nommant la "pluie" ou la notion de "couler", etc., (bil. *zuwaa*, khamir *zoow-* "couler"), etc. DOLGOPOL'SKIJ 100, reconstruit une forme $*^{d}zVw[H]$ qu'il rapproche de l'ar. *zaεaba* "être plein", mais v. s. ĐN/RB/M/N. - Pour "couper", HSED 542 cite, en tchadique, hausa *zāḅī*, pero *žibi* "hache".

ZƐBB, ARAM. *zaεbupča* "toupet sur le front". **-¶.** Rapport avec *zuεbūb*, v. s. ZƐB ? - V. BERGSTRÄSSER NARAM. 103.

ZƐBG, 1. AR. *zaεbaǧ-*, *ziεbiǧ-* "nuages légers et transparents". **-2.** *zaεbaǧ-* "fruit de l'olivier sauvage, olive". **-¶. 1.** LA III/24, Q. 175, KAZIMIRSKI I/989. **-2.** DOZY I/591. - Doublet de *zagbaǧ-* (ZƓBG) et aussi de *zabbūǧ-* (ZBG); mais V. SIMONET II/622 pour qui cette forme relèverait d'une autre origine et serait en rapport avec le nom du "jais".

ZƐBṬ, 1. AR. *zaεbaṭa* "se débattre"; ? lib. *zaεbūṭ* "qui a une forte voix". **-2.** AR. *zaεabūṭ-* : vêtement de laine. **-3.** maroc. *ẓaεbəṭ* "bourrer", *tẓaεbəṭ* "être bourré, gonflé, obèse". **-¶. 1.** DOZY I/591; FRAY. 72. **-2.** WEHR 437.

ZƐBL, 1. AR. *zaεbala* "se balancer en marchant, se dandiner"; hisp. *zaεbél* "marcher avec pompe"; *zaεbal-* "qui a le cou mince et le ventre gros, vipère", maroc. *zaεbūl* "grosse bedaine, individu obèse", magh. *zaεbūla* "grande sacoche, porte-monnaie qui se porte à la ceinture". **-2.** AR. *zaεbal-* "cotonnier". **-4.** maroc. *zaεbūl*, *zaεbūn* "figuiers de barbarie". **-¶.** v. aussi ZƐBL/R. **-1.** Q. 908, KAZIMIRSKI I/989, FRAY. 72, ALCALA 83/18, BEAUSSIER 433, LENTIN 113, BORIS 244, COLIN 712; AQUILINA 1596 préfère rattacher le malt. à ZƐBR, v. s.. **-3.** Q. IBID. **-4.** COLIN 712, LOUBIGNAC ZAËR 445.

ZƐBL/R/N, AR. *zaεbala* (*εalā*), *zaεbara* "tromper" *zaεbalat-* "coquette", lib.

zaεbal "tromper, duper", *zεābīr* (plur.) "charlatans", malt. *za(ε)bel* "folâtrer, s'ébattre", magh. *tzaεbəl*, maraz. *zzaεban* "minauder, faire des coquetteries", magh. *zəεbər* "avoir du luxe, de la prodigalité". - ARAM. naram. *mzaεbrōna* "charlatan", ṭur. *zaεbara* "menace vaine". -**¶.** DOZY I/591, BELOT 290, BEAUSSIER 432, FRAY. 72; les formes aram. sont constituées sur des emprunts à l'ar., v. BERGSTRÄSSER NARAM. GLOS. 103, RITTER 561; bibliog. aussi s. ZƐBL 1.

ZƐBN, v. ZƐBL/R/N.

ZƐBQ, AR. *zaεbaqa* "disperser, disséminer". -**¶.** v. aussi la forme métathétique BƐZQ. - LA III/24, Q. 801, KAZIMIRSKI I/989.

ZƐBR, v. ZƐBL/R/N.

ZƐG, AR. *zaεağa* "repousser, chasser quelqu'un; secouer, arracher de sa place; causer de l'inquiétude, troubler; crier"; hisp. **mazεūž* "fiché, introduit dans, farci"; ETH. tna. *zäεagä* "pénétrer, passer à travers; être imbibé d'eau", *zaεgi* "pénétration, osmose, rosée", amh. *zagä* "se carier (dent), se rouiller (métal)", *zəgät*, *zag* (anc. *zaεg*, *zaʾg*) "rouille". -**¶.** LA III/24, Q. 175, LANE 1230, BELOT 290; ALCALA 230/31 ne fournit pas la forme verbale; VOCABULISTA 137 traduit *azεaž* par "expellere (clavus)", mais l'exemple donné *azεaž al-musmār fī* veut bien dire "ficher le clou dans", comme le fait remarquer CORRIENTE IBID. - Pour *zaεağa* "crier", comp. s. ZƐQ. - Magh. *zεəz* (assimilation de la dernière radicale à la 1ère) "sursauter, se lever en sursaut, être déboîté" serait dérivé d'une forme passive de ce verbe, MARÇAIS TAKROUNA 1673. - Eth., ABBA YOHANNES 661; DTE 478, 498, GUIDI 629, BAETEMAN 858; sur la forme ancienne DILLMANN LEX. 1038 et références dans MÉDECINE I/44, 97. - Une expression aram. ṭur. *b-ziεč* "rapidement, violemment" (RITTER 583) semble formée sur cette racine, sans doute à partir de l'ar.

ZƐGP, ETH. tna. *zaεgäfä*, *zaεgofä* "vieillir, paraître mal tenu, etc. (pour un vieillard)". -**¶.** ABBA YOHANNES 666.

ZƐD, AR. maroc. *zεad* "forcer sur le prix". -**¶.** COLIN 713.

ZƐDM, SAR. soq. *zaεdihim* "souris". -**¶.** LESLAU LS 150 ne relève que des variantes en ZDM ou ZDʾM.

ZƐW, 1. AR. *zaεā* (*w*) "agir avec justice". **-2.** SAR. soq. *zeεe* "prendre". **3.** ETH. te. tna. *zəεota* "girafe". -**¶. 1.** LA III/28, Q. 1103, KAZIMIRSKI I/993 **-2.** LESLAU LS 154 qui compare avec hésitation ar. *nazaεa* "arracher avec force". **-3.** WTS 503.

ZƐWṬ, 1. AR. lib. *zaεwaṭ* "crier". **-2.** magh. zaër *zəεwaṭ* "disperser, disséminer". -**¶. 1.** < ZƐṬ, aussi *zaεmaṭ*, v. s. ZƐMṬ; *-k* tchad. < *-g* (= *q*). - V. HAJJÉ

80, LPAT 205. **-2.** voir les renvois sous -ZR-; V. LOUBIGNAC 445.

ZƐZ, v. s. ZƐG.

ZƐZƐ, 1. CAN. h. **m²zaεzeε* "oppresseur", nh. ARAM. targ. *zaεzeε* "ébranler, effrayer", AR. *zaεzaεa* "agiter, secouer avec force", magh. *ẓaεẓaε* "brailler, vociférer", zaër *zaεzaε* "se déboîter"; SAR. soq. *zéεzeε* "sangloter"; ? ETH. te. *zaza* "trouble, querelle", amh. *zazza, žažža, žožža, ǧaǧa* "être fatigué, faible; tomber en enfance, parler beaucoup, radoter", gour. *zãzä barä, zanze balä* "errer sans but, radoter; être faible (vue)". **-2.** AR. ég. *zaεzūε* "long et mince, fluet (homme)". **-¶.** Sur le tna. *zaεzaεta* "rosée", v. s. ZƐ. **-1.** v. les renvois s. Zʾ/Ɛ, et comp. s. ZʾZʾ, ZWƐ. Ar., Q. 652, LANE 1230, KAZIMIRSKI I/990, BELOT 290, COLIN 714; sar., LS 154. - Eth., WTS 504, GUIDI 628, 638, 700, BAETEMAN 858, 869, EDG III/712, 719; pour une analyse de la formation et pour les diverses formes, V. COHEN NEEM 204. **-2.** BOCHTOR 348 "flandrin", BADAWI-HINDS 370.

ZƐZP, AR. hisp. *zuεzúf(a),* maroc. *zaεzūf*: sorte de jujubier. **-¶.** Sans doute forme dissimilée de *zafzūf* (sous l'influence de *zaεrūr-* ?), v. ZPZP (et ZƐRR). - V. ALCALA 92/30, 31, COLIN 714.

ZƐṬ, 1. AR. *zaεaṭa* "étrangler; braire (âne)"; lib. *zaεaṭ* "parler fort, crier", maroc. *ẓaεṭ* "crissement (de cuir, de tissus)". **-2.** soud. *zaεaṭ* "arracher les plumes". **-3.** magh. zaër *zəεṭa* "gale". **-4.** iraq. *zaεṭūṭ* "petits enfants"; ARAM. naram. *ezεūṭ* "petit". **-¶. 1.** > ZƐWṬ, ZƐMṬ. Comp. ZƐQ. - LA III/25, Q. 601, KAZIMIRSKI I/990, BELOT 290, FRAY. 72. **-2.** QLS 496. **-3.** LOUBIGNAC 445. **-4.** Sur la constitution de ces formes, BROCKELMANN GVG I/295; V. aussi BERGSTÄSSER NARAM 104. **-¶¶. 3.** Probablement en rapport avec le nom de la "gale" en berbère méridional dont les différentes formes relèvent, selon la reconstruction de PRASSE H 74, d'une racine *ZYḌ (Ayr *əžžəḍ*, Ghat *žiyəḍ*, Ahaggar *əhhyəḍ* "avoir la gale").

ZƐṬṬ, 1. AR. *zaεṭūṭ* "pigeon ramier". **-2.** AR. maroc. *zaεṭōṭ* "sonneur de trompe (les nuits de Ramadan)". **-4.** *mẓaεṭəṭ* "impudent, insouciant". **-¶.** v. aussi s. ZƐṬ. **-1.** DOZY I/592. **-2. -3.** COLIN 715.

ZƐY, AR. ḏof. *zaεā* "chercher, demander de l'aide". **-¶.** Forme métathétique de *εazā*, selon RHODOKANAKIS II/23 qui signale une forme dénominative *zaεátă*, apparemment de même sens.

ZƐK, CAN. h. **nizεak* "être interrompu (jour)", ? AR. *zaεkat-* "temps que l'on reste quelque part". **-2.** *zaεkat-* "queue (des quadrupèdes), cul, derrière"; malt. *za(ε)ka* "coquin(e), femme de mauvaise mœurs". - ? AR. *ʾazεakiyy-* "court, vil", *zaεkūk-* "court (homme), gras (chameau)". **-3.** magh. *zεək* "chasser, courir le gibier"; *zaɛɛak* "expulser". -¶. v. aussi s. ZƐQ. -1. L'h. dans Job 17/1 est considéré comme un doublet de *nidɛak* par HAL 265, mais V. TUR-SINAI JOB 272, BLAU PSEUDO-CORRECTIONS 55; ar., KAZIMIRSKI I/991, BELOT 291. -2. CHERBONNEAU I/411, DOZY I/593, AQUILINA 1596. - Sur *ʾazɛakiyy-*, *zaɛkūk-*, LA I/26; V. aussi FISCHER FARBE 408. -3. BEAUSSIER 434.

ZƐL, 1. AR. *zaɛila* "être gai, dispos et alerte", *zāɛala* "arracher quelque chose de sa place". - ? **2.** soud. *ziɛil* "être en colère", or. *zəɛel*, "être fâché, ennuyé", magh. *zɛəl* "s'ennuyer, être mal disposé; se fâcher", maraz. *zɛal* "se hâter, s'élancer"; ? maroc. *zɛal* "geindre (de fatigue sous une charge)"; ARAM. naram. *azɛel* "se mettre en colère". **-3.** ETH. g. *zəɛlā* "frange, bande de vêtement", amh. *zəɛəla* "calotte de prêtre". **-4.** amh. (Gond.) *zal* "jambe de derrière d'une bête égorgée". **-¶. 1.** LA III/26, Q. 908, BELOT 291, LANE 1232; naram. < ar., BERGSTRÄSSER NARAM. 103. - Comp. s. ZYL ? **-2.** QLS 496, BORIS 244, BEAUSSIER 434. COLIN 716; BARTHÉLEMY 313 met ces formes en relation avec la racine ZƐM, v. s. **-3.** DILLMANN LEX 1061, CDG 630 avec références lexicographiques. **-4.** GUIDI 603, BAETEMAN 855.

ZƐLG, AR. *zaɛlaǧat-* "mauvais caractère, mauvais naturel". **-¶.** LA III/26, Q.175.

ZƐLK, 1. AR. magh. *zəɛlūk* "pauvre". **-2.** maroc. *zaɛlək* "rendre visqueux, gluant". **-¶. 1.** BEAUSSIER 434. **-2.** COLIN 716.

ZƐLM, maroc. *zaɛləm* "provoquer quelqu'un". **-¶.** COLIN 717.

ZƐLQ, AR. *zuɛlūq-* "vif, gai, dispos". **-¶.** < ZƐL ?. Q. 802 considère *ḏuɛlūq-* comme la forme correcte, V. aussi KAZIMIRSKI I/992.

ZƐM, 1. AR. *zaɛama* "parler, dire, énoncer une opinion", *zaɛima* "désirer ardemment", *zaɛīm-* "garant, chef, prince", *zaɛamat-* "gloire, dignité, pouvoir"; hisp. *zaɛam* "prétendre, se vanter, faire le brave", magh. *zɛəm* "prétendre, alléguer", *zaɛma* adv. "prétendument, comme si, feignant de; par exemple, c'est-à-dire, dans l'espoir de", *zɛama* "audace, intrépidité"; SAR. sab. *zɛm* "déclaration", mh. *zəɛīm*, jib. *zɛim* "chef de famille", *əzteɛim* "être, décider en chef de famille"; ETH. gour. *žamä* "convoiter, désirer ardemment". **-2.** AR. *zaɛāʾim-* (plur.) : sorte de vaisseau, mér. *zaɛīma*, SAR. jib. *zɛīt* ETH. te. *zəɛimät* "bateau, barque". **-3.** AR. or. *zaɛam* "se fâcher, mépriser". **-4.** SAR. soq. *əzɛam* "être assis, rester". **-5.** ETH. g. *zəɛəme* "frange, touffe de cheveux (?)". **-¶.** v. aussi s. ZĠM. **-1.** LA III/26, Q. 1008, LANE 1232, BELOT 291. - Sur l'adverbe, V. BEAUSSIER 434, COLIN 717, surtout MARÇAIS TAKROUNA 1675; hisp. VOCABULISTA 138;

ALCALA 79/21, 112/39, 422/20, fournit des formes à 3ème radicale *n* : *záεan* "faire le brave", à côté de *záεam* "tenir des propos vains", IBID. 422/20. - Sar., DIC. SAB. 170; éth. gour. < ar. ? - V. EDG III/722 (sans rapprochements). **-2.** V. FAGNAN 71, LANDBERG GLOS. 1840, KINDERMANN SCHIFF 34, JOHNSTONE JL 314, WTS 503. **-3.** La forme est donnée comme en usage chez des nomades d'Orient par BARTHÉLEMY 313 S. ZƐL. Peut-être serait-elle en rapport avec la racine ZƓM, v. s., par l'intermédiaire d'une forme araméenne ? **-4.** LESLAU LS 155. **-5.** V. DILLMANN LEX. 1062, CDG 630 qui rapproche interrogativement amh. *zoma* "longue chevelure ondulée".

ZƐMṬ, 1. AR. lib. *zaεmaṭ* "crier". **-2.** "raccourcir, retrécir"; *zaεmūṭ* "court, petit". **-¶.** < ZƐṬ; comp. ZƐWṬ et v. aussi s. ZƐQ, ZƐMQ. - V. FRAY. 72, DENIZEAU 220.

ZƐMQ, 1. AR. lib. *zaεmaq* "crier". **-2.** "raccourcir". **-¶. 1.** < ZƐQ, v. s. **-2.** Peut-être issu de l'analogie avec ZƐMṬ, v. s. ?

ZƐN, 1. AR. *zaεana* "pencher vers quelqu'un"; hisp. *zuεāna* "sot, niais". **-2.** SAR. soq. *ezεaynin* "fermer l'œil". **-¶. 1.** LA III/28, VOCABULISTA 138, DOZY I/594. **2.** LESLAU LS 155 voit une métathèse [douteuse] d'h. *εāṣam*, ar. *gammaḍa*, v. s. ƓMḎ, V. NÖLDEKE ZDMG 32/406.

ZƐNP, 1. AR. *ziεnáfat-* "bout d'un vêtement, lambeau; petit (de taille), troupe d'hommes, populace"; *zaεānif-* "nageoires, palmes". **-2.** *zaεnafa* "parer (par exemple la fiancée)". **-¶. 1.-2.** LA III/28, Q. 734, KAZIMIRSKI I/993, BELOT 291.

ZƐƐ, ETH. te. *ʾazεoεa* "se presser autour, prendre soin de". **-¶.** WTS 503.

ZƐP, 1. CAN. h. *zāεaf* "être en colère, être morose, abattu", ARAM. targ. *zəεaf* "être violent, impétueux; être en colère", syr. "pousser, presser", *ʾezdᵊεap* "se fâcher", nsyr. *zāεūpā* "coup", AR. *zaεafa* "tuer quelqu'un sur place", magh. *zεef* "s'irriter, être irrité", maraz. "être écœuré", ḥass. *zεav* "éprouver du dégoût"; mérid. *zaεaf* "barrer le chemin à quelqu'un". AR. *zaεfat-* "cuirasse, cotte de maille"; *mizεafat-* "serpent, lion". **-2.** soud. *zaε(a)fa* "parure, collier". **- ? 3.** palest. *zaεf-* "buisson, ramilles", lib. *zaεaf* "épousseter (une maison)", ég. "housser, nettoyer avec le houssoir", *zaεεāfa* "tête-de-loup, plumeau à long manche". **-¶.** Comp. ZBƐ, ZƓF. **-1.** Dans Gn 40/6 et Dan. 7/10, le participe *zoεapīm* a le sens de "morose, abattu"; on a voulu parfois l'expliquer par ar. *ḏaεafa* "être faible", V. TORCZYNER ZDMG 70/588, KOPF VT 9, 1959, 254, HAL 266. V. aussi BROCKELMANN LEX. 202. Comp. s. ÐƐP. - Ar, LA III/25, Q. 734, LANE 1231, KAZIMIRSKI I/990, BELOT 291, BORIS 244, TAINE-CHEIKH 889. **-2.** QLS 496, LPAT

205. Peut-être existe-t-il quelque rapport avec une expression mentionnée par LA IBID. *zaεafa fī ḥadītihi* "exagérer, mentir" = "orner" ? **-3.** DOZY I/592, LÖHR 143, BOCHTOR 399; si, comme cela est possible, les formes sont fondées sur le nom de la branche ou de la feuille de palmier, l'étymologie les relierait à l'ar. dialectal *zaεaf* forme évoluée à partir de la racine SƐP, v. s., V. MARÇAIS TANGER 381.

ZƐPQ, AR. *zuεfūq-* "homme avare et méchant", ? ḥass. *ẓaεveg* "chercher à s'échapper, à se délivrer de liens". **-¶.** LA III/26, Q. 801, KAZIMIRSKI I/991, TAINE-CHEIKH 890.

ZƐPR, ARAM. syr. *zεprn*, AR. *zaεfarān-*, SAR. mh. ḥars., jib. or. *zaεferān*, ETH. te. *zäʾəfran*, amh. *zəʾəfran* "safran". **-¶.** AHW 93 compare le nom de plante ak. *azupīr-*, *azupirān-*, mais ce rapprochement est réfuté par CAD 1/II, 531, suivant LANDSBERGER WO 3/260, n. 56. - Sur l'ar., NÖLDEKE FUNF MUᶜALLAQÂT II/42; sar., JOHNSTONE HL 148, ML 463 - Les formes éthiopiennes procèdent d'un emprunt à l'ar. V. LESLAU N. ÉTH. 85.

ZƐQ, 1. CAN. h. *zāεaq* "appeler à l'aide", ARAM. Emp. *zεq*, targ. syr. *zᵊεaq* "crier", AR. *zaεaqa* "crier; effrayer; faire marcher; piquer (serpent); soulever la poussière (vent)", *zaεiqa* "avoir peur (la nuit)", magh. *zεəq* "crier", ? ḥass. *zεag* "faire faire un déplacement pénible à". **-2.** *zaεaqa* "mettre trop de sel", *zaεuqa* "être amère et épaisse au point d'être impropre à la consommation (eau)", hisp. *záεaq* "enlaidir, déformer", magh. *zεəq* "(s')enlaidir", maroc. *zεēq* "dégoûtant, écœurant". **-¶. 1.** HAL 266, DISO 79. **-1.-2.** v. ZḤQ, ṢƐQ. - ZƐQ > ZƐMQ; comp. s. ZƐṬ. - V. LA III/26, Q. 801, KAZIMIRSKI I/990, BELOT 291, DOZY I/593, LANE 1231, VOCABULISTA 138, ALCALA 79/21, 179/29, BEAUSSIER 434, COLIN 716, TAINE-CHEIKH 890.

ZƐQR, AR. maraz. *zaεgaṛ* "souffler violemment (vent)". **-¶.** Comp. s. ZƐQ. - V. BORIS 244.

ZƐR, 1. CAN. h. *zᵊεēr*, *mizεār* "un peu", ARAM. bibl. *zᵊεēr*, Emp. nab. palm. *zεyr* "petit, sans importance; un peu", syr. *zᵊεar* "être petit, faire défaut, manquer", *zᵊεorā* "petit, humble", naram. *izεur*, nsyr. *zεūrā*, *sεūrā*, *sūrā* "petit", *surūna* "nourrisson"; ? *zāy(ε)ā* "oisillon, poussin". **-2.** AR. *zaεira* "être clairsemé (plumage, poil)", *zaεir-* "aux cheveux clairsemés", *ʾazεar-* "blond, alezan", soud. *zεōri* "coq sans plumes au cou", ḏof. *zaεar* "être blond", magh. *azεaṛ*, *zεaṛ* "blond, roux, rougeaud". **-3.** AR. *zaεir-*, *zāεir-* "méchant, dont on évite la société", *zaεarrat-* "mauvaise nature", *zuεεār-* (plur.) "vagabonds, bohémiens", or. *zaεar* "voler", *ʾazεar* "brigand", daṯ. *zaεr* "coriace (viande)", maroc. *zεar* "devenir intense (douleur)". **-4.** *zaεara* "cohabiter, être en copulation". **-5.** lib. *zaεar* "rugir".

-6. ETH. te. *zäεar* "sorte, espèce". **-¶. 1.** Comp. ṢĠR. L'h. est un aramaïsme, V. WAGNER n°80-81; DISO 79, BROCKELMANN 202, HAL 266, TSERETELI 71, BERGSTRÄSSER 104; nsyr. *zāy(ε)ā* < ZƐR ?, NÖLDEKE SYRISCHE GRAM. 53; autres hypothèses, MAC LEAN 88. **-2.** V. surtout FISCHER FARBE 356 et pour la valeur dialectale, BEAUSSIER 433, COLIN 713. **-3.-4.** LA III/25, Q. 360, LANE 1231, KAZIMIRSKI I/990. BELOT 290, LANDBERG GLOS. 1838, BEAUSSIER 433. **-5.** FEGHALI KFAR 12, FRAY. 72, DENIZEAU 220. **-6.** WTS 503.

ZƐRṬ/Ḏ, AR. *zaεraṭa* "ruer", ḥass. *zaεraḍ* "ruer (animal indompté)", maroc. *zaεṛəṭ* "galoper à fond de train". **-¶.** DOZY I/592, TAINE-CHEIKH 889, COLIN 714.

ZƐRN, AR. lib. *tzaεran* "se conduire comme un voleur". **-¶.** < ZƐR, v. s. - V. FRAYHA 72.

ZƐRQ, AR. palest. *zaεraq* "uriner". **-¶.** DALMAN ASP VII/57, BAUER WB. 160.

ZƐRR, 1. ARAM. Emp. *zεrrtʾ* "prunellier", naram. *zaεrurōita*, AR. *zuεrūr-* "néflier"; *zaεrūr-* (coll.) "azerole". **-2.** zaër *zəεrər* "mugir". **-¶.** V. aussi s. ZƐR. **-1.** V. LINDENBERGER AHÎQAR 89 et n. 250 qui rapproche nh. *εurār*, syr. *εazrārtā* "aubépine", DISO 79; naram. < ar., BERGSTRÄSSER 104; pour l'ar. hisp., ALCALA 396/16 fournit esp. "serval" (cormier). **-2.** Comp. s. ZʾR. - LOUBIGNAC 445.

ZƐT, AR. *zaεεāt-* "menteur". **-¶.** v. aussi s. ZƐT. - V. DOZY I/591.

Z/S/ṢƐTR, 1. AK. *z/ṣater-* : nom de plante, ARAM. targ. syr. *ṣatrā* "sarriette", AR. *z/s/ṣaεtar*, SAR. ḥars. *zaεter* "thym". **-2.** soud. *zaεaṭūr* : petitesse de la taille, fait d'avoir la poitrine saillante et le dos rentré. **-¶. 1.** > lat. *satureia*; pour l'étym, LÖW FLORA II/103, THOMPSON DAB 75; la forme arabe clas. est normalement *saεtar-*, écrite souvent *ṣaεtar-* dans les livres de médecine, V. LA III/146, LANE 1360; V. aussi FARHAT 192, KAZIMIRSKI I/1090; mais la plupart des dialectes, où le terme peut désigner, selon les lieux, le thym, la sarriette ou l'origan, ont le plus fréquemment *zaεtar*; V. BARTHÉLEMY 312, BADAWI-HINDS 370, BEAUSSIER 433, BOCHTOR 555 (origan), 739 (sariette), 808 (thym). **-2.** QLS 496.

ZĠB, 1. AR. *zagab-* "duvet des poussins; cheveux très fin", *zagiba* "être couvert de duvet; avoir la chair de poule, se hérisser"; *ʾazgaba* "se couvrir de feuilles (vigne)", magh. *zgəb* "avoir les nerfs agacés"; maroc. "causer des ennuis à". **-2.** "faire une razzia". **-3.** AR. *ʾazgab-* "bigarré de blanc et de noir", maraz. *azgab*, *azgam* "alezan, roux (robe de chameau)". **-4.** SAR. jib. *zagab* "coucher avec (une femme)". **-¶. 1.-3.** Comp. s. Z(ʾ/W)BR, ZBB. - V. LA III/68, Q. 88, LANE 1234, BELOT 291, LANDBERG GLOS. 1840, BEAUSSIER 434, BORIS 245, COLIN 718. **-4.** < ZĠP ?. v. s.

- JOHNSTONE JL 316.

ZƐBG, AR. *zagbağ-* "fruit de l'olivier sauvage". **-¶.** v. s. ZBG, ZƐBG. - V. Q. 175, KASIMIRSKI I/993.

ZƐBD, AR. *zagbad-* "crème, beurre". **-¶.** Comp. s. ZBD et ZƐD. - V. Q. 258.

ZƐBR, 1. AR. *zagbar-*, *zigbir-* "poil, duvet d'une étoffe, peluche, filaments qui se détachent des étoffes", lib. *zagbar* "se couvrir d'une couche de duvet". **-2.** *zugbūr-* "bête féroce". **-¶. 1.** Comp. s. Z(ʾ/W)BR et ZƐB. - V. HUART JA 1883/20; aussi LA III/69, Q. 361, LANE 1234, BELOT 292. Noter l'expression *bi-zagbiri-hi* "(prendre quelque chose) dans sa totalité, sans en rien laisser". **-2.** Q. IBID.

ZƐD, AR. *zagada* "mugir d'une voix forte (chameau); serrer, presser l'outre pour en faire sortir le beurre; irriter (par des propos)"; *ʾazgada* "allaiter (un enfant)"; *zaggād-* "qui a beaucoup d'eau"; palest. *zugd-* "(contenance d'une) poignée", malt. *ze(g)ed* "abonder", magh. *zgəd* "remuer, grouiller; piéter, courir (oiseau)"; *zaggad* "faire rouler". **-¶.** v. aussi s. ZḪ/ƐRD/T/Ṭ. - V. LA III/28, Q. 258, KAZIMIRSKI I/993, BELOT 292, BAUER WB.131, AQUILINA 1610, LENTIN 114.

ZƐDB, 1. AR. *zagdaba* "être en colère; (avec *ɛalā*) presser, importuner (avec des demandes)", *zagdab-* "mugissement d'un chameau, écume abondante, graisse fondue"; *zugādib-* "au visage épais et aux grosses lèvres". **-¶.** Semble un élargissement de ZƐD par -B final (sous l'influence de ƐḎB ?). V. discussion dans LA III/29; aussi Q. 88, KAZIMIRSKI I/494. - Comp. s. ZƐZƐ.

ZƐDR, AR. *zagdara* "hennir de fureur, chercher noise". **-¶.** Comp. ZƐD, ZƐDB. - JAUSSEN MOAB 15, FAGNAN 71.

ZƐW/Y, 1. OUG. *zg* "meugler (vache)", *zgt* "aboiement", AR. *zagā* "crier (enfant)", *zāgyat-* "femme impudique", magh. *zagwa* "chanter", *zəgwīya* : sorte de chant du Sud du Maghrib, maraz. *zge* "exulter, pousser des cris de joie". **-2.** AR. hisp. *zagā* "plaire". **-3.** *zagāya* "javeline, sagaie", maroc. *zgāya* : sorte de javeline. **-4.** soud. *zagw* : sac fait de cordes tressées. **-¶. 1.** UT 393 n°826, TO 536, BEAUSSIER 435, BORIS 246. **-2.** aussi *ṣagā*, VOCABULISTA 138. **-3.** VOCABULISTA IBID. = "venabulum", ALCALA 108/16, 20, COLIN 719. Sur une possible origine berbère, DOZY-ENGELMANN 223 s. "azagaya" (esp. < ar.). **-4.** QLS 498.

ZƐY, v. ZƐW/Y.

ZƐZL, AR. *zugzāl* "poing". **-¶.** VOCABULISTA 138; V. DOZY I/594.

ZƐZƐ, AR. *zagzaga* "cacher, celer une chose, se moquer de; pincer les cordes d'un instrument; changer d'avis", *zagzagat-* "chuchotement", *zagzag-* "agile, dispos", *zugzug-* "petit de taille (oiseau, enfant)", ég. soud. *zagzag* "chatouiller", soud. "presser de demandes", malt. *za(g)zu(g)* "jeune homme", magh. *zagzag* "insuffler le mal, tenter (démon)". **-¶.** Q. 704, KAZIMIRSKI I/994, DOZY I/594, BELOT 292, LANDBERG GLOS. 1841, QLS 497; AQUILINA 1597 évoque, à propos du maltais, l'ar. *zaglūl-* (v. s. ZƐLL), LENTIN 114. - v. aussi s. ZNGG. **-¶¶.** Comp. berb. kab. *zzəgzəg* "être pétulant, turbulent", DALLET 951 ?

ZƐṬ, AR. or. *zagaṭ* "avaler". **-¶.** DENIZEAU 221.

ZƐL, 1. AR. *zagala* "verser, uriner, par petites quantités, faire jaillir; téter"; *zuglat-* : quantité (de lait, etc.) qui remplit la bouche; lib. *zagl* : pierre à écraser du pressoir à olives, ? malt. *ze(g)el* "caresser". **-2.** AR. *zagal-* "fausse monnaie", or. *zagal* "contrefaire, falsifier", *dzagal* "tricher au jeu". **-3.** maraz. *zoglān* (coll.) "têtards, petits animaux vivant dans l'eau", ḥass. *zəglān* (coll.) "têtards, langouste, crevette". **-4.** hisp. *zogla* "bravoure, vaillance, audace". **-¶. 1.** LA VI/931, s. WŠƐ, Q. 909, LANE 1235, KAZIMIRSKI I/995, BELOT 292, DOZY I/594, AQUILINA 1610; DESSOULAVY MALTESE-ARABIC WORD-LIST 143, malgré l'orthographe (*zeghel*), rattache plutôt à ZHL, ZHLQ, v.s. **-2.** La forme, représentée dans de nombreux dialectes, semble relever de la racine DGL, v. s.; elle aurait été empruntée, selon BARTHÉLEMY 314, "par l'intermédiaire des Arabes nomades de l'Est, à un dialecte araméen de Mésopotamie, employant *zᵊgal* pour *dᵊgal* "tromper", avec *z* pour *d*". **-3.** BORIS 245, TAINE-CHEIKH 893. Étym. incertaine. V. aussi s. ZƐLŚ, ZƐR. **-4.** VOCABULISTA 138, ALCALA 102/9, 10.

ZƐLṬ, 1. AR. *zaglaṭa* "faire du bruit, pousser des cris". **-2.** iraq. *zaglaṭ* "tromper, duper". **-¶. 1.** Comp. s. ZḪ/ƐRD/Ṭ/T. - V. KAZIMIRSKI I/995, LANDBERG 1841, CANTINEAU PALM. AR. I/158. **-2.** < ZƐL, v. s. - V. DIA 203.

ZƐLL, 1. AR. *zaglala* "éblouir". **-2.** *zuglūl-* "bébé, petit enfant". **-3.** mér. "pieu du joug". **-4.** *zaglīl-* "orties". **-¶. 1.** DOZY I/595. **-2.** WEHR 439. **-3.** LANDBERG GLOS. 1841. **-4.** DALMAN I²/372.

ZƐLM, AR. *zaglamat-*, *zuglumat-* "doute, soupçon, haine, inimitié". **-¶.** Comp. ZƐM, ZƐML. - LA III/30, Q. 1008, KAZIMIRSKI I/995.

ZƐLŚ, AR. *zuglāš-* "têtard". **-¶.** v. aussi s. ZƐL, ZǦR. - DOZY I/595, BEAUSSIER 485. **-¶¶.** Le mot est représenté en berb. mzab., V. DELHEURE 253.

ZƐM, 1. CAN. h. *zāεam* "maudire, réprimander", ARAM. syr. *zaεem* "réprimander, gronder violemment", AR. *tazaggama* "mugir à maintes reprises (chameau); parler avec colère; pousser un léger gémissement (nouveau-né)", *zagūm*, *zugmūm-* "bègue", SAR. soq.

ɛezam "gronder". **-2.** AR. soud. *ʾin-zagam* "se glisser, s'infiltrer, pénétrer; disparaître". **-¶.** v. aussi s. ZƓB. **-1.** V. PEDERSEN EID 81, BRICHTO 202; BROCKELMANN LEX 20 confond *zɛm* et *zgm*; ar. *zagam* traduit h. *zaɛam* dans la Bible de Saᶜdiyah, Ps. 78/49, V. DOZY I/595; LA III/30, Q. 1008, KAZIMIRSKI I/995, BELOT 292, LESLAU LS 304. **-2.** Peut-être ZQM, v. s. (avec *q* réalisé *g*, V. COHEN MAURIT. 35) - V. QLS 498, LPAT 205, d'après Hillelson.

ZƓMṬ, AR. palest. *zagmaṭ* "épointer, tailler en pointe". **-¶.** BAUER WB 302.

ZƓML, AR. *zugmul-* "haine profonde". **-¶.** v. ZƓLM. - V. KAZIMIRSKI I/995.

ZƓMM, v. ZƓM.

ZƓNZ, AR. hisp. *zagnaz* "collier". **-¶.** VOCABULISTA 138, DOZY I/595.

ZƓNN, AR. maroc. *zəgnən* "fredonner, bourdonner". **-¶.** COLIN 719.

ZƓƓ, 1. AR. *zagg, zugg-* "odeur fétide des aisselles". **-2.** magh. *zgūg(ū)* "fantôme, croquemitaine". **-¶. 1.** Q. 704, KAZIMIRSKI I/993. **-2.** BEAUSSIER 435, LENTIN 115 qui note *zqūqū* (sur l'alternance *q* ~ *g*, V. COHEN MAURIT. 35). **-¶¶. 2.** Aussi en berb. mzab. *azgug* "fantôme, revenant", DELHEURE 253.

ZƓP, 1. AR. *zagafa* "percer d'une lance", *zagfat-* : sorte de cotte de mailles, SAR. mh. mérid. *zəgāf* "coucher avec une femme". **-2.** AR. *zagafa* "se trouver en abondance (eau dans un puits)", SAR. jib. centr. *zagaf, ezogəf, ezəbgef* "verser négligemment, renverser de l'eau, peser et donner trop par négligence, ne pas tenir sa langue", *zagaf, ezogəf* "vomir, vomir du sang". ? AR. yém. *zagaf* "balayer, entraîner", *tazāgaf* "être inondé", ḏof. *zgof* "emmener (une bête volée)", SAR. ḥar. *zegāf* "emmener". **-3.** AR. *zagafa* "mêler des mensonges à un récit, broder", SAR. mh. *zəgāf*, jib. or. *zgaf* "chanter", centr. *ezōgəf* "faire le fanfaron; se pavaner". **-4.** AR. *zagf-, zagaf-* : extrémités minces des branches, copeaux. **-¶. 1.** à **4.** Ar., LA III/30, Q. 734, KAZIMIRSKI I/995, BELOT 292, GOITEIN 10/7, 87, RHODOKANAKIS II/23.; sar., JOHNSTONE JL 316, ML 465, ḤL 148. **-1.** Ar. : comp. s. ZƐB. - Sar. : Comp. jib. *zagab* "coucher avec une femme" et noter la correspondance *f* ~ *b* en sar. mod. (elle se produit entre l'ar. et le sar. : ƐRF ~ ƓRB). **-2.** jib. *ezəbgef* relève formellement de ZWƓP. **-4.** On peut rapprocher des noms de "poils, plumes, feuilles, duvet, écailles" sous des racines telles que SƐP, ZƐP, Z(L)ƓB, ṢƓ(L)P, et ZBB, ZPP.

ZƓPL, 1 AR. *zagfala* "mentir". **-2.** *zagfal-* "velu d'une étoffe". **-3** nom d'arbre, *zagfala* "brûler le bois de cet arbre". **-¶. 1.** Q. 909, KAZIMIRSKI I/995. **-2.** LA III/30; comp. *zaʾbar-, zawbar-*, etc. s. Z(ʾ/W)BR. **-3.** IBID.

ZƐR, 1. AR. *zaɣara* "s'emparer violemment de quelque chose; être abondant; déborder (fleuve)". - **? 2.** ég. *zagar* "regarder avec colère, sévérité". **-3.** soud. *zagar* "crier", ḥass. *zgar* "braire", *ezāgər* "âne adulte mâle". **-4.** malt. *zo(g)ran* : sorte de bestioles qui se reproduisent dans les eaux stagnantes. **-5.** SAR. mh. *zəgār*, jib. *zagər* : sorte de cactus. **-¶. 1.** LA III/29, Q. 361, KAZIMIRSKI I/994, BELOT 292. - A propos d'une forme oug. *ʾuzɛrt* (KTU 1.101/6), dans laquelle on reconnaît le nom d'une fille de Baal, liée apparemment à un phénomène météorologique, TO II/48, n. 107, évoque l'ar. *zaɣara*. LA IBID. rapporte la tradition selon laquelle *zuɣar-* serait le nom d'une fille de Loth. **-2.** SPIRO 250, BADAWI-HINDS 372. **-3.** QLS 497, TAINE-CHEIKH 892. Le nom de l'âne en ḥass. (plur. *ezegrān*) se présente sous un schème de type berbère. **-4.** AQUILINA 1627 évoque des mots nommant soit des "têtards", soit divers petits animaux vivant dans les mares, relevant des racines ZƐL, ZƐLŚ, v. s. Il est possible que ces mots doivent leurs formes à l'influence de la racine ṢƐR (notion de "petit"), v. s., qui est représentée, dans divers dialectes, sous la forme ZƐR. - V. aussi COLIN GLECS 9/27, MÉMORIAL A. BASSET 10. **-5.** JOHNSTONE JL 316. **-¶¶.** La forme *zagar* "(chien) braque", signalée par DOZY I/594, est probablement d'origine turque, V. REDHOUSE 1009.

ZƐRB, 1. AR. *zaɣrab-* "abondance d'eau; abondant, copieux". **-2.** *zaɣraba* "rire". **-¶. 1.** Comp. s. ZƐR. - V. LA III/29, Q. 88, KAZIMIRSKI I/994. **-2.** Absent de LA.

ZƐRD/Ṭ/T, v. s. ZḪ/Ɛ/RD/Ṭ/T.

ZƐŚ, AR. magh. *zgəš* "trembler, frissonner". **-¶.** BEAUSSIER 433.

ZƐT, AR. palest. *zigt*, *zogt* : aiguillon pour les bœufs. **-¶.** DALMAN ASP II/116, III/101, DENIZEAU 221.

ZƐTM, AR. ḥass. *zagtem* "bouder". **-¶.** V. TAINE-CHEIKH 890.

-ZP-, quelques racines comportant ces deux radicales (la seconde pouvant se présenter occasionnellement sous une forme sonore B, peut-être sous l'influence de SḤB, v. s.) avec un élément médial ont, parmi leurs valeurs, **a.** celle de "se traîner par terre, marcher lourdement, lentement"; v. s. ZWP, ZPZP, ZḤB, ZḤP, ZPP; comp. aussi les quadriconsonnes ZḤNP, ZḤQP, ZRGP, ZRPP, qui sont probablement des formations expressives élargies; des rapports peuvent exister aussi avec ZʾP, ZYP; **b.** celle aussi de "approcher", v. s. ZHP, ZḤB, ZḤP, ZLP, ZRP.

ZP, 1. ETH. te. *zäf wäda* "se vanter", *zif belä* "jouer; parler et vanter beaucoup". **-2.** amh. arg. *zaf*, gaf. *zafʷä* "arbre", har. *zāf* "grand arbre". **-¶. 1.** WTS 505. V. aussi, pour les mêmes valeurs en éth., s. ZWP, ZPP, ZPR. **-2.**

Origine ag. : qem. *zaf*, kham. *zäf*, qu. *ğafa*. LESLAU GAF. 249, EDH 164, EDG III/703; V. aussi APPLEYARD AFROASIATIC LINGUISTICS 5, 2/41.

ZPG, AR. mér. *zafağ* "verser tout à fait; soulever la poussière; blaguer", *ʾinzafağ* "se ramasser", *zaffāğ* "blagueur, qui cause beaucoup". -¶. LANDBERG GLOS. 1843.

ZPD, AR. *zafada* "remplir (vase); donner beaucoup d'orge à son cheval". -¶. LA III/31, Q. 258, KAZIMIRSKI I/996, BELOT 292.

ZPH, AR. *zāfih-* "mirage". -¶. LA III/33, attesté seulement par Al-Azharī.

ZPZP, 1. AR. *zafzafa* "courir à toutes jambes; faire du bruit (troupe de cavalerie, vent); s'abattre ailes déployées (oiseau)", ETH. g. *ʾanzafzafa* "se déployer (ailes, branches), s'agiter (mains)", tna. *zäfzäf bälä* "secouer, agiter, onduler (crinière de cheval)", amh. *ʾanzäfäzzäfä* "secouer, agiter, battre des ailes". - **? 2.** AR. maroc. *zəfzəf* "souffler violemment en sifflant (vent glacial)", malt. *zafzaf* "faire un bruit, gazouiller". **-3.** ḥass. *zevzev* "pousser (menthe exclusivement)". **-4.** AR. *zafzūf-*, hisp. *zuεzúf*, maroc. *zəfzūf*, *zaεzūf* : sorte de jujubier. **-5.** ETH. g. *zafzafa*, te. *zäfzäfä*, amh. *zäfäzzäfä* "plonger dans l'eau, faire fermenter", tna. "macérer", tna. *zäfzäfä* "amollir en trempant". **-6.** amh. *zäfzaf* "gros, lourdaud", *tänzäfäzzäfä* "être pesant; traîner à terre (vêtement), marcher d'une allure molle". -¶. **1.** Pour certaines des valeurs, comp. s. ZPP. V. CDG 632, ABBA YOHANNES 664, GUIDI 634. **-2.** Sans doute dérivation par redoublement de *zəff*, v. s. ZPP. - COLIN 721, AQUILINA 1591. **-3.** TAINE-CHEIKH 895. **-4.** ALCALA 92/30, 31, DOZY I/595, COLIN 714, BEAUSSIER 436. L'arbre est présent dans l'aire méditerranéenne avec des noms apparentés à celui-ci; comp. gr. *zizuphon*, lat. *zizufum* (et lat. pop. *zizupus* > fr. *jujube*). **-5.** CDG 632, DTE 494. **-6.** v. les indications s. -ZP-. V. BAETEMAN 854.

ZPṬ/T, 1. AR. hisp. *zafaṭ* "être arrogant, se vanter", magh. *zfət*, *ẓfaṭ*, ḥass. *ẓvaṭ* "mentir", magh. *zfəṭ* "frapper, cingler, fouetter". **-2.** tun. *zfət*, *ẓfaṭ* "dégager une odeur de brûlé"; tak. *zfīṭi* "épis désséchés, avortés", maraz. *zaffaṭ* "avoir des graines vides, donner peu de farine". -¶. v. aussi s. ZPT. **-1.** Comp. s. ZPP; v. aussi s. ZYPṬ, ZBṬ, ṢPṢṬ. - V. VOCABULISTA 138, DOZY I/595, BEAUSSIER 435, 436, TAINE-CHEIKH 894. **-2.** BEAUSSIER IBID., MARÇAIS TAKROUNA 1681, BORIS 247.

ZPṬṬ, ETH. tna. *zäfṭäṭä* "gonfler (ventre)". -¶. Comparer s. ZPZP, ZPP. - V. ABBA YOHANNES 664.

ZPY, AR. *zafā* "pousser avec vigueur (vent faisant avancer les nuages, levant la poussière); déployer ses ailes; gémir (arc qui lance la flèche)", *ʾazfā* "transporter", *zafayān-* "qui marche avec rapidité", *mazfiyy-, mutazaffiⁿ* "effrayé". -¶. Comp. s. ZPZP, ZPP, PZᶜ. - V. LA III/33, Q. 1163, KAZIMIRSKI I/998, BELOT 293.

ZPL, 1. AR. *ʾazfalat-, ʾazfalā* "troupe, foule", *ʾazfal-* "colère, emportement", *ʾazfallat-* "vélocité d'esprit". **-2.** ḥass. *əzəffāl* "derrière, fondement". **-3.** ETH. gour. *zäfäl, zäfär* "trace, piste". **-4.** g. *zifāl, zəfāl* "pois chiche". **-¶. 1.** LA III/32, Q. 909, LANE 1237, KAZIMIRSKI I/998, BELOT 292. **-2.** Pour cette forme de schème peut-être berbère, TAINE-CHEIKH suggère interrogativement une origine zenaga. **-3.** v. aussi s. ZƐZP. **-4.** < *zə fāl* "ce pois" ? V. CDG 632.

ZPLQ, AR. *zaflaqat-* "rapidité dans la marche". **-¶.** Comp. s. ZRQP. - LA III/32 fournit aussi *zaqlafat-* qui semble seule connue de Q. 909, KAZIMIRSKI I/997.

ZPN, 1. AR. *zafana* "pousser, écarter, frapper du genou, danser", SAR. mh. *zəfūn*, ḥars. *zefōn* "danser", jib. *zufun* "sauter de joie (animal)", magh. *zfən* "jouer du tambour", *zəffən* "sauter", ETH. g. *zafana*, te. *zäfnä*, tna. *zäfänä* "danser, chanter", amh. *zäffänä* "danser", *zafan* "chanson, refrain". **-2.** AR. *zifn-* : natte tressée dont on fait des auvents. **-3.** SAR. soq. *zfn* "joindre". **-4.** ETH. g. *zufān*, tna. amh. *zufan* "trône". **-5.** AR. *zifn-* : pierre noire utilisée contre les ulcères. **-¶. -1.** LA III/32, Q. 1084, KAZIMIRSKI I/998, BELOT 293, BEAUSSIER 436, LENTIN 115; JOHNSTONE ML 464, ḤL 148, JL 315; ABBA YOHANNES 663, WTS 506, BAETEMAN 853; sur le sens "faire des va-et-vient pour décharger ou transporter les marchandises livrées par le bateau saisonnier (mousson)" de mh. *zəfūn,* v. s. ZPP; sur le *zafan* en amh. COHEN COUPLETS ... DU CHOA 10-12. **-3.** LESLAU LS 155. **-4.** CDG 632, DTE 495; *zufán* "sein" dans le langage des Woyto, COHEN NEEM 367. - *zufān* "trône", aussi en couch. qem., CONTI ROSSINI KEMANT 272. **-5.** DOZY I/595.

ZPP, 1. AK. *zapp-, zabb-* "soie, poil (d'un animal); constellation des Pléiades"; CAN. nh. *zippā* "soie; ciel", ARAM. syr. *zaptā* (pl. *zappe)* "cheveu", mand. *zapa* "cil", AR. *zafaf-* "plumage fin". **-2.** AR. *zaffa* (*i*) "se hâter; siffler doucement (vent); briller (éclairs)", *zaffat-* "bourdonnement d'oreille", maroc. *zəff* "souffler par rafales et en sifflant (vent froid)". **-3.** *zaffa* "s'abattre, descendre des airs; étendre ses ailes (oiseau)", *zaffāf-* : espèce d'outarde, tchad. *zaff* "jeter", maroc. *zəff εla* "fondre sur sa proie (oiseau prédateur)"; ETH. g. *zaffa, zafafa* "tomber à plat, s'affaler", tna. *zäf bälä* "tomber par terre, s'affaisser, décroître", *zäfäfä* "être gonflé", te. *zaf belä*, amh. *tänzaffäfä, zäfäff alä* "étendre ses branches tout autour (arbre); faire tache d'huile", *zäfafa* "épais, replet, obèse", *zof, zofafa* "sot, stupide"; *zäff alä* "être couché, rester inactif", har. *zäf bāyä* "étendre sur le sol", gour. *zäf(f) balä* "se calmer, se détendre". **-4.** AR. *zaffa(u)* "reconduire la mariée à la maison de son mari", *zuffat-* "troupe d'hommes, procession", SAR. jib. *zottəf* "marcher en bande amicale", *zəffet* "procession", mh. *zattəf* "aller s'amuser avec quelqu'un à l'improviste". **-5.** AR. yém. *mazaff* "pont, digue", SAR. sab. min. *mzf*: ouvrage d'irrigation, mh. *zəf* "porter de l'eau", mh. *zəf*, jib. *zəff* "faire des va-et-vient avec une lourde charge". **-6.** AR. *zaffat-*, SAR. jib. *zəfet* "fois". **-7.** AR. maraz. *zaff* "mentir", ? ḥass. *zuvāv* "vaniteux, orgueilleux; viril". **-8.** ETH. te. *zäffä* "sécher, s'évaporer". **-¶.** On peut voir une relation entre les sens "procession", "va-et-vient", "fois", donc entre 4.-5.-6. **1.** v. aussi s. ŚPP. Pour l'ak., V. THOMPSON JRAS 1931/4, n. 6, ALBRIGHT JAOS 54/117; aussi CAD 21/50, AHW 1511. - BROCKELMANN LEX. 203 compare à l'aram. *zaptā* "cheveu", v. s. ZMM, MD 160 et au syr. *zab*, ar. *zabba* "être velu", v. s. ZBB. - V. aussi LANE 1236. **-2.** Comp. s. ZHP, ZPZP. - Ar., LA III/32, Q. 734, KAZIMIRSKI I/995, BELOT 292, COLIN 721, DOZY I/595 et V. LPAT 205. **-3.** Comp. s. ZPZP ? Ar, v. s. 2; éth., CDG 632, ABBA YOHANNES 663, DTE 494, BAETEMAN 854, LESLAU GAF. 249, EDH 164, EDG III/703. - Amh. *tänzaffäfä*, *zäfäff alä* rapprochés de *zaf* "arbre" (v. s. ZP) par COHEN NEEM 259. - Pour amh. *zof, zofafa*, v. aussi s. ZWP; sans doute s'agit-il, pour la seconde forme d'une formation expressive dont il est difficile de déterminer le radical premier. **-4.** v. les remarques s. -ZP-. Ar., v. s. 2; sar., JOHNSTONE JL 315, ML 464. **-5.** L'ar. yém. dans ROSSI RSO 18, 1940, 304. - Sur le sar. ép., V. ROBIN PSAS 18, 1988, 9, DIC. SAB. 170; sar. mod., JOHNSTONE IBID. Le sens précis de mh. *zəf* est d'une part "porter de l'eau", d'autre part "faire des va-et-vient pour décharger ou transporter les marchandises livrées par le bateau saisonnier (mousson)"; cette dernière valeur est partagée par mh. *zəfūn,* jib. or. *zofun,* v. s. ZPN; il peut s'agir d'une réinterprétation de **zaffān* "porteur" : (ZFF-*ān*) > (ZFN). **-6.** Ar. s. 2; sar., JOHNSTONE IBID.; jib. *zəfet* a pour pl. *mizfor,* v. s. ZPR. **-7.** Comp. s. Zʾ P, ZPṬ/T. - BORIS 246; ḥass., TAINE-CHEIKH 893. **-8.** WTS 506 compare ar. *ǧaffa* "sécher". **-¶¶. 6.** V. VYCICHL DELC 194 pour un rapprochement avec l'ég. *zp* "affaire, cas, fois".

ZPQ, 1. AR. *zafūq-* "chameau rapide à la course". **-2.** or. *zaffaʾ* "applaudir". **-3.** ETH. tna. *zäfäq̄ bälä* "s'affaisser", ? amh. *zäffäqä* "baigner, immerger, tremper". **-¶. 1.** KAZIMIRSKI I/997. **-2.** DENIZEAU 222; la forme répandue dans les dialectes est *saffaq*; la forme classique est *ṣaffaqa*; v. aussi s. ZQP. **-3.** ABBA YOHANNES 664, MHRT, BAETEMAN 853.

ZPQL, v. s. ZQPL.

ZPR, 1. AK. *zapāru* "pourrir"; ? AR. *zaffara* "souiller de graisse", *zafar-*

"gras, nourriture défendue pendant le carême; ordure, saleté", *zifir-* "sale, ordurier", soud. *zafar* "abhorrer", tchad. "devenir putride". **-2.** AR. *zafara* "pousser un profond soupir, gémir; emporter, enlever; puiser de l'eau", *zufar-* "mer qui rugit", maraz. *zfaṛ* "produire un bruit violent", *zafrat-* "éruption d'un volcan"; *zifr-* "charge, fardeau, bagage; outre; troupe, foule", *zafar-* "étançon, étai", *zufar-* "chef, brave, appui, protecteur", SAR. jib. *zofor* "pousser", *mizfor* (pl.) "fois", mh. *šəzēfər* "lutter avec". - **? 3.** ETH. te. *zəffur* "loué, victorieux, qui se vante", *təzäffärä* "pousser des cris de guerre, se vanter". **-4.** g. *zafar*, tna. amh. *zäfär* "ourlet, frange (d'un habit)", te. *ğäfär* "bord, frontière, rive", *təğäffärä* "être au bord, être en danger". **-5.** tna. *zäffärä* "s'étendre, proliférer (plantes)", amh. "pousser, bourgeonner, prospérer". **-6.** AR. magh. *zūfri* "travailleur sans spécialisation, s'embauchant pour toute besogne; vaurien". **-¶.** v. aussi s. ṢPR. **-1.** Faut-il rattacher l'ak. à Đ/ZPR dont la valeur fondamentale semble être "puer", v. s. ? V. AHW 1511. - Pour l'ar., il faut noter pers. *zafr*, *zafar* "ordure", STEINGASS 618. BARTHÉLEMY 314, BEAUSSIER 435, COLIN 720; **-2.** Q. 361, KAZIMIRSKI I/996, BORIS 246, JOHNSTONE JL 315, ML 464; jib. *mizfor* "fois" est le pl. de *zəfet*, v. s. ZPP. **-3.** Influence de l'ar. s. 2 ? - Rapport avec ar. *ḍafara* "vaincre" (ṮPR) ? V. WTS 506, 558 qui réunit à 4 et 5; mais V. CDG 632. **-4.** Formes en rapport métathétique avec d'autres relevant d'un racine ZRP, v. s. V. PRAETORIUS AMS § 65a. **-5.** GUIDI 632. **-6.** Le mot est fréquent, surtout dans le sens de "vaurien", dans les parlers maghrébins. On lui donne ordinairement pour étymologie le français "*les ouvriers*" avec une fausse coupe, V. par exemple COLIN 720.

ZPT, 1. **zipt-* "poix, résine de pin ou de sapin". - AK. *zibt-*, CAN. h. *zépet*, ARAM. jp. *ziptā*, *zē(y)pā*, syr. *zeptā*, *zebtā*, AR. *zift-* "résine, poix", *zaffata* "poisser", ETH. g. te. amh. *zəft* "goudron", amh. *zäffätä* "enduire de goudron"; g. *zafata* "diluer le moût de la bière", tna. *zäfta* "sédiment, dépôt". **-2.** AR. *zafata* "remplir (un vase); se mettre en colère; repousser, écarter; fatiguer, causer de la peine", ḏof. *zfet* "arracher", soud. *zaffāt* : chameau excité qui pousse des cris. **-3.** SAR. mh. *zatfét* "aller spontanément avec quelqu'un", jib. *zotfet* "flâner, papoter". **-¶. 1.** L'ak. et l'ar. sont des emprunts à l'araméen, FRAENKEL 151, CAD 21/04, AHW 1529; Peut-être emprunt étranger en aram., V. LAGARDE AS § 1351, Ü 219, PSM 1080, BROCKELMANN LEX. 188, 203. L'éth. < ar. - V. aussi HAL 266, LA III/31, Q. 140, LANE 1236, KAZIMIRSKI I/996, BELOT 292; WTS 506, DTE 494. - Une forme aram. Emp. *zpt* "prêt" est à placer sous WZP. **-2.** v. s. ZPṬ/T, comp. s. ZPD, ZPP. - ar., v. les références s. 1 et V. RHODOKANAKIS I/176, QLS 498, BEAUSSIER 435, COLIN 721; MAGGIORA

473. **-3.** JOHNSTONE ML 464, JL 316.

WB. 170, DENIZEAU 222.

ZPTR, AR. tak. *zəftər* "dégager de l'odeur sous l'effet de la chaleur; devenir d'une chaleur intense". **-¶.** < Đ/ZPR par contamination de ZPT, v. s. ? - V. MARÇAIS TAKROUNA 1679.

ZḎP, AR. ḥass. *ẓḍav* "atteindre la cible, le but". **-¶.** Probablement < SḎP, v. s. - **V.** TAINE-CHEIKH 888.

ZQ, v. s. ZG.

ZQB, 1. AR. *zaqaba* "(faire) entrer dans son trou", *zaqab-, zaqabat-* "passage étroit"; maraz. *ẓug*^{w}*b* "gouffre, cuvette étroite et profonde dans le sable, etc.", ḥass. *zgībe* "sac en jute". **-2.** *zaqqaba* "gazouiller (passereau)". **-3.** soud. *zagab* "paraître en bonne condition pour avoir pu paître dans un bon pâturage". **-¶. 1.-2.** LA III/33, Q. 88, LANE 1238, KAZIMIRSKI I/998, BELOT 293, TAINE-CHEIKH 895. **-2. -3.** Sur l'alternance *q* ~ *g*, V. COHEN MAURIT. 35. **-3.** V. QLS 499.

ZQBB, ETH. tna. *zäq̄bäbä* "être gonflé, trop plein". **¶.** ABBA YOHANNES 658.

ZQD, 1. AK. *zaqādu* "échanger (?)", *ziqd-, ziqdūt-* "échange (?)". **-2.** AR maroc. *zəggūd* "grand benêt". **-¶. 1.** Sens incertain, V. CAD 21/50. **-2.** COLIN 725.

ZQDḤ, AR. palest. *mzaqdaḥa* (fém.) "rusée plus que tout autre". **-¶.** BAUER WB. 170, DENIZEAU 222.

ZQDR, AR. ḥass. *zegdār* "boucher" (subst.). **-¶.** TAINE-CHEIKH 896. La forme a-t-elle un rapport avec *ǧazzār-* de même sens en ar. lit. ?

ZQW/Y, 1. AR. *zaqā(u/y)* "crier (hibou), chanter (coq, oiseau)", *zāqi* "coq", magh. *zga*, ḥass. *ẓge* "crier, hurler, brailler". **-2.** maroc. *zga* "devenir fixe, tenir en place". **-3.** magh. *zgāw* "grand couffin pour mettre des grains". **-¶.** v. aussi s. ZQY. **-1.** Comp. s. Z�γW/Y. - LA III/34, KAZIMIRSKI I/1000, BELOT 294, DOZY I/596, 597. BEAUSSIER 436, TAINE-CHEIKH 900, BORIS 248. **-2.** COLIN 728. **-3.** BEAUSSIER IBID.

ZQWR, v. s. ZQR.

ZQZ, AR. magh. *zgəz* "grincer des dents", *zāgəz* "chercher querelle", ḥass. *zegze* (*ɛle*) "menacer"; maraz. *zāgaz* "guetter, épier"; *zzāgaz* "entrer en compétition"; maroc. *ẓəggəẓ* "figer, paralyser (de froid, de stupeur, etc.)". **-¶.** BEAUSSIER 436, TAINE-CHEIKH 897, BORIS 248; v. aussi s. ZYZQ, ZQZQ.

ZQZY, v. s. ZQZ.

ZQZQ, 1. AK. *ziqziqq-* "coup de vent". **-2.** ARAM. nsyr. *zaqziq* "gémir, gronder, rugir", ṭur. *zīqzīq* "bruit (d'une porte, etc.)". - AR. *zaqzaqa* "pépier, gazouiller; nourrir ses petits (oiseau); faire sauter un enfant dans ses bras, courir légèrement", or. magh. *zəgzəg* "crier, crisser, gémir, grincer (porte), craquer (comme des souliers neufs)", malt. *zegzeg* "racler du violon". **-3.** lib. *zaqzaq* "transporter, déplacer". **-4.** or. Syr. *zaqzūq* "canal étroit". **-5.** tchad. *zagzag* "jeter"; ? ETH. amh. *zäqäzzäqä* "renverser, incliner pour renverser", *tänžäqäžžäqä* "pleuvoir en abondance", *žəqžəq* "bourbier, fondrière". **-¶.** v. aussi s. ZNQ; pour plusieurs des valeurs, v. s. ZQQ. **-1.** V. MEISSNER MVAG 10/4, 74; CAD 21/134. comp. s. ZW/YQ, ZKZK, ZQZ. **-2.** Formations onomatopéiques vraisemblablement propres aux différentes langues; comp. s. ZWZY, ZYZQ, ZQZ. - Nsyr., TSERETELI 71, ṭur., RITTER 585 (corriger *geräuch* en *geräusch* ?); ar. LA III/33, Q. 802, DOZY I/596, LANE 1238, KAZIMIRSKI I/999, AQUILINA 1605. **-3.** FRAY. 73. **-4.** BARTHÉLEMY 314. **-5.** COHEN NEEM 263.

ZQḤ, 1. AR. *zaqaḥa* "crier (singe)". **-2.** AR. maroc. *zgaḥ* "boire avidement". **-3.** ETH. har. *zəqeḥ*, arg. *zəqēh* "or". **-¶. 1.** LA III/33, Q. 202, KAZIMIRSKI I/999, BELOT 293. **-2.** COLIN 725. **-3.** V. LITTMANN ZS 1/82, CERULLI HARAR 281 (= *zi-qeḥ* "qui est rouge"), EDH 167 (< oro. *ziqēya*).

ZQṬ, 1. AR. magh. *zokṭi*, maraz. *ẓogṭi*, *mazəgṭa* "voyou, mauvais sujet", magh. *tzəkkəṭ*, maraz. *stazgaṭ* "devenir un voyou, se comporter avec grossièreté à l'égard de (avec *ɛla*)"; maroc. *ẓegṭe* "tout nu", (Fès) "sans parents; vaurien, fripon". **-2.** ḥass. *zgāṭ* "rage (des chiens)". **-3.** palest. *zaqaṭ* "prendre, saisir", soud. "s'emparer de quelque chose et s'en aller avec", ? iraq. *zigaṭ* "ruer, donner une ruade à quelqu'un". **-4.** ETH. amh. *zäqqäṭä, zäggäṭä* "être submergé, s'enfoncer, déposer (liquide, café)", *ʾazäqqäṭä* "enfoncer; rester en arrière, être submergé, s'enfoncer, déposer (liquide)". **-¶. 1.** DOZY I/597, BEAUSSIER 437, BORIS 248, COLIN 726. - *k*, comme 2ème consonne radicale, semble, en raison du témoignage maraz., représenter *g* (= *q* des dialectes "citadins"), assourdi par le contact de *ṭ*; v., sur ce phénomène, COHEN MAURIT. 35. Il est donc possible qu'il s'agisse de formes relevant de *sqṭ*, introduites dans les dialectes citadins à partir de dialectes ruraux ou nomades, où la base radicale est réalisée *zgṭ* (< *sgṭ*); cette racine rendrait bien compte des valeurs enregistrées ici. **-2.** TAINE-CHEIKH 897. **-3.** DENIZEAU 222, QLS 499, DIA 205. **-4.** GUIDI 836, BAETEMAN 850 (qui précise que la forme avec *-q-* est propre au Choa.). Comp. ar. *saqaṭa* et les diverses formes sémitiques liées à la racine ŠQṬ, v. s.

ZQY, 1. AR. *zuqyat-* "tas de pièces de monnaie". **-2.** maraz. *zagya* "gourdin, massue". **-3.** ETH. gour. *zāč̣e, zāč̣ī* "berger". **-¶.** v. aussi s. ZQW/Y. **-1.** KAZIMIRSKI I/1000. **-2.** BORIS 248. **-3.** EDG III/703 : aussi en couch. kam. *zeʾo* "garder le bétail".

ZQL, 1. AR. ḥaḍr. ég. soud. *zaqal* "jeter, rejeter", tchad. *zegel* "jeter par terre", *zagal* "tirer une flèche"; ég. *zuʾla* "gourdin". - **? 2.** AR. *zāqūl* "voleur", ? magh. *zaqqāl* "aigrefin, trompeur"; lib. *zaqal* "transporter des affaires d'un lieu à un autre"; palest. "tirer (par le bras, etc.)"; *zaqīlat-* "sac", *zuqqalat-* "jabot (des oiseaux)". **-3.** maraz. *ẓugḷa* "corde formant nœud"; *ẓaggaḷ* "commirer la mâchoire de la chamelle au moyen de cette corde pour l'obliger à allaiter"; maroc. *zāglo* "palonnier de la charrue". **-4.** maroc. ḥass. *zgəl*, "rater, ne pas atteindre". **-5.** AR. *zawāqīl-* : mèches qui sortent de sous le turban. **-¶.** Comp., pour plusieurs des valeurs, s. ZQQ. **-1.** LANDBERG GLOS. 1846, QLS 499, BADAWI-HINDS 374, CARBOU 203, LPAT 206. **-2.** Q. 909, DOZY I/596, KAZIMIRSKI I/999, BELOT 293, FRAY. 73. Comp. s. NQL, DENIZEAU 223, LENTIN 115. **-3.** BORIS 248, COLIN 727. **-4.** COLIN IBID. **-5.** La seule forme appartenant à cette racine que fournit LA III/34, l'expliquant d'après Ibn Durayd comme dérivée du nom d'une population de la Presqu'île. **-¶¶. 4.** Comp. berb. tamaz. kab. *əzgəl* "rater, manquer le but", TAÏFI 796, DALLET 935.

ZQLL, AR. maroc. *zəqləl* "branler dans le manche, vaciller". **-¶.** COLIN 723.

ZQLM, AR. magh. *zaglam*, ḥass. *zeglem* "gronder (torrent, etc.)"; magh. *zaglāmiyya* "jargon non compréhensible". **-¶.** BEAUSSIER 436, TAINE-CHEIKH 899, LENTIN 116, COLIN 727.

ZQLP, AR. maroc. *zaqləf* "rattraper au vol (un objet lancé en l'air)". **-¶.** Aussi ZLQP, v. s. - V. COLIN 723.

ZQLQ, AR. malt. *zegleg* "tortiller des hanches en marchant; rendre instable". **-¶.** AQUILINA 1605 qui compare, malgré la correpondance phonétique imparfaite, au magh. *(t)zaḥlaq*, v. s. ZḪLQ; v. aussi ZQRQ.

ZQM, 1. AR. *zaqama* "avaler, engloutir, gober", *zaqqūm-* : mets fait de crème et de dattes, palest. *zuqme* "museau, gueule", lib. *zaqqam* "abecquer", ég. "gaver", or. *zaqam* "être bouché (égout)"; maroc. *zgəm* "laisser échapper par inadvertance (parole, secret)". **-2.** *zaqmat-* "peste", *zaqqūm-* : arbre de l'enfer; palest. *zuqqūm* "balsamier". **-3.** yém. *mäzgäm* "manche". **-¶. 1.-2.** Comp. s. ZLQM et s. ZQQ. - V. LA III/34, Q. 1008, LANE 1238, BELOT 293, COLIN 727. Pour le balsamier, DALMAN ASP I[1]/79. **-3.** ROSSI ṢANʿÂ 218.

ZQN, 1. AK. *zaqān-* : terme servant à décrire une sorte de pierre. **-2.** ARAM. syr. *zūqnā* "grésil". **-3.** AR. *zaqana* "porter une charge"; soud. *ziqnīn* "chameau de taille élevée", ? palest. *zaqnūne* "petit coffre en terre". **-¶. 1.** V. THOMPSON DACG 176, CAD 21/50. **-2.** BROCKELMANN LEX 204. **-3.** LA III//34, KAZIMIRSKI I/999, BELOT 294, QLS 500, BAUER WB 50. Rapprochement peu vraisemblable avec la racine ŦKM, chez GES. B. 820. -¶¶. 3. DOLGOPOL'SKIJ 99 propose un rapprochement – difficile – avec un nom de l'épaule en couchitique, reconstruit comme *zVg[H] (zäg, af. dagaa, etc.).

ZQNB, AR. iraq. *zaqnaba* "faire manger quelque chose de désagréable, fourrer dans la gorge". **-¶.** Comp. ZQM (avec influence peut-être de ZTB). - V. DIA 205.

ZQNN, AR. ḥass. *zegnen* "tourner, arrondir". **-¶.** TAINE-CHEIKH 900.

ZQNQ (?), v. s. AR. hisp. **zoqnōq* (?) "tout nu". **-¶.** Étymologie ? - ALCALA 197/23 fournit une forme ambiguë, *zoqnóq* pouvant aussi être lue **zoknōk*, V. DOZY I/596, CORRIENTE ALCALA 87.

ZQƐ, 1. AR. *zaqaεa* "lancer un pet (âne); chanter (coq)", mér. *zqε* "allonger un coup". **-2.** AR. *zaqāqīε-* "petits de la perdrix". **-3.** palm. *zaqqaε* "être glacé". **-¶.** LA III/33, Q.602, BELOT 293; pour le chant du coq, v. aussi ṢQƐ. **-2.** Q. IBID. **-3.** < ṢQƐ, v. s.

ZQP, 1. AK. *zaqāpu* "dresser, ériger; planter (un arbre); pointer (une arme)", *zaqipt-* "vertical", *zaqīp-* "pal", *zaqp-* "planté d'arbres; érigé, dressé", *ziqp-* "pousse, rejet (d'un arbre); pieu, poteau; lame; hauteur, point culminant, zénith", CAN. h. **zāqap* "redresser", ARAM. bibl. *zəqīp* "dressé", syr. mand. *zəqap* "élever, dresser; s'élever", *zqīpā* "croix". **-2.** AR. *zaqafa* "happer, saisir", *zuqfat-* "morceau, bouchée", *tazāqafa* "se lancer (des pierres)", pal. *ziqif* "prompt, agile", ḥass. *zgəv* "enlever, faire disparaître promptement". **-3.** palm. *zaqf* "plafond", *zaqaf* "couvrir d'un toit"; tchad. *zigāfa* "hutte". **-4.** or. *zaqqaf* "battre des mains en mesure, applaudir". **-¶. 1.** Ak., pour l'emploi de ce verbe dans des contextes juridiques ou militaires, V. *zaqāpu* B dans CAD 21/55, AHW 1512. V. aussi MEISSNER MAOG 11/1-2, 28-30. Héb. < aram . ? V. KAUTZSCH ARAT 28. Aram., BROCKELMANN LEX 204, MD 169. **-2.** Q. 735, BELOT 293, TAINE-CHEIKH 898. **-3.** < SQP, v. s. **-4.** La racine apparaît en ar. clas. et dans de nombreux dial. sous les formes *sfq* ou *ṣfq*, v. s. ṢPQ. - BELOT IBID., CANTINEAU PALM. AR. II/ 106.

ZQPL, ZPQL, AR. *zaqfala, zafqala* "marcher vite". **-¶.** La première forme dans LA, la seconde dans Q. et KAZIMIRSKI I/997.

ZQQ, 1. AK. *ziqq-*, ARAM. palm. *zqyn* (pl.), jp. syr. *ziqqā*, AR. *ziqq-*, ETH. g. amh. *zəq* "outre". **- ? 2.** CAN. h. **zāqaq*, ARAM. jp. *zəqaq* "filtrer, purifier"; ? AR. *zuqq-*, *zaqaqat-* "vin". **-3.** AK. *zaqīq-* "fantôme, néant; lieu hanté; dieu des songes"; ARAM. Hatra *zqyqʾ* "fantôme". **-4.** AK. *ziqq-* "faîte, arête". **-5.** AR. *zaqqa* "abecquer son poussin; rendre les excréments (oiseau)", *zaqqāq-* "qui boit la bouche pleine", hisp.

zeqéq "boire entièrement", magh. *zaqq*, *zagg* "empâter la volaille"; malt. *zaʾʾ* "faire qu'on grossisse, qu'on ait un gros ventre; ventre", soud. *zagg* "déféquer"; ETH. amh. *zaqä* "manger avec excès", har. *zāqa* "paître"; *azzaqa* "faire amasser et emporter les immondices". - AR. *zuqqat-* : sorte d'oiseau, oiseau aquatique. **-6.** *zaqqa* "frapper de la lance; pousser; faire entrer par force", soud. *zaqq* "glisser au milieu, introduire parmi", tchad. *zagg* "jeter", *zigg* "milieu". **-7.** *zuqāq-* "rue étroite", Syr. *zuqāq* "rue", pal. *zāqūq* "couloir", ḥass. *zeqāqe* "allée, passage extérieur aux maisons". - ? AK. *ziqq-* "seuil". **-8.** AR. mérid. *zqūqīye* "méchanceté, bassesse", ETH. g. *zaqqa* "sombrer", tna. *zəqq bälä* "s'abaisser", amh. *zəqq alä* "être bas, s'incliner", *zəqta* "bassesse", gour. *zəqq bea* "être bas". **-¶.** v. aussi s. ZYQ. **-1.** L'ak. et l'ar. seraient des emprunts à l'aram., V. CAD 21/129, AHW 1531, FRAENKEL 171; contre ZIMMERN 34 : aram. < ak. L'éth. est peut-être un emprunt à l'ar., CDG 642. V. aussi DISO 79, BROCKELMANN LEX. 203. En ar., *ziqq-* "désigne, selon les lexicographes anciens, une outre faite d'une peau de bête ôtée à partir de la tête". - V. LA III/33, Q. 802, LANE 1238, KAZIMIRSKI I/998, BELOT 293; aussi DALMAN ASP IV/367. **-2.** Peut-être en rapport avec 1, comp. gr. *sákkos* et *sakkízō* ? - V. aussi KOEHLER LVT 264, qui relie les valeurs s. 1 à celles s. 2. **-3.** CAD 21/58, AHW 1530. - Pour l'aram., V. AGGOULA SYRIA 67 (1990) 413, VATTIONI ORIENT. 34 (1965) 338. **-4.** CAD 21/128. **-5.** v. aussi s. ZQZQ. - Réf. s. 1 et V. BEAUSSIER 436, LENTIN 115, GUIDI 617; la vocalisation des formes éthiopiennes (*a/ā* de la 1ère consonne) rend le rapprochement douteux; pour le har. LESLAU EDH 167. **-5.** Réf. s. 1 et V. AQUILINA 1597, LPAT 206. Comp. s. ZQM. **-6.** Comp. ZRQ. V. DOZY I/595, QLS 499, LPAT IBID. **-7.** BARTHÉLEMY 315, BEAUSSIER 436, COLIN 722, TAINE-CHEIKH 901. - Le rapport avec l'ak. est fort douteux. CAD 21/129 suggère interrogativement un emprunt sum. **-8.** v. aussi s. ZQZQ. - V. LANDBERG GLOS. 1844, PRAETORIUS AMS § 147b, 216, 331d; GUIDI 617, BAETEMAN 860, EDG III/713, DILLMANN LEX. 587, CDG 642.

ZQQP, AK. *zuqaqīp-* "scorpion (animal ou constellation)". **-¶.** CAD 21/163, AHW 1538, V. aussi LK FAUNA 136, SODEN AFO 18/393, TOSCANNE RA 14/187, DOUGLAS VAN BUREN AFO 12/1.

ZQR, 1. AK. *zaqāru*, *zuqquru* "bâtir, élever; être protubérant", *zaqr-* "haut, élevé; grand, massif; protubérant", *ziqqurat-* "tour d'un temple". **-2.** AR. yém. *muzgurī* "bec d'un oiseau"; ? *zagra* "manche de charrue". **-3.** ARAM. syr. *zᵊqar* "tisser", *zᵊqūrā* "tissage". **-4.** CAN. nh. *zāqar* "lancer", *nizqar* "se précipiter", ARAM. talm. *ʾizdaqqer* "bondir, sauter de joie", mand. *ʾezdaqar* "se réjouir", ? AR. tak. *zgar*, maraz. *zger* "exulter, manifester une joie exubérante". **-5.** magh.

zgər "se mettre en colère"; lib. *zaqwar* "regarder avec un air de colère". **-6.** maroc. *zəggər* "abuser par des paroles fallacieuses, flagorner". **-7.** AR. *zūqarrat-* "cornemuse sans bourdon", ? tun. *zogra* "hautbois". **-8.** yém. *zagar* "prendre, saisir, tenir". **-9.** *zugra*, ᶜom. *ziqra*, SAR. jib. *zəqret* "anneau (à surface quadrillée)", ETH. te. *zuqar* (pl.) "anneaux qu'on porte aux orteils". **-10.** AR. tak. *ẓgāṛa* "escrime au sabre ou au bâton". **-11.** ETH. gour. *žäqqärä* "marcher l'un derrière l'autre". **-12.** *zaqʷärä* "divaguer, délirer; faire du bruit". **-¶. 1.** Aussi *saqāru*, CAD 21/55, AHW 1513. Sur le nom de la *ziqqurat-*, V. MEISSNER MAOG 11/1-2, 23, AHW 1513. **-2.** LANDBERG GLOS. 1844, ROSSI 195. **-3.** BROCKELMANN LEX. 204. **-4.** DALMAN WB 132, JASTROW; les formes héb. et aram. sont souvent reliées à la racine SQR; V. MD 170, 336; MARÇAIS TAKROUNA 1682, BORIS 247. **-5.** BEAUSSIER 436, FRAY. 73 qui comp. l'aram. *səqar*, v. s. SQR. **-6.** COLIN 725. **-7.** BEAUSSIER IBID. Transcription douteuse; la forme *zokra* est, pour le moins, très fréquente; ainsi chez BERCHER LEXIQUE ARABE-FRANÇAIS 116. - Sur *zūqarrat-*, DOZY I/614. **-8.** MARÇAIS IBID. **-9.** JOHNSTONE JL 318, WTS 498. **-10.** MARÇAIS TAKROUNA IBID. **-11.** EDG III/723; un rapport avec ZWZ/SR, ZBZR (v. s. ZWSR), même sens, pourrait s'expliquer par une labiovélaire primitive *qʷ*. **-12.** EDG III/713 envisage la possibilité d'une racine ZBRQ (avec diverses métathèses) : par exemple *azzəbärräqä* "confondre".

ZQRṬ, AR. soud. *zagraṭ* "cacher, ne pas faire paraître". **-¶.** QLS 499.

ZQRQ, 1. AR. palest. *mzaqriq* "plein (ventre)". **-2.** malt. *zugraga* "toupie", *(i)zzagrag* "tortiller des hanches en marchant". **-¶. 1.** LÖHR 125, DENIZEAU 222. **-2.** Comp. s. ZQLQ. - AQUILINA 1629.

ZQRR, AR. maroc. *zogṛāṛa* : rond de cheveux au sommet de la tête; ḥass. *zegrer* "raser partiellement la tête". **-¶.** Origine berbère ? Il s'agit, au Maroc, d'une marque qui caractérise certains enfants voués, COLIN 725; en Mauritanie, c'est une "coiffure en usage chez les esclaves et les touareg", TAINE-CHEIKH 896.

ZQT, 1. AK. *zaqātu* "piquer (scorpion), faire mal (douleur)", *zaqt-* "pointu (arme, dent, corne)", *ziqt-* "aiguillon (de scorpion); piqûre; bouton, pustule; pointe d'une arme", ARAM. Emp. *zqt* "percer", jp. *ziqtā*, syr. *zeqtā*, *zāqūtā* "aiguillon, bâton", *zəqat* "aiguillonner"; ṭur. *zaqto* "pointe des cornes de bœufs; ulcère"; AR. palest. *zāq(q)ūt* "aiguillon pour conduire les bœufs". **-2.** soud. *zaggīt* "fort, solide, gros". **-¶. 1.** Pour l'ak., V. MEISSNER MAOG 11/1-2, 30, HOLMA OLZ 1910/492, ORIENT 14/248; aram., DISO 79, BROCKELMANN LEX. 203, RITTER 565; ar., DALMAN ASP II/116, III/101. - Ar. < syr. **-2.** QLS 499.

≈ ≈ **[ZAR],** ETH. te. tna. amh. gour. *zar*, AR. *zār* "esprit mauvais", SAR. soq. *zehereh* "sorcière". **-¶.** Ar. < éth. - V. LESLAU LS 157, CERULLI CAFFA 521 s. *yarō*, WTS 495 EDG III/713. Mot couch. signifiant à l'origine "ciel" et "dieu du ciel" (par exemple kham. *zar*, bil. *ğar*), V. CERULLI EI[1] s. *zār*; CONTI ROSSINI KEMANT 273, DOLGOPOL'SKIJ 129, APPLEYARD AAL 5,2/57. - Sur le *zār*, RODINSON MAGIE avec bibliographie.

ZR, 1. CAN. pun. *zr* : nom d'une petite monnaie. **-2.** ETH. te. *zəri*, *zəra* "ou". **-¶.** v. aussi s. ZRY. **-1.** KAI II/83, 92, GUZZO AMADASI ISCRIZIONI FENICIE E PUNICHE 169, DNS 339. Comp. s. ZRR ? **-2.** WTS 495, d'après MUNZINGER.

-ZR-, Plusieurs racines signifiant "disperser, éparpiller" contiennent cette séquence consonantique; souvent, il s'agit de racines à 4 consonnes qui peuvent, dans certains cas, constituer des développements de racines triconsonantiques par adjonction ou insertion, ou aussi par croisement avec une autre racine : voir par exemple ZRBƐ, ZRTƐ, qui sont liés à ZRƐ, ZRW, ZRR, ZRQ, ZRBB, ZNZR; cette séquence alterne avec ZL dans ZWLL, ZLNṬL; v. aussi s. -ÐR-. D'autres formes de sens analogue présentent une séquence Z + pharyngale ou laryngale, voir ZH/Ḥ/Ɛ.

ZRʾ, AR. *ʾazraʾa* "avoir de l'influence auprès de quelqu'un". **-¶.** LA III/18, KAZIMIRSKI I/983.

ZRʾM, v. s. ZRM.

ZRB, 1. ARAM. syr. *zᵊrab* "presser, comprimer; forcer, pousser à", *zarbā* "angoisse", *zrībā* "resserré, étroit"; *zorbā* "verrou, serrure", AR. *zarb-* "enclos à bestiaux; hutte de chasseurs", mér. "arbuste épineux", *zarab* "se dresser, se hérisser (poils)", *zaraba* "faire un enclos (pour les bestiaux)", *zarībat-* "enclos", Syr. *zārub* "ruelle longue et étroite", lib. "couloir à ciel ouvert au rez-de-chaussée d'une maison", ḥass. *ẓaṛbāye* : grosse branche d'épineux servant pour la construction de la *zrībe* ("enclos"); SAR. mh. ḥars. *zarb*, jib. or. *zerb* "enclos". - AR. lib. *zarrab* "se révolter, résister, se comporter avec insolence". **-2.** AR. *ʾizrabba* "commencer à jaunir (plante en automne)", *zirbiyy-*, *zurbiyy-* "jaunâtre, rougeâtre; coussin, matelas", *zirbiyyat-*, *zurbiyyat-* : espèce de tapis à haute laine, ETH. g. *zarbet* "tapis, tapisserie", *zarbata* "étendre un tapis". **-3.** te. tna. *zäräba* "parole", *təzaräbä* "parler", tna. *zərərəb* "conversation, discours". **-4.** AR. magh. *ẓaṛb* (coll.) "jujubiers". **-5.** ETH. g. *zaraba* "frapper les cordes d'un instrument de musique", *zarb* "plectre", *mazrab*, amh. *zärb* "enclume". - ? g. *zarb* "poivre". **-6.** amh. *žärba* "dos, rein, envers d'une chose". **-¶.** v. aussi s. ZRB/P. **-1.** V. SCHULTHESS GGA 1903, 668, LANDBERG GLOS. 1829. On compare souvent une forme ak. *zurrubu*, qui est à lire *ṣurrupu*, "brûler quelque chose", V. CAD 16/103. - Aram.

syr., V. BROCKELMANN LEX. 205. Le lib. *zarbe* est un syriacisme; v. aussi s. ZWRB. - Ar., LA III/18, Q. 87, LANE 1224, BELOT 288, BARTHÉLEMY 309, GOITEIN 71/22, 87, MARÇAIS TANGER 317, TAINE-CHEIKH 871, AQUILINA 1598. Sar., JOHNSTONE ḤL 149, ML 469; l'équivalent jib. central de *zerb* est *derb*, v. s. DRB. L'éth. te. connaît une forme *zäriba* "cour, enclos, patio" (DTE 474) empruntée à l'ar. **-2.** L'étymologie de *zi/urbiyyat-* est controversée, V. FRAENKEL 92 (< pers ?), NÖLDEKE NBSS 53 : le g. est probablement un emprunt à l'ar. - V. aussi LA, FARHAT IBID., KAZIMIRSKI I/983, BELOT 288, DILLMANN LEX. 1044, MAGGIORA 470. **-3.** WTS 496, ABBA YOHANNES 655, DTE 474, 500. **-4.** MARÇAIS IBID. 1658. **-5.** v. ĐRB, ḎRB. Le rapprochement avec "poivre" est fait dubitativement par CDG 643. **-6.** Métathèse de DBR ? V. AMS § 59c, 65a.

ZRB/P, CAN. h. **zorab* "couler" ?, ARAM. syr. *zarbā* "pression (de l'eau)", *zāribtā* "pluie violente", AR. *zariba* "se dépêcher, se hâter; couler (vase qui laisse sortir du liquide)", *zirb-, zirbat-, zirībat-, mizrāb-* "canal, égout, ruisseau", lib. *zarbe* "pluie qui dure toute une journée", mérid. *zarab* "avoir la cholérine", iraq. *zirab* "déféquer"; or. *zarzab* "dégoutter, dégouliner", malt. *zarab* "oppresser (le cœur)", magh. *zrəb* "presser, obliger à faire vite, se hâter", ETH. tna. *zäräb bälä*, *zäräbräb bälä* "couler, pleurer", amh. *təzräbärräbä* "tomber, découler, suinter". - CAN. h. *zarzīp* (?) "mouiller, détremper (la terre)", nh. *zirzēp* "déborder", ARAM. pehl. *zrpn* (plur.) "hiver (< pluies)", jp. *zarzīpā* "goutte", syr. *zārīptā* "pluie violente", *zᵊripūtā* "tempête". -¶. v. aussi s. ZRB, ZRP. - Sur d'autres racines peut-être apparentées, v. s. ĐN/RB/M/N. - La forme h. *yᵊzorbū* (Job 6/17) est traduite "tarir" par HAL 268 qui compare ZRM; mais le sens "couler" semble préférable, V. DRIVER ZAW 65, 1953, 261; v. s. ĐN/RB/M/N, ĐRP, ZRP. - V. LANDBERG GLOS. 1831, DIA 202, DENIZEAU 217 qui définit or. *zarzab* comme "fréquentatif de *zarab*", MARÇAIS TAKROUNA 1656; éth., ABBA YOHANNES 655, BAETEMAN 829; y a-t-il un rapport avec amh. *räbärräbä* "asperger légèrement d'eau", GUIDI 127 ?. - Héb. *zarzīp* (Ps. 72/6) peut être à lire *yazrīp* (hif. de **zarap*), V. BDB 284; pehl. dans FRAH 27/3. - V. aussi HAL 272, DALMAN WB 133, JASTROW 413; BROCKELMANN LEX. 207 rapproche de l'aram. jp. *zarēp* "causer une inflammation, une tumeur", v. s. ZRP. LESLAU CONTRIB. 19 rattache amh. *täzräfärräfä* "tomber doucement (pluie)", v. s. ZRPRP.

ZRBB, 1. AK. *zarbaba* : récipient pour la bière. **-2.** ETH. g. *zarbaba* "s'étendre", amh. *zäräbbäbä* "se disperser", ? tna. *zärbäb bälä* "être tiré, traîné". **-3.** amh. *zäräbbäbä* "écumer, passer, filtrer". **-4.** *ᵓanzäräbbäbä* "baisser, abaisser", gour. *aznäbbäbä* "courber, ployer", amh. *tänzäräbbäbä* "être chargé de fruits; pendre en grappe". -¶. Voir aussi s. ZRB. -1. CAD 21/67, AHW 1515. -2. voir les renvois sous -ZR-. - CDG 643. -3. BAETEMAN 829. -4. GUIDI 613, EDG III/710; v. ZBL, ZNBL.

ZRBG, ARAM. syr. *ʾezdarbag* "être épais". -¶. BROCKELMANN LEX. 205.

ZRBW, ETH. gour. *zärbo, zärboʾa* : planches utilisées pour le toit. -¶. EDG III 714.

ZRBṬ, 1. AR. *zarbūṭ-* "toupie", *tazarbaṭa* "changer souvent d'avis"; maraz. *zarmūṭ* "toupie". - **? 2.** magh. *zərbəṭ* "ficeler dans tous les sens, couvrir de liens". **-3.** lib. *zarbaṭ* "enfanter, engendrer". **-4.** ETH. gour. *tazrabäṭä* "avoir un grand désir de, avoir l'espoir pour". -¶. **1.** DOZY I/584 avec des références qui semblent exclusivement maghribines, BORIS 243. **-2.** Peut-être en rapport avec 1 : entourer d'une ficelle comme on fait de la toupie. - BEAUSSIER 428. **-3.** FRAY. 70. **-4.** EDG III/714. -¶¶. **1.** Aussi en berb. kab. : *zzərbəḍ* "tournoyer, tourbillonner", *taẓəṛbuṭ* "toupie", DALLET 956.

ZRBY, AR. Syr. *zurbā(y)* lib. *zərbe* "insolent, récalcitrant". -¶. BELOT 288, BARTHÉLEMY 309.

≈≈ **[ZRBL/N],** AR. *zarbūl-, zarbūn-,* ETH. g. *zarbon* "chaussures à talons hauts". -¶. < gr. byzantin *sérboulon,* V. description et étymologie dans DOZY I/584; aussi KAZIMIRSKI I/984, BELOT 288; CDG 643.

ZRBN, ETH. g. *zarben* "parfum". -¶. v. aussi s. [ZRBL/N]. - V. CDG 643.

ZRBƐ, AR. magh. *zərbəε* "éparpiller, disséminer". -¶. < ZRƐ ? comp. aussi s. ZRTƐ, voir les renvois sous -ZR-. - V. BEAUSSIER 428. -¶¶. Aussi en berb. kab. : *mzərbaε* "disperser, éparpiller" que DALLET 956 interprète comme une forme à métathèse de *brzε*, intensif de *əwzəε* "éparpiller".

ZRBQ, 1. AR. magh. *tzərbəg* "marcher à la file". **-2.** lib. *zarbaq* "avoir la dysenterie, rendre bourbeux, gluant". **-3.** soud. *zarbag* "s'enchevêtrer, se mêler à", zaër *tzarbaq* "agir avec précipitation, parler vite". -¶. **1.** BEAUSSIER 429. **-2.** Comp. s. ZRB. - V. FRAY. 70. **-3.** QLS 492, LOUBIGNAC 444. -¶¶. **1.** Rapport avec le berb. kab. *zzərbəε* "s'attrouper, défiler", *zzərbubəε* "marcher à la file indienne" ? DALLET 956 pose interrogativement l'hypothèse d'une formation à *s* (> *z*) préfixé à *ṛabəε* "trotter".

ZRBRB, ETH. amh. *täzräbärräbä* "tomber, découler, suinter (bave)". -¶. Comp. s. ZRB. - V. BAETEMAN 829.

ZRBT, v. s. ZRB.

ZRG, 1. ARAM. syr. *zərag* "resplendir", *zārgā* "brillant (œil), rouge (vin)". **-2.**

AR. *zarağa* "frapper avec le fer du bout inférieur de la lance"; ARAM. nsyr. *zergā* "lance courte". **-3.** mand. *zarga* "entrelacs (?)", AR. *zarğ-* "bruit produit par un troupeau de chevaux", *muzarrağ-* "ivre, enivré", ETH. te. *zärgä* "entremêler", tna. *zärägä* "troubler un liquide en le secouant; déranger des objets; mettre du désordre, dépraver", amh. *zäräggägä* "secouer, diluer". **-4.** *zərg* "grande pince de forgeron". **-5.** gour. *žarrägä*, *žanägä* "s'en aller, partir". **-¶.** Sans doute apparenté à ZRQ. **-1.** V. BROCKELMANN LEX. 205. **-2.** Comp. s. ZGG. - V. LA III/19 (qui indique, d'après Ibn Durayd que *zarağa* est une variante basse de *zağğa*), Q.175, KAZIMIRSKI I/984. - Nsyr. (MAC LEAN 89) < ar. ? **-3.** Mand., sens et rapprochement douteux. - V. MD 160; ar., v. réf. s. 2; éth., WTS 497, ABBA YOHANNES 655, DTE 474, EDG III/715. **-4.** BAETEMAN 860. **-5.** EDG III/724.

ZRGG, 1. AR. malt. *zargag* "parler comme un savant, poser à l'homme savant". **-2.** ETH. amh. *täžäräggägä* "marcher d'une allure dégagée". **-3.** gour. *azrägägä* "déchirer en mordant". **-¶.** v. aussi s. ZRG. **-1.** Comp. s. ZRGN. - AQUILINA 1600. **-2.** Comp. s. ZRGD. - BAETEMAN 866. **-3.** Comp. s. ZRK, ZRKT. - V. EDG III/724.

ZRGD, ETH. amh. *žäräggädä* "battre à plusieurs reprises; pondre beaucoup d'œufs", *täžräggädä* "être grand, beau; marcher avec désinvolture". **-¶.** BAETEMAN 866.

ZRGḤ, ETH. tna. *zärägagəḥe*, amh. *zärägga*, gour. *zərägga*, har. *zägaḥa*, arg. *zäräqqäha* "étendre, déployer". **-¶.** ABBA YOHANNES 655, DTE 475, PRAETORIUS AMS 138 § 101c, GUIDI 614, BAETEMAN 831, 832, CERULLI HARAR 437, EDH 165, EDG III/715. Formes développées par insertion d'une liquide à partir du radical représenté par le har. ?

ZRGM, AR. mér. *tazarğam* "gronder, grommeler". **-¶.** LANDBERG GLOS. 1833.

ZRGN, 1. AR. *zarğana* "être trompeur, malhonnête, dissimulateur", *zurğānat-* "tromperie", malt. *izzargan* "se donner de grands airs". **-2.** AR. *zarğūn-* "cep de vigne, sarments; vin, teinture rouge". **-3.** *zarağūn-* "eau pure qui s'amasse dans la montagne". **-¶. 1.** à **3.** LA III/19, Q. 1084, LANE 1224. **-2.** < persan *zargūn* "doré" (STEINGASS 615), V. LANE 1225, DOZY I/584.

ZRGP, 1. ETH. g. *zargafa* "être bien vêtu; décorer, orner", tna. *zärgäfä* "peigner (la chevelure)", amh. *zäräggäfä* "faire des galons d'or ou d'argent", *zərgəf* "collier, breloque", har. *zärgäf* : ornement de front pour les jeunes filles. **-2.** *zärgäf bayä* "être penché (arbre)". **-3.** amh. *zäräggäfä* "traîner un gros ventre; avoir beaucoup d'œufs, d'enfants". **-¶. 1.** CDG 643, GUIDI 615, BAETEMAN 831, EDH 167. Rapport avec l'ar. *zaḫrafa*, v. s. ZḪRP ? **-2.** V. EDH

167. **-3.** COHEN NEEM 366. V. GUIDI 615 qui donne le mot pour synonyme de *zäräkkätä*, v. s. ZRKT, BAETEMAN 831. **-¶¶. 1.** Emprunt sémitique en agaw, *zərgəf* "broderie", V. CONTI ROSSINI KEM. 274.

ZRD, 1. ARAM. syr. *zardā*, AR. *zarad-* "cotte de mailles", *zardat-* "maille, chaînon", *zarada* "tricoter, travailler à un tissu en mailles". **-2.** ARAM. syr. *zərad* "étrangler; contraindre", *zūrdītā* "gosier", AR. *zarada* "serrer avec une corde le gosier d'un chameau", *zarida* "avaler une bouchée", *mazrad-* "gosier", *zard-* "jabot"; or. Syr. *zarrāde* "passage étroit entre deux rochers", soud. *zarrad* "emplir". **-3.** magh. *zərrəd* "choisir, élire, prendre le meilleur, vanner, tamiser", malt. *zarad* "séparer les fibres d'une corde", *zarrad* "effilocher (vêtement)". **-4.** magh. *zərda*, *zrīda* : réunion sur la tombe d'un marabout; repas offert, agape. **-5.** *z(u)rudiyya*, "carotte, panais". **-6.** ḥass. *zarde* "eau peu potable, polluée". **-7.** ETH. te. *zärdä* "verser", *zareda* "qui pend (écharpe, queue de vache)". **-¶. 1.** KAZIMIRSKI I/984; < persan *zara, zirih*, V. LAGARDE GA 44/112, BARTHÉLEMY 310 : < iran. *zrāδa* "apparenté au pers. *zirih*"; v. aussi s. ZRY. Pour LA I/19, *z* initial est pour *s* originel, v. s. SRD. **-2.** BROCKELMANN LEX. 206, Q. 257, LANE 1225, DOZY I/585, BELOT 288, QLS 492; comp. aussi s. ZRDB, ZRDM. **-3.** v. aussi les renvois s. ĐR, ZR. - COLIN 701, AQUILINA 1599 qui évoque les valeurs en 1 et 2, mais sans rattacher à l'une ou à l'autre. **-4.** BEAUSSIER 429; sur la *zərda*, LENTIN 110, WETTINGER JOURN. OF MALT. ST. 6/39 et surtout FERCHIOU ACTES DU 1[ER] CONG. D'ÉT. DES CULTURES MÉDIT. D'INFLUENCE ARABO-BERBÈRE 532. **-5.** KAZIMIRSKI I/984, DOZY I/585, BEAUSSIER 429. **-6.** TAINE-CHEIKH 873. **-7.** WTS 497.

ZRDB, 1. AR. *zardaba* "étrangler". **-2.** magh. *zərdāb* "précipice, gouffre, ravin profond; trou creusé pour en faire un silo"; *tzərdəb* "dégringoler". **-¶. 1.** Comp. s. ZRD, ZRDM. - V. LA III/19, Q. 88, KAZIMIRSKI I/984, BELOT 288. **-2.** Comp. s. ZRDP. - BEAUSSIER 429, LENTIN 111, COLIN 701, LOUBIGNAC 444.

ZRDW, AR. *zrdwʾ* "sorte de fouine, martre". **-¶.** BOCHTOR 488, DOZY I/585.

ZRDK, AR. lib. *zardak* "accabler sous une charge; prendre en aversion". **-¶.** Rapport avec ZRD ? - V. FRAY. 71.

ZRDM, AR. *zardama* "serrer le gosier, étrangler", *zurdūm-* "épiglotte, gorge, œsophage". **-¶.** Comp. s. ZRD, ZRDB. - V. LANDBERG GLOS. 1833, LA III/19, Q. 1007, KAZIMIRSKI I/984; peut-être dérivé de pers. *zardaman* "trachée" (STEINGASS 614), V. LA III/19, LANE 1225, d'après TA.

ZRDN, AR. palest. *zeradōn* "paille de maïs". **-¶.** < ZRD, v. s. - V. DALMAN ASP IV/79.

ZRDP, AR. maroc. *tzərdəf* "dégringoler". **-¶.** Comp. s. ZRDB. - COLIN 702.

ZRW, 1. AR. lib. *zerwe* "cime". **-2.** *zerāwiyye* "jarre à eau". **-3.** ETH. tna. *zäräwä* "disséminer, répandre, gaspiller". **-¶. 1.-2.** DENIZEAU 219. **-3.** v. s. -ZR-; ABBA YOHANNES 655, DTE 474.

ZRWZ, AR. magh. *tzərwəz* "se fouler (la main)". **-¶.** BEAUSSIER 432.

ZRW/YṬ, 1. AR. *zarwaṭa* "lancer un bâton dans les jambes d'un lièvre", *zarwaṭ-* "bâton ferré"; magh. *zərwəṭ* "lancer, jeter, chasser; avorter (femelle d'animal); se cacher vivement (serpent, grenouille, oiseau, etc.)"; AR. hisp. *ziryaṭ* "bâton", *zaryaṭ* "lancer, abattre", magh. *zəryəṭ* "siffler (pierre lancée), grincer, crisser", *tẓəryəṭ* "s'élancer, se débattre". - **? 2.** AR. *zarwaṭa* "barbouiller, faire grossièrement", soud. *zarwaṭ* "se salir, s'éclabousser". **-¶. 1.** Comp. ZWṬ, ZRṬ, v. s. -ZṬ. - V. DOZY I/590, VOCABULISTA 137, BEAUSSIER 432, LENTIN 113, COLIN 710. Pour le rapport "jeter" : "avorter", comp. s. RMY. **-2.** BOCHTOR 82, QLS 495.

ZRWL, AR. magh. *zərwəl* "qui louche (œil); être ébloui (par exemple par la neige au soleil)"; zaër *zərwāl* "bleu, gris bleu (œil)". **-¶.** BEAUSSIER 432, LENTIN 113, LOUBIGNAC ZAËR 445. **-¶¶.** < berb. ? La forme *zərwəl* est présente en tamaz., TAÏFI 826, et semble un développement de la racine ZWL représentée à Ghadamès dans *ziwəl* "loucher, être atteint de strabisme", LANFRY 434, en chleuh dans *iga aziwal* "il louche", DESTAING 173; au Mzab, la forme est *zzəḥwəl*, DELHEURE 249, qui semble le produit d'un croisment avec l'ar. *aḥwəl* "louche, atteint de strabisme". Remarquer aussi dans to. *həngəl*, *zəngəl* et kab. *zəlləm* la présence de la séquence *zl* à la base des autres formes.

ZRWG, AR. maroc. *zərwāg* "gravier". **-¶.** COLIN 710.

ZRWQ, v. s. ZRQ.

ZRWR, v. s. ZRR.

ZRZ, 1. AK. *zurz-* : sacoche faite de peau de chèvre, CAN. nh. *zᵊrāz*, ARAM. jp. *zᵊrāzā* "ceinture, courroie"; AR. magh. *zārəz* "tresse en poil de chèvre". **-2.** ARAM. jp. syr. *zərīzā* "puissant, fort; rapide", mand. *zariz* "armer, équiper", nsyr. *zāriz* "préparer, mettre en ordre", AR. *zarīz* "agile, propre, sage", or. *zərez* "d'esprit vif". **-¶.** v. aussi s. ZLG. - Sur le rapport sémantique entre 1 et 2, V. s. GDL. **-1.** MEISSNER, MAOG 11/1-2, 1937, 31, MEIER ZA 45, 1939, 212, CAD 21/167, AHW 1539; LENTIN 111. **-2.** RŮŽIČKA KD 12, PALACHE 30, BROCKELMANN LEX. 206, MAC LEAN 89, Q. 461; v. ZRR. - L'ar. or. est sans doute un syriacisme; V. aussi BARTHÉLEMY 310. **-¶¶. 1.** Le magh. *zārəz* pourrait bien être un emprunt au berbère où *azarəz* semble relever de la racine RZ : *arəz* "lier, attacher", DALLET 746, 959.

ZRZB, v. s. ZRB.

ZRZḤ, AR. magh. Sétif *zarzaḥ* "glisser (terrain)". **-¶.** LENTIN 111.

ZRZY, 1. AR. magh. *zərza* "ligoter, serrer fortement, malmener". **-2.** ḥass. *mẓəṛzi* "qui a de l'embonpoint". **-¶. 1.** BEAUSSIER 429, COLIN 703. **-2.** TAINE-CHEIKH 874.

ZRZK, v. s. ZRZQ.

ZRZL, 1. AR. *zurzal* "grive". **-2.** hisp. *zarzāl* "tremblement de terre". **-¶. 1.** Aussi *zarzūr*, v. s. ZRZR. - DOZY I/586. **-2.** v. s. ZLZL. - ALCALA 412/36.

ZRZM, 1. ARAM. syr. *zarzūmā* "bec". **-2.** ṭur. *zarzamīye* "lieu souterrain; caverne", AR. *zrzmyh* "cave". **-¶. 1.** V. RŮŽIČKA KD 84; v. ZWM. **-2.** Origine ? - Aram., RITTER 565; ar., BOCHTOR 131, DOZY I/586.

ZRZƐ, AR. lib. *zarzaɛ* "faire peur", *tzarzaɛ* "avoir peur, frissonner". **-¶.** Comp. s. ZWƐ, ZƐZƐ et v. les renvois s. -ZƐ-. V. FRAY. 71. - Q. 649 fournit une forme isolée *ʾarzaɛ-* "lâche, poltron"; V. aussi KAZIMIRSKI I/854.

ZRZP, 1. CAN. h. *zīrzēf* "inonder", ARAM. jp. *zarzīfā* "goutte", syr. *zarīftā* "averse violente". **- ? 2.** AR. magh. *zərzəf* "salir (en laissant de l'eau sur le sol après un lavage), essuyer mal". **-3.** maroc. *zərzəf*, *žəržəf* "pousser par les épaules, expulser". **-4.** maroc. *zərzəf* "navette pour filets, grande aiguille pour haies". **-¶. 1.** Comp. s. ḎRP, ZRB et ZRP dont ce radical apparaît comme une forme développée. - V. BROCKELMANN LEX. 207. **-2.** Comp. s. ZRZQ. - BEAUSSIER 429. **-3 -4.** COLIN 703.

ZRZQ, 1. AR. *zarzaqa* "salir, boire en laissant couler le liquide d'un bec de vase"; or. *zarzaq* "descendre dans une conduite en faisant du bruit (eau)", magh. *tzarzīq* "eau qui reste sur le sol après lavage". **- ? 2.** malt. *zerzaʾ* "faire glisser", (*i*)*zzerzaʾ* "glisser". **-3.** ETH. g. *zarzeq*, *zərziq* "ouvrage à entrelacs, filet, crible, tamis", *zarzaqa* "entrelacer", *zarzeqa* "cribler, tamiser", amh. *zärzäk* "treillis". **-¶. 1.** Comp. s. ZRZP, ZRNQ. - DOZY I/585, FRAY. 71, LENTIN 111; v. aussi s. ZRNQ. **-2.** < ZLQ, ZRQ ? V. AQUILINA 1612. **-3.** DILLMANN 1048; MAGGIORA 471, 476; CDG 644 suggère un rapport avec tna. *zäräq̄ʷä* "tamiser".

ZRZR, 1. AK. *zarzar-*, *zanzar-* : nom d'un végétal. - AR. *zarzār-*, *zurāzir-* "plante qui fournit une teinture et un fard pour les yeux". **-2.** AK. *zirzirr-* "minuscule, nain". **-3.** AR. *zarzara* "manger sans cesse; rester à sa place". **-4.** *tazarzara* "se remuer", *zarzār-* "esprit vif". **-5.** ég. *zarzar* "remplir à ras bord", ? *zarzūr*, *zarzūrat-* : cendre allumée au fond de la pipe. **-6.** ARAM. ṭur. *zārzār* "cris, tumulte", nsyr. *zarzūre* "braire", AR. *zarzara* "pousser des cris", *zarzūr-* "étourneau", magh. *zarzar* "crier sur ses gonds (porte), gémir", malt. *zarzar* "bourdonner, retentir, chanter (certains oiseaux)". **-7.** lib. *zarzar* "se contracter, se friper, se rider". **-8.** AR. *zarzara* "boutonner, bourgeonner, être gonflé (œil par suite d'une ophtalmie)", magh. *zarzar* "commencer à pousser (barbe, plantes)"; mérid. *zrzr* "perler, former des petites gouttes", soud. *zarzūr* "collier", ?ETH. amh. *zäräzzärä* "commencer à se former (épi)", *zərzər* "épi qui commence à se former, bouton de fleur". **-9.** AR. ḥass. *ẓaṛzūṛi* : mauvaise laitière en raison du peu de développement de ses pis. **-10.** ETH. te. *zärzärä*, amh. *täzärazärä* "citer des témoins", gour. *zar* "témoin". **-11.** har. *zarzar* "absurdités". **-¶.** Dans certains de ses emplois, la racine est manifestement apparentée à ZRR, v. s. - L'héb. *zarzīr* dans l'expression *zarzīr mānayim* (Pr. 30/31) est de sens incertain ("beau", "agile", "fort", etc. selon les versions). - V. BDB 267, HAL 269. **-1.** CAD 21/74, AHW 1511. - Q. 360. **-2.** Comp. s. ZRR. - AHW 1523, CAD 21/137. **-3.-4.** Q. IBID., LANE 1223. **-5.** Comp. s. ZRZ, ZRR. - BADAWI-HINDS 368, BOCHTOR 133; BARTHÉLEMY 310 voit dans *zarzar* un dénominatif et dans *zarzūr*, un diminutif de *zərr* "bouton", v. s. ZRR. **-6.** Formations onomatopéiques. - Aram. RITTER 582, 589, MACUCH-PANOUSSI 52; ar. DOZY I/558, BEAUSSIER 429, AQUILINA 1600. **-7.** FRAY. 71. **-8.** Comp. s. ZRR. - BEAUSSIER IBID., LANDBERG GLOS. 1834, QLS 493, LPAT 204, BAETEMAN 830. **-9.** TAINE-CHEIKH 873. **-10.** WTS 497, EDG III/713. **-11.** v. s. ZRR, ZN/RZR. - EDH 167, EDG III/724.

ZRḤ, 1. AR. *zaraḥa* "fracasser la tête ou un membre à quelqu'un". **-2.** *zariḥa* "changer de place, quitter un lieu", *zurrāḥ-* (pl.) "rapides, véloces". **-3.** *zirwaḥ-* "petite colline large et aplatie", *mazraḥ-* "terrain aplati". **-4.** SAR. soq. *zrḥ* "imposer". **-5.** ETH. g. *zarḥa* "asperger; essorer un vêtement", amh. *ʾazärrä* "asperger, arroser". **-6.** te. *təzärrəḥa* "chanter tout haut, célébrer". **-¶. 1.** Q. 202, KAZIMIRSKI I/984, BELOT 288. Sens peu assuré selon certains lexicographes, V. LA III/19. **-2. -3.** V. réf. s. 1. **-4.** LESLAU LS 156 qui compare *ʾaḏraεa* "forcer quelqu'un à faire quelque chose". **-5.** CDG 643. **-6.** WTS 495; V. ṢRḤ.

ZRṬ, 1. ARAM. syr. *zərāṭā* "action de racler", *zareṭ* "secouer violemment", nsyr. *zārič* "être essoré", ṭur. *zirṭa* "discours de fanfaron, parole menaçante". - ? **2.** ETH. amh. *zäräṭṭäṭä* "jeter quelqu'un à terre, violenter une femme", *ʾazärräṭä* "donner une volée de coups de bâton". **-3.** AR. *zaraṭa* "avaler (une bouchée)", magh. *zrəṭ* "ne pas broyer son orge (cheval)"; tak. *ẓṛaṭ*, *ẓṛuṭ* "avaler d'un coup", zaër *tẓṛīṭ* "fortes douleurs abdominales", ETH. amh. *zärräṭä* "engraisser, gaver", *zärṭäṭä* "obèse, gras". **-4.** *zäräṭ alä*, *tän-*

zärräṭä "faire un pet". -¶. **1.** Comp. ZNṬR, v. s. ? - RITTER 586, MAC LEAN 89. **-2.** Comp. s. ZRW/YṬ. - BAETEMAN 832. **-3.** LA III/20, Q. 601, BEAUSSIER 429, LOUBIGNAC 444; V. MARÇAIS TAKROUNA 1660 : < SRṬ ? par contamination de ZRD ? Comp. aussi s. ZLṬ. **-4.** GUIDI 615. Comparer s. ZṬṬ, ḎRṬ.

ZRṬṬ, AR. magh. *zərṭīṭ* "barbes de laine qui apparaissent sur l'étoffe que l'on tisse", *mzarṭəṭ* "d'épaisseur inégale (fil, ficelle). -¶. v aussi s. ZRṬ. - BEAUSSIER 429, LENTIN 111.

ZRṬY, AR. maroc. *zarṭa* "déserter", maraz. "fuir". -¶. BORIS 242. Emprunt au français ? -¶¶. En berb. kab. *nnəẓṛuṛəḍ* (racine ZRḌ) "se défiler, fuir discrètement", DALLET 956.

ZRṬP, 1. AR. *zarṭafat-* : art de l'équitation, art de dresser les chevaux. **-2.** ETH. amh. *zäräṭṭäfä* "lancer une grossière injure". -¶. **1.** KAZIMIRSKI I/984. **-2.** BAETEMAN 833.

ZRṬRṬ, ETH. tna. *zäräṭräṭ bälä* "être peureux", amh. *täzräṭärräṭä*, *zərəṭrəṭṭ alä* "rester en arrière, ne pas suivre les autres". -¶. ABBA YOHANNES 655, BAETEMAN 832.

ZRY, 1. ARAM. syr. *zry* "cotte de mailles", ṭur. *zirh* "cuirasse". **-2.** AR. *zarā* (*i*) "blâmer, injurier, ridiculiser", *ʾazrā* "mépriser", hisp. *azra* "mépriser, railler", boukh. *zarrā* "réprimander", SAR. soq. *zry* "détester, haïr", *zer* "colère". **-3.** AR. ḥass. *āzri* "flanc", *zre* "être levretté, avoir le ventre creux (chameau)". **-4.** maraz. *zrē* "perdre ses graines spontanément". **-5.** ETH. g. *zarāt*, *zārāt*, tna. *ǧärat* "girafe". **-6.** tna. *zaräyä* "couler doucement (eau)", *zara* "eau qui coule doucement; ruisseau", te. *zara*, arg. har. *zär* "rivière", ? gaf. *zärä^{y}ä* "rosée". **-7.** tna. *zäräyä* "soutenir quelqu'un, venir à son aide". **-8.** ? amh. *zare* "maintenant". -¶. v. aussi s. ZRW/Y. **-1.** < pers. *zirih*, V. LAGARDE GA 44/112, BROCKELMANN LEX. 206, RITTER 586; v. aussi s. ZRD. **-2.** LA III/23, LANE 1229, Q. 1162, BELOT 290, VOCABULISTA 137; ALCALA 301/3 glose "mirar" sans autre indication; il n'est pas impossible cependant que la ligne ait été déplacée et qu'elle doive être regroupée avec les verbes signifiant "mirar de arriba à baxo" : "regarder de haut en bas (en signe de mépris)"; boukh., VINNIKOV 99. - LESLAU LS 156 rapproche ZWR, v.s. **-3.** TAINE-CHEIKH 884. - Même rapport que "flanc" et "efflanqué" ? La racine peut être liée à ZRR, mais *āzri*, plur. *izəryān* est d'un type berbère; comp. peut-être le nom de l'épaule en to. : Ahaggar *azīr* (FOUC. 1988), təmajeq *əẓir* (ALOJALY 223). **-4.** BORIS 243. **-5.** CDG 644. V. NÖLDEKE NBSS 57. **-6.** DTE 497, LESLAU GAF. 250; le nom de la rivière n'est peut-être pas lié à la racine ZRY, mais serait d'origine couch., comp. kham. *zär*. - V. CERULLI HARAR 281, EDH 167. **-7.** ABBA YOHANNES 655, MHRT. **-8.** Le mot ne peut être rattaché à aucun autre. PRÄTORIUS AMS 57 § 33a propose une étymologie par *zäʾəbre(t)* "hae vices", *zä* démonstratif + *ʾəbre(t)* "tour, alternative".

ZRYB, AR. *zaryaba* "griller". -¶. DOZY I/590 : < Ziryāb, musicien célèbre à qui est attribuée l'invention de plusieurs plats. -¶. VOCABULISTA 137, DOZY I/590.

ZRYṬ, v. s. ZRWṬ.

ZRK, 1. AR. *zarika* "être méchant"; *zaraka* "presser, pousser", *zarraka* "chercher à tromper quelqu'un en l'inquiétant"; lib. *zarrek* "exciter", Syr. *tzārak* "se presser les uns contre les autres", palest. *mzārka* "embarras", malt. *zirek* "chercher à saisir quelque chose, séduire, inciter à la relation sexuelle"; ETH. g. *zaraka* "déchirer (en mordant), répandre". **-2.** AR. ḥass. *zaṛke* : sorte de violon à une corde. **-¶. 1.** Q. 847, KAZIMIRSKI I/987, DOZY I/589, BELOT 290, DENIZEAU 218; BARTHÉLEMY 312; v. s. ZRGG, ZRKT. **-2.** TAINE-CHEIKH 882. **-¶¶. 1.** Peut-être comp. berb. to. *ăharik* (racine ZRK, V. PRASSE H 67) "chose de mauvais augure"; apparenté à *ašərik* "poison" ?

ZRKY, ETH. g. *zarkaya* "calomnier, faire des reproches, se moquer, insulter", ? te. *zärka* "tonner longuement; se réjouir". -¶. DILLMANN LEX. 1046. Le rapprochement proposé par WTS 496 est mis en doute par CDG 643 qui, de son côté, suggère un rapport avec gour. *zənägg'ä* "parler", v. s. ZNGʾ/Ɛ.

ZRKK, 1. AR. ḥass. *zerkīk* "cul, derrière". **-2.** ETH. amh. *tänzäräkkäkä* "être amoncelée (braise)". **-¶. 1.** TAINE-CHEIKH 882. **-2.** Aussi *tändäräkkäkä*; COHEN NEEM 263.

ZRKL, ARAM. jp. *ʾzdrkyl*, syr. *ʾezdarkal* "s'enorgueillir; se vanter; oser". -¶. BROCKELMANN LEX 206 comprend "s'enfler" et compare ar. *zakkara* "être gonflé (ventre)".

ZRKN, AR. *zarkana* "frauder; casser, destituer". -¶. DOZY I/589. Forme à dissimilation à partir de *zakkana*, v. s. ZKN, d'après CORRIENTE dans VOCABULISTA 137. - Comp. aussi s. ZRK.

≈ ≈ **[ZRKN],** AR. or. Syr. *zērakūne*, palest. *zarakūn*, malt. *zerkuna*, *zerʾuna* : planche inclinée sur laquelle s'assied le tisserand devant l'ensoupleau. -¶. DALMAN V/137, AQUILINA 1611; BARTHÉLEMY 326 : < pers. *zīr* "sous", *kūn* "(le) derrière".

ZRKRK, ETH. amh. *täzräkärräkä* "être jeté pêle-mêle; tomber, s'étendre de tout son long", *zərəkrəkk alä* "chercher partout, fouiller; tomber et se perdre". -¶. BAETEMAN 860, 830, GUIDI 613 qui pose une équivalence avec *zərəṭrəṭṭ alä* que BAETEMAN distingue clairement par le sens, v. s. ZRṬRṬ, et aussi s. ZRT.

ZRKŚ, AR. *zarkaša* "broder en or, fabriquer des brocarts, orner". -¶. DOZY I/589. - Pers. *zar-kaš* "tissu d'or, brodé de fil d'or", V. STEINGASS 615.

ZRKT, ETH. amh. *zäräkkätä* "couper, arracher; rendre le ventre pendant par excès de graisse". -¶. GUIDI 614; BAETEMAN 830; < ZRK (v. s.), avec *-t* d'origine nominale ? CDG 643; comp. aussi ZRGG, ZRGP.

ZRM, 1. CAN. h. **zāram* "mettre fin à la vie", AR. *zarama* "interrompre, faire cesser", *zarima* "cesser, être interrompu", *zaramat* (*bi*) "donner naissance à", *ʾizraʾamma* "naître, être mis au monde". **-2. ?** *ʾizdarama* "avaler". **-3.** ARAM. syr. *zarmā* "qui est à craindre; vénérable", ? AR. *ʾizraʾamma* "se resserrer, frissonner, être en colère", palest. *zərem* "s'irriter, prendre parti", ḥass. *zrem* "murmurer", *zerrem* "se gonfler de colère", SAR. jib. *zorum* "être sombre, maussade", *zermun* "maussade", soq. *əzrəm* "faire frissonner". **-4.** ETH. g. *zərmā* "envoyé", *zərāmā* "anges, messagers". **-5.** AK. *z/serm-* : sorte de chaudron en cuivre. **-¶. 1.** Pour l'h., hapax Ps. 90/5, V. DRIVER ZAW 45/259. Une forme h. **zirmāh*, au sens de "verge" (Ez. 23/20), semble être une métathèse de **zimrāh*, v. *zᵊmōrāh* s. ZMR ("branche" > "verge"). V. aussi HAL 270. - Ar., LA III/22, Q.1007, LANE 1228, BELOT 290. **-2.** Pour *ʾizdarama* "avaler", Q. et d'autres dictionnaires y voient un quadriconsonne ZDRM; mais V. LANE 1228 citant TA : forme à *-t-* infixé (> *-d-*, assimilation régulière au contact de *z-*). **-3.** BROCKELMANN LEX. 206, LA III/22 (qui signale une forme métathétique à radicale RZʾM), LANE 1228, KAZIMIRSKI I/987, BARTHÉLEMY 312 (qui suggère le rapprochement entre l'ar. palest. et l'aram. syr.); TAINE-CHEIKH 882. - Sar., JOHNSTONE JL 320, LESLAU LS 156 rapproche h. **zārab*, ak. *zurrubu*, mais ces comparaisons semblent discutables, v. ZRB. **-4.** GRÉBAUT 437, CDG 643. **-5.** AHW 1520.

ZRM/NB, ARAM. mand. *ʿzdaram/nbia* "être secoué". **-¶.** Peut-être forme dissimilée relevant de ZRB, v. s.. V. MD 171.

ZRMṬ, AR. magh. *zarmūṭ* "ver de terre". **-¶.** v. aussi s. ZRBṬ. - DOZY I/589.

ZRML, AR. ḥass. *ẓaṛmel* "avoir le goût, la couleur du tanin". **-¶.** Origine ? Le substantif est *ezerməl* "couleur, goût du tanin", alors que le nom du tanin relève d'une autre racine : DBƐ, v. s.

ZRMQ, AR. magh. zaër *zərməq* "mets composé d'un mélange de lait et d'eau". **-¶.** Comp. s. ZRQ. - LOUBIGNAC 445.

ZRN, 1. AK. *zarinnu* : matériau de mauvaise qualité; support pour objet précieux. **-2.** AR. iraq. *zarna* "coin saillant, pic, promontoire". **-3.** mér. *zaran* "empoigner au cou; forcer". **-4.** SAR. soq. *zrn* "sentir mauvais". **-5.**

ETH. te. *zaränä*, *zeränä* "s'entremettre, réconcilier". **6.** gour. *zäränta*, *zänät* "mucus". **-¶.** V. CAD 21/67-68, AHW 1515. **-2.** DIA 203. **-3.** LANDBERG GLOS. 1837. **-4.** LESLAU LS 156. **-5.** WTS 496. **-6.** EDG III/724.

ZRNB, 1. AR. *zarnab-* : sorte de plante odorante, parfum, "safran". **-2.** "parties naturelles de la femme". **-3.** "fiente de bêtes fauves". **-4.** lib. "se fâcher, être en colère". **-¶. 1.-2. -3.** LA III//23, Q. 88. **-4.** FRAY. 71 : formé par dissimilation de *zarrab*, v. s. ZRB.

ZRNḤ/Ḫ, 1. AR. soud. *zarnaḫ* "pourrir, moisir". **-2.** *zurnāḥ/ḫ(a)* : grande mouche apparaissant au moment des pluies. **-¶. 1.** QLS 495. **-2.** LPAT 205 d'après HILLELSON; QLS 495 glose : *đarraḥ* "cantharide".

ZRNṬ, ETH. amh. *zəranč̣* "touffe de cheveux sur le sommet du crâne (chez les enfants)". **-¶.** GUIDI 613.

≈ ≈ **[ZRNYK/Ḫ],** ARAM. Emp. *zrnyk*, syr. *zarnīkā*, AR. *zarnīḫ-* "arsenic". **-¶.** < persan (*zarnī*, *zirnīḫ*, *zarnīk*, *zirnīq*, STEINGASS 616), V. COWLEY ARAM. PAP. 96, SCHAEDER 267, HINZ AISN 278.

ZRNK, AR. *zurnūk-* : manivelle du moulin. **-¶.** LA III/23, Q. 847.

ZRNN, 1. AK. *zarnan-* : sorte de pierre précieuse. **-2.** AR. magh. *zərnən* "siffler, vibrer, ronfler (toupie)". **-¶. 1.** CAD 21/63. **-2.** BEAUSSIER 432.

ZRNP, 1. ARAM. syr. *zarnāpā* "girafe". **-2.** AR. hisp. *zarnafa* "prostituer". **-3.** magh. *zərnəf* "courir à bride abattue", "siffler (balle, pierre)", ḥass. *zernev* "faire rouler en lançant (un objet rond)". **-¶. 1.** < persan *zurnāpā* (STEINGASS 616), V. LAGARDE GA 47/119; NÖLDEKE NBSS 57, BROCKELMANN LEX. 207. - Comp. aussi s. ZRP. **-2.** ALCALA 214/18 : *zernéf* s. "enputecer a otra"; V. aussi DOZY I/390. **-3.** BEAUSSIER 432, TAINE-CHEIKH 883.

ZRNQ, 1. ARAM. targ. *zarnūqā* "outre en peau, tuyau d'irrigation", AR. *zurnūq-* "rigole; (au duel) pilotis d'un puits", *zarnaqa* "boire en laissant couler le liquide d'un bec de vase". **-2.** *zarnaqa* "envelopper dans un vêtement". **-3.** *zarnaq-* "dette", *tazarnaqa* "acheter à crédit". **-4.** malt. *zarnaq* "poindre, se lever (jour)". **-5.** malt. *zring* "grenouille". **-¶. 1.-2. -3.** Ar., LA III/23, Q. 801, LANE 1229, BELOT 290. **-1.** DALMAN WB 133, JASTROW 133. - Aram. *zarnūqā*, ar. *zurnūq-* seraient dérivés de l'ak. *zuruqq-*, v. s. ZRQ, CAD 21/167, FRAENKEL 134. Le verbe arabe pourrait être dénominatif; comp. aussi *zarzaqa*, v. s. ZRZQ; V. DOZY I/585, 590. **-3.** < persan (?). **-4.** BARBERA DIZIONARIO MALTESE : < sicilien *zurnicari* "devenir bleu"; plus vraisemblablement dissimilation de *zarraq* "se lever (astre)", présent en magh., v. s. ZRQ, V. aussi AQUILINA 1611. **-5.** Origine obscure :

BARBERA, cité par AQUILINA 1628, dérive du sicilien *larinchi* ou *larinci*, Aquilina préfère rattacher à *zaglāš*, v. s. ZƐLŚ; on peut penser plus vraisemblablement aux formes yém. *surnūg*, *šurfūg* citées par COLIN GLECS 9/27. V. aussi s. ZƐL, ZƐR.

ZRS, ETH. amh. *zuroš* "tresses autour de la tête". **-¶.** BAETEMAN 855.

ZRƐ, 1. OUG. *drε* "disperser", CAN. h. *zāraε*, ARAM. anc. Emp. *zrε*, jp. *zəraε*, *dəraε*, syr. *zəraε*, mand. *zra*, AR. *zaraεa* "semer, ensemencer", SAR. mh. *zūra*, jib. *zeraε* "pousser (plantes)", ETH. g. *zarεa*, *zarʾa*, te. *zärʾa*, tna. *zärʾe*, amh. arg. gour. *zärra*, har. *zäraʾa* "semer, ensemencer"; AK. *zārū* "père, ancêtre; vanneur", *zēr-* "graine; terre arable; semence; descendance mâle", CAN. ph. *zrε* "descendance", h. *zeraε* "graine, semence, descendance", ARAM. Emp. *zrε*, bibl. *zeraε*, syr. *zarεā*, AR. *zurε-* "semence; champ cultivé; fils", SAR. mh. *zarʾ*, ḥars. *zāraʾ* "herbe", ETH. g. *zar*, te. *zärəʾ*, tna. *zärʾi*, amh. gour. *zär* "semence". - CAN. h. *zērεonīm* "légumes", ARAM. syr. *zarεonā* "graines, herbe". - ETH. g. *mazārəʾ* (pl.) "corbeilles (pour mesurer le grain)". - ? te. *zəryät*, amh. *zärəyya*, gour. *zuriyya* "tribu, clan". - AR. hisp. *zurrāεat-* "alouette, oiseau qui se tient dans les blés". **-2.** ETH. tna. *zärεa* "séquestrer, saisir". **-¶.** Comp. s. ĐRW/Y avec laquelle on peut relever des interférences. - La racine est présente peut-être en amorite : *[ya]-az-ra-aḫ-ᵈIM*, V. HUFFMON 189. - Les formes à première consonne D-, attestées en oug. et très sporadiquement an aram., ne semblent pas permettre de poser, selon une suggestion de Bauer, un proto-sémitique *ĐRƐ, V. BLAU PSEUDO-CORRECTIONS 48 n. 9, avec références. Sur ar. hisp., ALCALA 420a/20 *zorráá́* s. "triguera ave". - Sur amh. *zär* "semence", V. PRAETORIUS AMS § 16c. Le nom est rattaché à cette racine par EDG III/716; WTS 497 y voit un emprunt à l'ar. *đuriyyat-*, v. ĐRƐ, ĐRR et les renvois s. -ĐR- et -ZR-. - Bibliographie : BROCKELMANN GVG I/237, ZDMG 40/729, 59/252; CAD, 21/72, 89, AHW 1521, GORDON UT 387, DISO 80, HAL 271, DALMAN WB 105, 133, BELOT 289, LANE 1226, LA III/20, Q. 652, KAZIMIRSKI I/985, JOHNSTONE ḤL 149, JL 320, CDG 642, BAETEMAN 834, DTE 475, WTS 496, EDG III/713. **-2.** DTE 475, DETA 181. **-¶¶.** DELC 331 pour un emprunt égyptien de certaines formes de cette racine. - Comp. berb. kab. *uzzur* "être répandu, éparpillé", *zzuzzər* "répandre, éparpiller", DALLET 953. V. aussi DOLGOPOL'SKIJ 98 pour un rapprochement hypothétique avec des termes couch. (bil. *zir*), berb. (B. Snous *azwər*) et tchad. (haoussa *sâjwaa*), etc. signifiant "racine, tendon".

ZRƐGB, AR. *zargab-* "chagrin (cuir)". **-¶.** LA III/21, Q. 88, KAZIMIRSKI I/985.

ZRƐGṬ, AR. mér. *zargaṭ* "faire retentir des

trilles de joie". -¶. LANDBERG GLOS. 1835; v. s. ZḪ/GRD/Ṭ/T.

ZRGP, v. s. ZRQP.

ZRP, 1. ARAM jp. *zarēp* "causer une enflure, une inflammation", syr. *zᵊrāpā* "maladie de peau", AR. *zarifa* "se rouvrir (plaie), faire une rechute après la guérison", ? ETH. har. *zäräfa* "être sérieuse, grave (maladie)". **-2.** AR. *zarafa* "sauter, aborder, approcher quelqu'un, ajouter à un récit, mentir; marcher rapidement (chamelle), marcher tranquillement, à son aise", *zarrafa* "enlever quelque chose, emporter, déplacer", *zarāfat-* "troupe d'hommes", hisp. *zerréf* "différencier, distinguer", magh. *zarraf* "lancer, chasser"; *zərrāf* "courant violent qui emporte tout", *zrəf* "glisser furtivement", *tzərrəf* "s'esquiver", SAR. sab. *zrftn* "détachement, troupe d'hommes", ḥars. *zerfēt* "foule, compagnie", ETH. g. *zarafa*, te. *zärfä*, tna. amh. gour. arg. *zärräfä*, har. *zäräfä* "piller, emporter, enlever (une femme)". - har. *zäräfa* "être hardi". **-3.** AR. iraq. *ziraf* "percer, piquer, trouer". **-4.** ḥass. *zṛav* "coffrer un puits avec des madriers". **-5.** SAR. mh. *zerof* "nourrir", soq. *zrf* "élever". **-6.** AR. *zarrāfat-, zurrāfat-,* ETH. te. *zäraf* "girafe". **-7.** AR. or. *zerāfe* : poupée fabriquée à l'occasion d'un mariage. **-8.** SAR. mh. *zərfīt* "mûre". **-9.** ETH. g. *zarf,* tna. *zärfi*, amh. *zärf,* har. *zäräfla* "bord, ourlet". -¶. **1.** DALMAN WB 133, JASTROW I/415, BROCKELMANN LEX. 207, LA III/21, Q. 734, EDH 167. **-2.** v. aussi s. ZRZP qui apparaît comme une forme développée de ce radical. - V. LA, Q. IBID., LANE 1226, DOZY I/586, KAZIMIRSKI I/985, BELOT 989, ALCALA 84/29, MARÇAIS TAKROUNA 1666, COLIN 705, APPLEYARD AAL 5,2/56, DTE 474, EDH IBID. - LIDZBARSKI compare des formes mand. peu claires : **zerap* "devenir violent", **zarep* "faire paraître puissant (?)", V. MD 171. **-3.** DIA 203. **-4.** TAINE-CHEIKH 875. **-5.** LESLAU LS 156. **-6.** V. HOMMEL NS 230, LANDBERG GLOS. 1252. L'aram. syr. connaît une forme voisine *zurnāpā*, apparemment empruntée au persan, v s. ZRNP. **-7.** DALMAN ASP I[1]/140. **-8.** JOHNSTONE MH 469, qui relève chez Jahn mh. mérid. *zerfēt* "(chute dans un) précipice" et *zarfīt* "grosse pierre plate". Le śḥ. connaît une forme *zéréfét* qui désigne une "plante dont le fruit est censé provoquer la folie et dont les feuilles ressemblent à celles du tabac", IBID. (d'où jib. or. *zirifet,* mh. or. *zərəfēt* "cigare" ?). **-9.** Formes en rapport métathétique avec d'autres relevant d'une racine ZPR, v. s.; V. PRAETORIUS AMS § 65a, CDG 643. Dans la forme harari, *-la* serait probablement un morphème suffixé, V. LESLAU EDH 167. -¶¶. **1.** Emprunt au sémitique en agaw : qemant *zäräf*, etc. CDG 643.

ZRPṬ, ETH. amh. *tänzäräffäṭä* "s'asseoir à l'orientale, les jambes croisées". -¶. BAETEMAN 834.

ZRPL, v. s. ZRP 9, ZRPN.

ZRPN, 1. AR. *zarfana* "boucler les cheveux", *zirfīn-* "boucle, anneau", *zurfīn-* or. *zarfīl* "serrure de porte". **-2.** *zurfīn* "chapiteau de pilastre". **-¶. 1.** < pers. *zurāfīn* - hisp. *zurruf* "boucle" < *zrfn*, VOCABULISTA 136. - A signaler mand. *zurpunia*, *zurpinia* : quelque chose qui tient ensemble, qui joint, MD 165. **-2.** DOZY I/587 d'après Ibn Ǧanāḥ.

ZRPP, ETH. amh. *tänzäräffäfä* "traîner, pendre à terre". **-¶.** BAETEMAN 834.

ZRPRP, ETH. amh. *ʾazräfärräfä* "faire tomber (la nourriture en mangeant)", *täzräfärräfä* "tomber (nourriture), tomber doucement (pluie)". **-¶.** GUIDI 616. - En rapport avec nh. *zirzēp* "déborder" ? V. LESLAU CONTRIB. 19.

ZRQ, 1. AK. *zarāqu* "asperger", CAN. h. *zāraq*, ARAM. jp. syr. *zᵊraq* "répandre, asperger", *mzrqyʾ* (plur.) "aspersoirs"; nsyr. *zāriq* "paraître (soleil)", *zrāqa* "lever (du soleil), Est", AR. *zaraqa* "fienter (oiseau), lancer, jeter, percer, injecter (avec une seringue)", *zarraqa* "répandre de l'eau, pisser; inciter", ḥass. *zrīg* "lait additionné d'eau"; AR. *mizrāq-* "javelot, lance courte", *mazāriq-* (plur.) "rayons de soleil", *zurraq-* : nom de diverses espèces de rapaces, palest. *zēraq* "taon", magh. *zarrāqa* "tuyau, seringue", *zroq*, *zarraq* "se lever, pointer à l'horizon (astre)", *ẓṛug* "bondir, jaillir"; *zrəg* "glisser furtivement", ḥass. *ẓaṛgeg* "couler lentement, à petit filet, laisser filtrer la lumière"; SAR. mh. *zərūq*, ḥars. *zeroq*, jib. *zoroq* "porter un coup avec une pointe, piquer", ETH. g. *zaraqa*, tna. *zäräqä* "percer d'une lance", *zäräq̄ä* "percer, fendre, découper en lanières; tamiser", amh. *zärräqä* "découper du bois à jour". ? te. *zärqä* "être abondante (pluie)", g. *məzrāq*, tna. *mäzraq* "javelot", te. *märzaq* : grand bâton avec une pointe en fer; SAR. mh. ḥars. *zērəq*, jib. *zerq* : sorte de serpent très rapide. - AK. *zirīq-*, *zuruqq-* : appareil primitif pour puiser de l'eau pour l'irrigation, AR. *zirq-* "litière, fourrage". - CAN. h. *mizrāq*, AR. *mizraq-* "vase à boire", ARAM. syr. *zūrqā*, AR. *zawraq-*, Golfe *zārūg* "petit bateau". **-2.** AK. *zarrīq-* "aux yeux iridescents", ARAM. syr. *zārqā* "bleu, vert bleu", mand. *zarūq*, nsyr. *mazriç̌* "briller (yeux)", AR. *ʾazraq-* "bleu, pâle, livide; qui a les yeux bleu pâle, aveugle, brillant", *zarraqa* "briller", iraq. *zaraq*, *zarwaq* "décorer, colorer", ḥass. *aẓṛag* "pie (robe d'animaux), bariolé, bigarré", ʿom. *mzarga*, SAR. ḥars. *mezarrget* "chamelle rousse et noire", ETH. g. *ʾazraq* "bleu sombre". **-3.** AK. *zirq-* "mouton". **-4.** *zirqat-* : sorte de lynx. **-5.** AR. *zūraq-* "mensonge", ETH. g. *zaraqa* "dire des paroles vaines, plaisanter", tna. *zäqqärä* "plaisanter", g. *zarq*, amh. *zärq* "plaisanterie". **-¶.** v. aussi s. ZRQM, ZRQP, ZRQQ. **-1.** Ak., CAD 21/135, AHW 1515. Sur les rapports entre ak. *zuruqq-* et aram. *zarnūqā*, ar. *zurnūq*, v. s. ZRNQ. La racine est attestée en aram. dans une inscription d'Aśoka, V. HUMBACK AAWGLM.G 1974/1, 12. - L'éblaïte semble attester une forme de la racine désignant un bâton long; peut-être *mazriqu* à rapprocher de l'ar. *mizrāq-* ou *zirīqu* comme en ak., v. ci-dessus, V. CONTI QU. SEM. 17/129. - Une forme h. *zārqā* (Hos. 7/9) est parfois traduite par "s'insinuer" d'après l'ar. dial., V. HAL 272, BLAU VT 5 (1955) 341. - L'aram. targ. présente quelques formes à consonne initiale *d* : *dᵊraq*, *dārēq* "asperger, répandre", DALMAN WB 106, JASTROW 325; peut-être est-ce dû à l'influence de *dᵊrā* de même sens, v. s. ḎRW/Y ? Il peut s'agir aussi d'un phénomène de dissimilation, NÖLDEKE ZDMG 1886/729, BROCKELMANN GVG I/237, BLAU PSEUDO-CORRECTIONS 48 n. 9; V. aussi TSERETELI 72, LA III/21, Q. 801, LANE 1227, FAGNAN 71, ABBA YOHANNES 655, DTE 272, 474, JOHNSTONE ML 469, ḤL 149, WTS 496, GUIDI 613. - Pour *zarrāq-* "astrologue" = "jeteur (de sorts)", rapport avec "percer" ? - Palest. *zēraq* "taon" (BAUER WB 261), en relation avec "injecter, piquer"; Golfe : QAFISHEH GULF 289. - Comp. aussi s. ZQQ, ZRZQ. **-2.** En ar. moderne, le sens "bleu" pour *ʾazraq-* est dominant, mais V. HESS DER ISLAM 10/74, FISCHER FARB. 47 et passim sur les valeurs diverses en ar. ancien. V. aussi, pour les dialectes, DIA 503, BEAUSSIER 430, BORIS 242, BARTHÉLEMY 311. **-3. -4.** CAD 21/135, AHW 1520. **-5.** Comp. s. ZBRQ. - Ar. KAZIMIRSKI I/987. - Amh. < g.; noter la métathèse en tna; V. CDG 644. **-¶¶. 1.** HSED 543 rapproche des formes couchitiques : saho *-izrig-*, *-idrig-* "remuer", som. *durk-*, *durug-*, arbore *zarug* "changer de place"; (*g/k* couchitiques correspondant à *q* sémitique ?). - Comp. berb. mzab. *əzrəg* "jaillir" (DELHEURE 254), kab. *zrirəg* "couler, filer rapidement sur une surface lisse" (DALLET 957), to. *əzrəg*, *əhrəg* "aller à l'eau" (PRASSE H 66), et aussi to. *zərəggət* "percer, commencer à paraître" (FOUCAULD 1990); emprunts à l'ar. ?- Noter, en regard des formes éthiopiennes, berb. kab. *aməẓṛag* "gros bâton, lance, javelot", DALLET 957. **-2.** Peut-être faut-il séparer le ḥass. "pie, bariolé, bigarré" de la racine ar. et lier au berb. kab. *izirig* "ligne, rayures", chl. *azrirəg* "rayure d'une étoffe", V. DALLET 957 (qui suggère, apparemment sans fondement, un emprunt à l'ar.), DESTAING 242. - Par ailleurs on relève kab. *zrurəg* et *ẓṛurəq* "briller, étinceler", DKF 957-8 ainsi que mzab. *əzzərrag* "bleu à rincer le linge", DELHEURE 254, emprunts à l'arabe.

ZRQḤ, ETH. g. *zarqəḥa* "divulguer un secret, vider le contenu d'un sac". **-¶.** < ZRQ : éth. "dire des paroles vaines, etc." (v. s. ZRQ) ? - MAGGIORA 470, CDG 644.

ZRQZ, AR. maroc. *zərgəz* "fourgonner, attiser le feu", *zərgāz* : sorte de tisonnier. **-¶.** COLIN 708.

ZRQṬ, 1. AR. lib. *zarqaṭ* "prendre des

couleurs, être vif (enfant)". **-2.** or. *zurquṭa, zərʾṭa* "guêpe". **-3.** magh. *zarāgṭi* "imposteur, charlatan, faux marabout", *zərgəṭ* "faire l'imposteur, en imposer". **-4.** "avoir le choléra (volaille)". **-5.** magh. zaër *mzərgəṭ* "bigarré, bariolé". **-¶. 1.** FRAY. 71. < ZRQ ? **-2.** BAUER WB 385, DENIZEAU 218; la 1ère forme est signalée en Palestine, la seconde en Syrie-Liban; v. s. ZLQṬ, ZNBṬ. **-3.-4.** DOZY I/584, BEAUSSIER 429. **-3.** Comp. s. ZRQ 5, ar. (clas. ?) *zūraq-* "mensonge". **-5.** Formé sur RQṬ, v. s. - LOUBIGNAC 445.

ZRQL, AR. *zarqala* "finir par payer son dû à quelqu'un, arracher le poil". **-¶.** Q. 908, KAZIMIRSKI I/987.

ZRQM, 1. AR. *zurqum-* "d'un bleu intense". **-2.** *zarāqim-* (pl.) "serpents". **-¶. 1.** < ZRQ, v. s. - LA III/22, LANE 1228. **-2.** V. KAZIMIRSKI I/987, BELOT 289; comp. les noms de serpents en sar. mod. s. ZRQ.

ZRQN, 1. AR. hisp. magh. *zarqūn* "céruse rouge, minium". **- ? 2.** magh. *zərqən* "être ébloui en passant de l'obscurité à la grande lumière", *tzərqən* "essayer, par des détours, de dissimuler la vérité". **-¶. 1.** DOZY I/589, ALCALA 108/18 (*zarcón*). BEAUSSIER 429. Ar. > esp. *azarcon*. - Pour l'étym., peut-être < pers. *zar-gūn* "de couleur d'or", STEINGASS 615; V. aussi DOZY-ENGELMAN 225 (avec étude des diverses formes du mot et des emprunts qui en ont été faits par d'autres langues), LAMMENS *Mots français dérivés de l'arabe*, 257 s. *zircon*, s. ce même mot, le DICT. HIST. DE LA LANGUE FRANÇAISE 2302 pose qu'il s'agit d'un "réemprunt à l'arabe *zarkūn* lui-même pris au latin *hyacinthus* et qui avait donné *jargon*". **-2.** BEAUSSIER IBID.; comp. s. ZRQ 5, ar. (clas. ?) *zūraq-* "mensonge".v. aussi s. ZRK.

ZRQƐ, AR. hisp. *zarqaɛa* (?) "tortiller les jambes en marchant". **-¶.** Ainsi transcrit par DOZY I/589 à partir de ALCALA 130/9 *çarcáá* s. "çanquear"; pour DOZY, il s'agit d'un emprunt à l'esp., ce qui est possible, cependant plus probablement avec *s-*, et non *z-*.

ZRQP, 1. AR. *zarqafa*, *ʾizranqafa* "marcher avec rapidité". **-2.** ḥass. *tzerqīv* "robe pie où domine le blanc", maraz. *zorgāf* "pie (robe de chameau)". **-¶. 1.** Et *zaranqafa*; formations expressives, comp. ZRP, ZRQ ? - V. Q. 734, KAZIMIRSKI I/986. **-2.** Comp. s. ZRQ. - MONTEIL ESSAI SUR LE CHAMEAU; BORIS 242; sur l'alternance *q ~ g*, V. COHEN MAURIT. 35.

ZRQQ, v. s. ZRQ.

ZRQT, AR. magh. *zərqāti* "à raies noires ou brunes (burnous), tacheté". **-¶.** Probablement en rapport avec ZRQ, v. s. - V. BEAUSSIER 429.

ZRR, 1. AK. *zirr-* "haie de roseaux", ARAM. ya. *zrr* "clôture (?)"; SAR.

min. *zyr* "clôture (?)". - ? AR. ḥass. *zərr* "bord, coin, rive, versant; côté". **-2.** CAN. h. **zār* "être comprimé (blessure)", AR. *zarra* "boutonner; plisser les yeux; rassembler, entasser en jetant à la hâte", *zirr-* "bouton", or. *zarr* "serrer, presser", magh. *zərr* (*ɛlā*) "charger (un chameau)", hisp. *zerr* "baril de conserve, caque"; *zärrä* "remplir"; ? boukh. *zurra* "pis, tétine"; - ? AK. *zerret-* "chaînette (d'ornement)", SAR. mh. ḥars. *zər*, jib. *zerr* "fixer, attacher, serrer"; ETH. te. *zər* : ornement sur les vêtements, bouton. - AR. *zarra* "chasser; mordre; percer d'une épée"; *zarira, zarra* "faire du tort à; venir à résipiscence", magh. *zərra* "rigueur, violence"; malt. *zorr* "grossier, insociable", ? SAR. soq. *zer* "blessure", mh. *zer* "inviter à lutter", jib. *zottər* "se défier mutuellement à la lutte". **-3.** AR. *zarra* "briller". **-4.** maraz. *zaṛṛāṛa* "nuque, partie près de l'oreille", soud. *zirr*, tchad. *zurra* "fanon". **-5.** malt. *zrar* "petits morceaux de pierre", zaër *məzrār* "gravier". **-6.** AR. *zirr* "pivot", magh. *zəṛṛa* "piton à anneau", maraz. zaër *zrār* : cheville de bois permettant de fixer le sac au bât ou à une partie de la tente; malt. *zrier* : cheville de bois faisant partie d'une charrue attachée à un joug. **-7.** maroc. *zrūra* : don offert à la mère d'un nouveau-né. **-8.** CAN. h. **zorēr* "éternuer", ARAM. jp. *zərīrā* "éternuement", ? SAR. mh. *zərwōr*, jib. *zoror*, ḥars. *zeror* "bave, salive, crachat", mh. *azrīr*, jib. *ezerer* "baver". **-9.** ETH. amh. *ʾazärra* "agiter un bâton à deux mains". **-10.** *täžarrärä* "être dilué, mélangé à l'eau", *žärärr alä* "sortir avec force (liquide)", tna. *zärär bälä* "couler, ruisseler, dégouliner", gour. *žära amännä* "mélanger un peu de lait avec beaucoup d'eau (faire *žära*)". **-11.** g. *zarar*, amh. *zärär* : sorte de plante parasite. **-12.** gour. *zorro, zōrro* "plume", ? *zūrärä* "suspendre, être suspendu"; ? *žärrärä* "masquer par un rideau". **-13.** har. *zirri*, gour. *zərra* "pari". **-¶. 1.-2.** Il n'est pas sûr qu'il faille les séparer, la notion de "serrer, lier ensemble" pouvant être à la base. En outre les sens s. 2 croisent ceux de ZW/YR, soit par interférences, soit, plus vraisemblablement, parce que les deux racines constituent des développements d'une base ZR. - V. CAD 21/136; h. *zēr* "bordure", aram. jp. *zīrā* "couronne", etc., traités à leur place s. ZW/YR, v. s., sont parfois considérés comme procédant d'un emprunt à l'ak. *zirr*, V. ZIMMERN 31, 38; mais AHW 1520 relève une forme *zerret-* "chaînette d'ornement" à propos de laquelle il évoque l'aram. *zīrā*. - Pour le ya., de sens controversé, interprétation proposée par TROPPER ZINCIRLI 69. Pour le min., V. ROBIN CRAI 1993, 487. **-2.** v. aussi ZW/YR. - Pour l'h., V. DRIVER ZAW 65, 1953, 258. Ar., LA III/19, Q. 360, LANE 1223, KAZIMIRSKI I/982, BELOT 288, BEAUSSIER 428, TAINE-CHEIKH 871, AQUILINA 1627, hisp. ALCALA 118/34; sar, LESLAU LS 157, JOHNSTONE ḤL 149, JL 320, éth., WTS 495. **-3.** Réf. s. 2. **-4.** BORIS 240, LPAT 203. **-5.** AQUILINA

1628, LOUBIGNAC 443. **-6.** BELOT 288, DOZY I/583, BORIS 240, LOUBIGNAC IBID., AQUILINA 1628. **-7.** COLIN 702, LOUBIGNAC IBID. **-8.** Rapport avec ĐRR, v.s. ? V. HAL 272; aussi DALMAN WB 133, JOHNSTONE ḤL 150, JL 321. **-9.** COHEN NEEM 260. **-10.** ABBA YOHANNES 655, BAETEMAN 866, EDG III/723 et 715 qui rapproche de *žära amännä* "mélanger un peu de lait avec beaucoup d'eau", "ce qui aboutirait à une couleur brun clair", *žära* "(bovins de robe) brun clair"; rapport avec *zäwre zore* "brun sombre (bétail)", v. s. ZWR ? **-11.** CDG 644. **-12.** EDG III/714-715, 724. **-13.** Selon EDH 167, origine couchitique probable, comp. qab. *zerʾä-mmoʾ* "parier". **-¶¶. 3.** Aussi en berb., par exemple mzab. *azrar* "gravier, gros sable", DELHEURE 254; aussi *iẓṛa* "pierre, caillou", IBID. 955.

ZRŠ, SAR. soq. *mzeriš* "amaigri, épuisé". **-¶.** LESLAU LS 57.

ZRT, 1. CAN. h. *zéret*, ARAM. Emp. *zrt*, jp. mand. *zīrtā*, syr. *zartā* "empan". **-2.** AK. *zarat-* "tente, dais, cabine de bateau". **-3.** AR. *zarata* "étrangler". **-4.** ETH. amh. *žərat*, gour. *zärat*, *zərat* "queue". **-5.** amh. *zärrätä* "être pleine (femelle)". **-6.** *žärrätä* "être recouvert de sable et de boue", *zərat* "torrent débordant". **-¶. 1.** Emprunt à l'ég., V. BONDI ZÄS 32/132, NÖLDEKE NBSS 165, LAMBDIN JAOS 73, 1953, 149. Sur un prétendu rapport avec g. *səzr*, V. CDG 523. UT n°710 compare une forme oug. *drt* (citée comme *ḏrt* par HAL 272) qui n'a rien à voir : le sens doit être "fourrage", V. LIVERANI DIALOGHI DI ARCHEOLOGIA 1, 1979, 58, n. 5. **-2.** CAD 21/66, AHW 1515. **-3.** Le sens, peu assuré, est celui que donne Q. 140; LA III/19 fournit aussi, sans prendre parti, le sens opposé : "épargner". **-4.** BAETEMAN 870, EDG III/715. **-5.** BAETEMAN 829. **-6.** BAETEMAN 866. **-¶¶. 1.** Peut-être pourrait-on évoquer, avec réserve, le berb. (to., kab.) *ta-rdas-t* "empan" qui impliquerait une métathèse.

ZRTƐ, magh. *zərtəɛ* "se disperser comme le grain qu'on sème". **-¶.** Provient vraisemblablement d'une métathèse de formes réfléchies dialectales de *zrəɛ* "semer", soit *tzrəɛ* ou *ztrəɛ*. - voir les renvois sous -ZR-. - V. BEAUSSIER 429.

ZTʾ, SAR. jib. *zetəʾ* "aussi". **-¶.** JOHNSTONE JL 321.

ZTB, ETH. amh. *zättäbä* "se bourrer, se gaver". **-¶.** BAETEMAN 838.

ZTḪ (?), AR. *zataḫa* "s'attacher fortement à la peau (teigne)". **-¶.** Q. 229, repris par KAZIMIRSKI I/973, semble une erreur pour *ratiḫa*.

ZTY, 1. ETH. tna. *zätäya* "discuter, par ler, conseiller". **-2.** te. *zäč* : herbe jeune que les animaux ne sont pas encore venus paître, ? gour. *zäčä*, *zäččä* "chaume, éteule". **-¶. 1.** ABBA YOHANNES 660, DTE 477. **-2.** WTS 500.

ZTR, 1. OUG. *ztr* "stèle votive (?)". **-2.** ETH. g. *zatr* "source". **-3.** gour. *zitarä* "écharpe". **-¶. 1.** < hittite *sittari* ? V. TSEVAT UF 3, 1971, 352, TO 421 note n. **-2.** CDG 645 rapproche avec hésitation amh. *zäṭṭära* "verser brutalement". **-3.** EDG III/716.

ZTT, 1. AR. *zatta* "habiller et parer (une femme)". **-2.** or. *zatt* "jeter, renvoyer, congédier", iraq. "précipiter", magh. *zəttət* "se précipiter droit devant soi"; ARAM. naram. *začča* "jeter". **- ? 3.** soud., malt. *zattat* "être suffisant, présomptueux, se mettre en avant". **-4.** ETH. amh. *zača, začča* "bagatelle, moquerie", gour. *začča* "en vain, pour rien"; ? amh. *zətät* "étoffe grossière en laine". **-¶. 1.** LA III/11, Q. 140, BELOT 285. **-2.** BARTHÉLEMY 307, BEAUSSIER 426. Naram., BERGSTRÄSSER 104, est un emprunt à l'ar. **-3.** Lié à 2 ? Soud., QLS 490; malt., AQUILINA 1601 évoque aussi le magh. *zaṭṭāṭ* "guide", v. s. ZṬṬ. **-4.** EDG III/702, BAETEMAN 861.